Patrizia Geiß

Gefährtin des Lichts

Gedanken,
die deine Welt verändern

Bibliografische Information der Deutschen Nationalbibliothek:
Die Deutsche Nationalbibliothek verzeichnet diese Publikation in der Deutschen Nationalbibliografie; detaillierte bibliografische Daten sind im Internet über dnb.d-nb.de abrufbar.

TWENTYSIX
Eine Marke der Books on Demand GmbH

Herstellung und Verlag:
BoD – Books on Demand, Norderstedt

Autorin: Patrizia Geiß
Umschlaggestaltung: Patrizia Geiß
Umschlagbild: Sarah Richter auf Pixabay
alle weiteren Bilder: Patrizia Geiß

ISBN: 978-3-7407-7201-7

Inhaltsverzeichnis

Inhaltsverzeichnis 5

Widmung ♥ 8

Danksagung..9

Die Autorin 11

Vorwort 14

Heilgebete..23

    Heilung 27

    Eins-Sein 30

    Aufgestiegene Meisterinnen und Meister........................33

    Alleinsein 35

    Mut 38

    Abschied 41

    Allmächtiger Gott...44

    Gebet zur Gelassenheit..47

    An die Liebe 49

    Heilsame Gegenwart 52

    Die Christus-Flamme..54

    Der Eine bewegt sich...57

    Allmächtiger 60

    Auflösung von allem Niedrigschwingenden 62

    Gebet zur Aussöhnung...66

    Leidenschaft..69

    Das Göttliche...71

    Ewige Wahrheit 72

    Auflösung von Strukturen des Leides am eigenen Körper 74

Erweckung des geistigen Auges 77

Gedankenspiele der Seele 81

Jeder Tag ist im Kleinen wie ein ganzes Leben 84

Ich bin 86

Engel 88

Bei mir selbst angekommen 90

Täuschungen der Seele 93

Warum? 95

Gedanken in der Nacht 97

Das erste Mal 100

Freiheit 102

Liebe 104

Was wäre, wenn … 106

Spirituelle Lichtreisen für dich 109

Kosmisches Einssein 112

Das heilige Christuslicht 121

Heilende Amethystgrotte 130

Ich bin 140

Begegnungen im Urgrund allen Seins 149

Meine ersten beiden Krafttiere 153

Mein drittes Krafttier 156

Ein Paralleluniversum 158

Planet der Elfen (Teil 1) 165

Planet der Elfen (Teil 2) 173

Heilgrotte 179

Himmel und Unterwelt 182

Raum zur Weltenschöpfung 186

Der Heilige Tod – Heiliges Lichtwesen der Befreiung 192

Heilige Worte..198

Melchizedekisches Priestertum 202

Erzengel Michael...207

Eine andere Inkarnation 210

Ein weiteres Leben in einer anderen Realität 214

Außerkörperliche Erfahrung...223

Lichtreise zur Quelle..225

Worte der Liebe zum Abschluss...233

Widmung 

Ich widme dieses Buch

meinen geliebten Töchtern

Viviane

Merian

Cindy

Sophie

meinem geliebten Mann

Timo

jedem Einzelnen in meiner geliebten, wundervollen

Familie

sowie jeder einzelnen, kostbaren Menschenseele.

Ich möchte mich herzlich bedanken bei meiner geliebten, herrlichen Familie, bei jedem einzelnen, wundervollen Menschen, der mich warmherzig und nach bestem Können auf meinem Lebensweg begleitet und in allem unterstützt hat, um die zu werden, die ich heute bin. Die mich seelisch und geistig in jeder Art und Weise ermutigt hat, wenn notwendige und lehrreiche Tiefen erschienen und mit mir Freudentränen vergossen haben, wenn himmlische Höhen ihre Fluten der Liebe öffneten.

Ihr seid mein unerschöpflicher Heilbrunnen, aus dem ich fruchtbares Wasser trinke.

Als ich Mutter wurde, hatte sich mein spirituelles Herz, das von je her schon sehr groß war, vollends geöffnet. Die Liebe zu meinen eigenen Kindern hat mich die göttlichen Ausmaße der wahren Christusliebe erfahren lassen. Sie wurden in meiner Seele verinnerlicht und eingeprägt, sodass ich göttliche Liebe für die gesamte Schöpfung und alles Leben fühlen kann. Denn jede Seele braucht die heilsamen Energien der Liebe ebenso dringend, wie jeder physische Leib Luft zum Überleben benötigt.

Ich danke meinen wunderbaren Töchtern für dieses großartige Geschenk. Ich liebe euch und eure Familien.

Ich danke meinem geliebten Mann, der mich einfühlsam und geduldig meinen Weg hat beschreiten lassen und mich in jeder Hinsicht unterstütze, auch wenn die Stunden nur so vergingen, in denen wir nachsannen und uns über alles und nichts austauschten. Wir haben gelernt, auf das Lied unserer Seelen zu hören, diesem Klang gebannt zu lauschen und in liebevolle Resonanz mit der Magie und Macht der Musik unserer Herzen zu treten.

Du bist mein Avatar-Engel und ich liebe dich.

Ich danke zudem meiner irdischen Familie, jedem einzelnen Menschen und auch dir, geliebte Seele, die du diese Worte jetzt liest. Ich danke jedem, der in die starke Dichte der Materie inkarnierte und mir persönlich, über die Ferne oder durch Medien begegnete, denn ich durfte durch und mit euch wachsen. Ich bin jetzt in der Lage, den Weg der Liebe zu Allem-was-ist beschreiten zu können.

Ich danke allen Sternenkindern, meiner kosmischen Familie, allen vertrauten Engeln und Erzengeln, allen Aufgestiegenen und Planetaren Meisterinnen und Meistern, allen Wesen aus anderen Welten und Dimensionen und besonders unserem Schöpfer, dem Allmächtigen Gott, für die sanftmütige und warmherzige Führung, für die Eingebungen und Geistesblitze, die mich auf meinem Weg beständig beflügelten und anspornten. Herzlichen Dank, dass ich durch mein spirituelles Selbst weiß, wer ich von Natur aus bin, denn ich lebe im göttlichen Licht und bin der ewigen Liebe teilhaftig.

Ich bin dankbar dafür, dass mein Leben von den hochfrequenten Kräften und Energien der Heilgebete, Segnungen und Lichtschwingungen erfüllt ist. Während der Meditation und der Arbeit, im Verlauf eines Gespräches und bei alltäglichen Verrichtungen lasse ich diese göttlichen Energien allen Seelen und der Schöpfung Gottes zukommen, weil das unsterblich Wahre und Gute in allem vorhanden ist und ich es wahrnehmen kann. Manche Seelen können sich nur oftmals nicht daran erinnern. Es bereitet mir eben große Freude, allen individualisierten Verkörperungen Gottes beim Erwachen zu ihrer eigenen, wahren, göttlichen Natur behilflich sein zu können. Ich danke dir, geliebte Ur-Quelle, für diese wundervolle Möglichkeit.

Ich danke dir, kostbare und geliebte Mutter Erde, dass du mit der Menschheit zusammen in höhere Dimensionen aufsteigst und wir dadurch die große Chance erhalten haben, jetzt und hier zu unserer Unendlichkeit und unserem wahren Wesen zu erwachen, aus dem Kreislauf der Wiedergeburt heraustreten zu können und gesund und glücklich ewig als erwachter Mensch zu leben.

Ihr alle habt mich inspiriert, dieses Buch zu schreiben.
Herzlichen Dank.

Schon als Kind und besonders als Jugendlicher haben mich die unsichtbaren Welten fasziniert, der Kosmos, der Sinn des Lebens, die Schöpfung Gottes in all ihren Facetten und Erscheinungsformen, Engel, Feen und weitere Andersweltwesen und nicht zuletzt der Tod als Übergang in eine andere Dimension. Ich liebte Geschichten über das Universum und über die Anderswelt und konnte davon nie genug bekommen. Ich erhielt schon immer die Führung und Inspiration aus den unsichtbaren Reichen, war mir dessen aber in den ersten beiden Lebensjahrzehnten nur teilweise bewusst. Ich fühlte jedoch immer eine tiefe Verbundenheit mit Gott, allen Lichtwesen, dem Universum, der Unendlichkeit, den Gefilden der Seligkeit und den Sternen und schaue auch heute noch täglich hoch in den glitzernden Sternenhimmel zu meinen kosmischen Lichtgeschwistern, die in der Weite der Unendlichkeit wohnen und mir Erkenntnisse aus einer tieferen Wirklichkeit vermitteln.

Ich suchte früher nach Antworten bezüglich meiner vielen Fragen in der irdischen Welt und war sehr erstaunt darüber, wie unterschiedlich diese auch von Kirchenältesten ausfielen. Erst nach und nach erkannte ich, dass sich mir die göttliche Wahrheit durch meinen Geist und die geistige Welt leise und sanft in komplexer und vielfältiger Weise offenbarte, wenn ich für mich alleine in der Stille ruhte und der pausenlose Ansturm von Gedanken und Einfällen gestoppt wurde. Als ich aufhörte zu rennen und langsam wurde, begegnete ich mir selbst. Ich war mir so nahe wie der Atem eines Geliebten und wurde achtsam gegenüber der Magie, die in den kleinen, einfachen Dingen des täglichen Lebens liegt.

Meine kosmische Lichtfamilie mit ihren einzigartigen Fähigkeiten, ihren nährenden Kräften und Ausstrahlungen sind für meine alltäglichen Wege Impuls gebende Begleiter geworden und überbringen mir Gottes Liebe und seine

11

Botschaften. Jeder einzelne von ihnen ist zu meinem liebevollen, spirituellen Lebensbegleiter geworden und zur Quelle meiner Inspiration, mit deren Hilfe ich auch meine alten Programmierungen, Muster, Bilder meiner Vorstellungen, Gedankenformen und Glaubenssätze erkenne, annehme und im Licht der Liebe auflöse. Ich weiß, ich bin ein Sternenkind, ein kosmisches Lichtkind, verankert in vielen Dimensionen und darüber hinaus und ich weiß, auch du bist eins. Wir sind ungetrennte Teile der Quelle und nichts ist stärker als diese eine Kraft. Es ist einfach ein unbeschreiblich schönes Gefühl, von dieser ewigen Wahrheit erfüllt zu sein, denn jeder ist der, der ist, sieht und weiß.

Um mich in Harmonie mit der Schöpfung einzubringen und zum höchsten Wohle des Ganzen zu wirken, bin ich immer bestrebt, etwas zu verändern, zu erneuern und zu veredeln, meinen Horizont und meine Vorstellungen der Realität zu erweitern. Ich lasse alles Störende, Begrenzende, alle starren Strukturen und alles, was mir keine Freude bereitet, einfach liebevoll los und folge meinem ganz persönlichen Pfad, der mich zum Meister meines eigenen Lebens macht.

Alles ist möglich! Und so erweitere ich an jedem neuen Tag die Grenzen meines Denkens, übersteige meine eigenen Erwartungen und trage in mir größere Träume als jemals zuvor. Denn die Pforte zu den verborgenen Schätzen steht immer einen Spalt weit offen, sodass ich jederzeit hindurchschlüpfen kann, wenn ich mich dazu entscheide. Ob der Weg sehr steinig oder leicht ist, harmonisch oder übersäht mit Kummer, mit dem Tod endet oder nicht, hängt alleine von meiner inneren Gewissheit ab. Und so habe ich mich entschieden, aus dem Kreislauf der Wiedergeburt herauszutreten, um als bewusster Schöpfer, als erwachtes Lichtwesen auf dem aufsteigenden Planeten Erde in meinem Lichtkörper zeitlos zu verweilen.

Denn Entwicklung findet immer statt, andauernd, der Fluss des Lebens kann nicht zum Stillstand gebracht werden. Ich bin ein selbstermächtigter Mensch, der sich von der unbewussten Gewohnheit und den Projektionen anderer löst und sich selbst immer wieder reflektiert, um achtsam, wach und geistig klar als schöpferischer Geist in der Materie zu wirken. Ich nehme in jedem Augenblick kosmische Energieschwingungen und geistige Nahrung auf, die einen Ewigkeitswert haben und halte die Energie der Liebe beständig in meinem Herzen.

<u>Ich bin</u>

Gefährtin des Lichts
Hüterin des goldenen Buches des Lebens und des Todes
Hüterin der Universen Gottes
Geistführerin der Feen
Bewahrerin der Isis-Energien
Meisterin des irdischen Lebens
Spirituelle Bewusstseinstrainerin
Reiki-Großmeisterin unterschiedlicher Energiesysteme
Energetische Neuzeittherapeutin
Heilerin des Seelenlichts
Heilpraktikerin für Psychotherapie
Trainerin für integrative Entspannungsverfahren
Autorin

In meiner Praxis begleite ich Seelen auf ihrem Weg zum eigenen Licht mit dem Ziel, der Magie des Alltäglichen zu lauschen und in Frieden und Harmonie mit allem und jeden zu sein. Ich unterstütze sie beim Prozess des Loslassens und des Erkennens der wahren Berufung und Lebensaufgabe, insbesondere des Erkennens ihrer wahren, göttlichen Natur. Wir erwecken gemeinsam kosmisches Wissen, erlauben dem Herzen, sich in die Lüfte zu erheben und zu strahlen, und lassen einander und allem Liebe zuteilwerden, sodass alles niedrig Schwingende und Negative im heilsamen Licht transformiert werden kann.

Wenn du mehr über mich, meine energetische Licht- und Heilarbeit, meine Energiesysteme, Ausbildungen und Einweihungen erfahren möchtest, dann besuche mich auf meiner Homepage und nimm Kontakt mit mir auf.

Praxis für Energetische Lichtarbeit

www.patrizia-geiss.de

Vorwort

Ich begrüße dich, geliebte, wunderbare Seele, und freue mich, dass du Interesse an spirituellen Themen hegst und dich entschieden hast, mein Buch zu lesen. Ich wünsche dir von ganzem Herzen, dass du den Sinn und die Bedeutung aller Texte und Worte in dein Leben integrieren und für deinen Alltag anwenden kannst, sodass du dir deiner selbst immer mehr gewahr wirst.

Du bist von Natur aus ein Lichtwesen, ein ungetrennter Teil Gottes, und kehrst zur gegebenen Zeit wieder zurück in das allumfassende Bewusstsein deines Ursprungs, in die Verbundenheit mit Allem-was-ist. Zurzeit geschieht genau dieser Bewusstseinswandel, der der mächtigste in der Geschichte der menschlichen Evolution ist. Mutter Erde reinigt sich und stellt wieder Ordnung her, um weitere Bewusstseinsaktivierungen zu bewirken. Bevor sich jedoch etwas ändern kann, müssen die Wogen sehr hochschlagen, muss die Menschheit bis auf den Grund fallen, um dann innere Reife zu erlangen, aus eigener Kraft aufzustehen und den Weg der Liebe beschreiten zu können. Erst dann kann sich die Seele von ihrer geistigen Führung wieder inspirieren lassen.

Alles wird derzeit angehalten und darf pausieren. Jeder Mensch erfährt in dieser läuternden Zeit der Transformation, dass sein Leben langsamer, d.h. entschleunigt wird und dass er Einschränkungen und Begrenzungen in vielerlei Hinsicht erfahren muss. Wir bewegen uns auf das neue Zeitalter des Friedens und der Liebe zu, das heißt wir werden in der fünften und höheren Dimensionen leben. Doch bevor der Frieden auf Erden errichtet werden kann und reine Liebe aus dem Herzen eines jeden Menschen fließt, muss zuerst der ganze Unfrieden, der in jedem einzelnen vorhanden ist, an die Oberfläche gelangen. Es ist genau das, was in den letzten Jahren passiert ist. Hinter uns liegt das Jahr 2020, das unkalkulierbar schien und doch enorm wichtig für den Aufstieg war und in welchem die gesamte Menschheit mächtigen Herausforderungen gegenüberstand, die ihre Lebens-, Arbeits-, und Verhaltensweisen umstellte.

Diese Erneuerungs- und Umwandlungsprozesse werden immer weiter gehen, bis die neue, hochfrequent schwingende Mutter Erde vollständig in Erscheinung getreten ist. Die unendliche Flut von Verlockungen, Nervenkitzel, Reizen und Bedarfsgütern, von materiellen und nicht materiellen Möglichkeiten zur Befriedigung von scheinbaren Wünschen, wurden auf ein Mindestmaß herabgesenkt. Das Gefühl, dass du etwas versäumst und kurzatmig weiter hasten musst, von einem Angebot zum nächsten, darf jetzt transformiert werden.

Du kannst dich nicht mehr so schnell von der Vielfalt der Wahlmöglichkeiten, die du meistens sowieso gar nicht benötigst, überfordert fühlen, da eine Resett-Taste gedrückt wurde, die dir die Gelegenheit gibt, alles noch einmal von vorne angehen zu lassen.

Du kannst der rastlosen Hektik des ganz normalen Alltags entfliehen und anfangen, dich wieder zu spüren, alles wahrzunehmen, was dich und andere betrifft, und Raum schaffen für die Einkehr und die Stille. Raum schaffen für deinen Rückzug in dein Selbst und in die Natur, um damit anzufangen, den Offenbarungen deines Geistes zu lauschen und sie verstehen zu können. Denn durch deine Intuition erhält deine Seele Botschaften und Wahrheiten aus der Geisteswelt.

Das Verheißungsvolle an dieser Transformationszeit ist, dass du wieder die Zeit erhältst, in Kontakt mit deinem eigenen Körper, deinen Gefühlen, deinem Inneren, deiner Seele und deinem Geist zu kommen. Du bekommst die Chance, dich wieder deiner inneren, göttlichen Führung anzuvertrauen und deinem Herzen zu lauschen, das mit leiser Stimme spricht.

Im 2. Timotheus 1,7 heißt es:

„Denn Gott hat uns nicht gegeben den Geist der Furcht, sondern der Kraft, der Liebe und der Besonnenheit."

Strebe in deiner kostbaren Seele, deinem Herzen nach der ewigen Wahrheit, denn im Äußeren kannst du sie nicht finden. Göttliche Wahrheit kann nicht entstehen oder vergehen, sie ist, sie war und wird immer vorhanden sein. Du lässt alles Wahre und Gute in dir aufleben, wenn dein ewiger Geist in deiner Seele erneut zu Tage tritt.

So kannst du auch wieder eine Beziehung zu dir selbst aufbauen und dich fragen, was wirklich wichtig in deinem Leben ist. Du kannst aus dem langen, tiefen Schlaf deiner Unbewusstheit aufwachen und Schöpfer deines Lebens werden. Dein vollkommenes, inneres Sein, deine Seele sehnt sich nämlich danach, sich in deinem Äußeren zu spiegeln, so wie sie wahrhaftig ist.

Lass die geheime, verborgene Welt deiner Seele durch dich in Erscheinung treten. Deine geistige Individualität ist immerwährend zu einer Entwicklung fähig und wird durch deinen kreativen, einfallsreichen Ausdruck in die Welten geprägt. Denk daran, all deine Gedanken, Worte und Taten transportieren die Handschrift deines Innenlebens zu Allem-was-ist und prägen so dein Wesen der Außenwelt auf.

Du lebst in einer materiellen Welt, die in der feinstofflichen Welt zuhause ist. Diese feinstoffliche, energetische Welt durchdringt, erfüllt und umgibt jedes Atom, jedes Element, jede Zelle, jeden Gedanken, jedes Wort, jede einzelne sichtbare und unsichtbare Manifestation, jede Art von Materie. Diese fein-stofflichen Energien der geistigen Welt sind verankert in jedem Ton und Klang, jeder Musik, in allen Arten von Gerüchen, in jeder Emotion und jeder Verkörperung einer Seele. Alles und jeder besteht aus diesen göttlichen Energien, dem Urgrund allen Seins.

Die stärksten Kräfte und Mächte dieses göttlichen Kosmos sind Liebe, Licht und Freude. Diese Energien tun dir und der gesamten Schöpfung gut, denn dein spirituelles Herz, dein feinstoffliches Zentrum, ist durchdrungen von ihnen und lacht, wenn du sie in die Welten sendest. Da du ein ungetrennter Teil Gottes, von *Allem-was-ist* bist, erfährt alles und jeder Heilung, wenn dir Heilung widerfährt.

Deine Aura besteht aus feinstofflichen Energien, die von anderen Menschen und Wesen ganz offensichtlich wahrnehmbar sind. Diese äußern sich durch dein Charisma und deine Ausstrahlung. Einer leuchtenden, positiven Aus-strahlungskraft kann kaum einer widerstehen, denn ein charismatischer Mensch besitzt einen lebensbejahenden, ermutigenden Optimismus, ist selbstbewusst, zeigt sich authentisch, fühlt sich unter allen Umständen pudelwohl und hat eine lichtbringende Ausstrahlung. Diese Strahlkraft regt andere dazu an, das eigene Licht und die eigene, tief verwurzelte Liebe hervortreten zu lassen.

Die größten Potenziale für deine lichtbringende Ausstrahlung sind in den Bereichen zu finden, die du am eindeutigsten mit deinem wahren Selbst, deiner Seele und deinem Geist verbindest. Finde auf dem Weg zu dir selbst deine eigene Meinung heraus und lass dich nicht von der allgemeinen Strömung beeinflussen. Befreie dich vielmehr von allem Negativen und dann sprich deine Wahrheit mit einer klangvollen Stimme, die deiner wahren Größe entspricht. Mitgefühl, Verständnis, Liebe und Dankbarkeit berühren jeden, der dir auf deinem Weg begegnet. Ebenso bewirken es Bilder und Farben, Töne, Klänge und Rhythmen, die Natur, Musik, Stimmen und Worte, ergreifende Texte und Filme. Wenn du dir täglich heilsame Energien gönnst, regelrecht in ihnen badest, fühlst du dich zunehmend wohler und befindest dich in deiner Mitte.

Je spiritueller und erwachter du bist, desto mehr wirst du erkennen, dass zu deinen natürlichen, biologischen Lebensmitteln besonders alle göttlichen Lichtenergien deine grundlegende Nahrung sind, bis du irgendwann an dem Punkt angekommen bist, dass sie als einziger Energielieferant deinem erwachten Bewusstsein im Körper dienen. Aber dies ist ein anderes Thema, das in meinem Buch „Quantensprung in die 5. Dimension" zur Sprache kommt, welches ich mit meiner Seelenschwester zusammen geschrieben habe.

Die feinstoffliche Zusammensetzung aller Materie und allen Lebens wird zu dieser Zeitenwende der schwingungserhöhenden Transformation, in der alle Aufstiegssymptome und ihre Folgen die Menschheit zu ihren geistigen Wurzeln zurückbringt und ihre Bewusstwerdung stimuliert, immer wichtiger und zum Mittelpunkt unserer Aufmerksamkeit. Alles ist Energie und Energie ist immer in Bewegung, sie fließt fortwährend und durchdringt dabei deinen Körper, die Atome, den Kosmos und alle Manifestationen jeglicher Spezies. Auch in deinem Körper will die Energie frei und leicht fließen, wie der Fluss deines Atems, deiner Lebensenergie, deines Blutes und deiner Gewebsflüssigkeit. Die Beziehung zu deinem Leben, vergangene Verletzungen, Verhaltensweisen, Überzeugungen, dein dreidimensionaler Verstand und dein

Glaube können den Fluss der Lebensenergien jedoch blockieren oder mindern. Denn sie schwingen sehr niedrig und behindern dich in deiner spirituellen Entwicklung.

Deshalb kannst du dir folgende Fragen stellen, um Wesentliches über dich erkennen zu können. Am besten notierst du deine Antworten in ein persönliches Heft.

- Was nimmt mir die Luft zum Atmen und erschüttert mich?
- Was geht mir zu sehr zu Herzen und schmerzt mich?
- Was denke ich über mich und mein bisheriges Leben?
- Was denke ich über meinen Körpertempel?
- Was denke ich über meine Vergangenheit?
- Was erwarte ich für meine Zukunft und was möchte ich in meinem Leben?
- Was kann ich nicht loslassen und blockiert mich?
- Gegen wen oder was kämpfe ich?
- Wann sagst du „ja", wenn dein Herz „nein" sagen möchte?
- Welche Grundstimmungen, Emotionen und Körperempfindungen habe ich?
- Verurteilst du noch andere und damit letztendlich dich?
- Was nährt mich?
- Was gibt mir Kraft und lässt mich lächeln?
- Tue ich das, was mein Herz mir sagt?
- Nimmst du dich wichtig?
- Wer wäre ich gerne und was hält mich davon ab?
- Fühlt sich das, was du arbeitest, lebst, alltäglich verrichtet stimmig für dich an?

- o Welches sind meine Talente und Fähigkeiten?

- o Was denke ich, wer ich bin?

- o Wer möchte ich sein?

- o Bin ich bereit, die Verantwortung für mein Sein zu übernehmen?

Beantworte diese Fragen ehrlich, damit du deine eigenen Themen erkennst, sie für dich annimmst und nach und nach liebevoll umwandeln kannst. Liebe das, was du bisher noch nicht annehmen und lieben konntest, und höre auf dein spirituelles Herz, das mit der leisen, inneren Stimme deines Geistes zu dir spricht und dir Lösungen zukommen lässt.

> Denn die Liebe schwingt von allen Energien am höchsten
> und nur sie besitzt die alleinige, göttliche Heilkraft.

Lausche in dich hinein, fühle dich auf allen Ebenen deines Seins und spüre deine in dir ruhende, göttliche Vollkommenheit. Alles ist in dir angelegt, was du zum Heilsein benötigst. Wenn die reine, bedingungslose Liebe in dir erwacht ist, steigt deine Körperfrequenz immer weiter an, Negatives kann dadurch transformiert werden und Heilung geschieht von selbst.

Dein physischer Körper schwingt ferner immer höher, weil auch unsere Erde, Gaia, bereits in den höheren Dimensionen mit höheren feinstofflichen Energien schwingt. Deshalb ist es besonders wichtig, dein Herz für die göttliche, allumfassende Liebe zu öffnen, dich ihr zu überlassen und von ihr geführt zu werden.

Diese Liebe ist überall um dich herum vorhanden, sie offenbart sich dir und erfüllt dich besonders in der Natur, in allem, was auf ihr wächst und bei allen Geschöpfen. Immer, wenn du dich auf eine Wiese legst, barfuß spazieren gehst, einen Baum berührst oder umarmst, die Sterne betrachtest, die Wärme der Sonnenstrahlen genießt, Bienen beim Nektarsammeln beobachtest, dem Rauschen eines Baches lauschst oder einem Konzert usw., durchdringen dich feinstoffliche Kräfte, die dich energetisieren und heilen. Diese hochfrequenten Energien, die auf Mutter Erde vorhanden sind, verändern deine eigene Körperschwingung und heben sie liebevoll an. Du selbst schwingst dann höher und fühlst dich geborgen, denn du hast dich mit feinstofflichen Energien genährt.

♥ Sprich dann bewusst

„Ja, ich erlaube allen göttlichen Energien, mich zu durchdringen, zu reinigen und zu heilen zu meinem höchsten Wohle, sodass ich mich frei und wohl fühle!"

und du wirst nach und nach in der Schleuse der heilsamen Umwandlung regenerieren, gedeihen und deinen Heilungsprozess einleiten.

Die äußere Distanz, die du zurzeit in der Welt und deinem Umfeld erlebst, gibt dir die Gelegenheit, dich auf deine innere Welt zu fokussieren, auf die Energien in deinen feinstofflichen Körpern und auf das Wesen und die Macht feinstofflicher Nahrung.

Die energetischen Körper vieler Menschen schwingen zurzeit auf einer Ebene, die sehr niedrig ist, weil ihre Lebensgrundstimmung von Ärger, Eifersucht, Ausgrenzung, Verurteilung, Scham, Schuld, Groll, Wut, Anklage, Hass, Missgunst und Trauer durchzogen ist. Doch niemand sonst als du selbst ist für die Atmosphäre in deinem Inneren verantwortlich und dafür, was du an verderblichen und ungesunden Energieströmen, oder an liebevollen und nährenden Energien in die Welt und das Universum entlässt.

Die derzeitige emotionale Atmosphäre der Welt ist die Summe des Gesamtklimas der Gesellschaft, der Politik, der Wirtschaft, der Firmen, der Vereine, der Mitmenschen und der Familien und ist nicht gerade zum Besten gestellt.

Es liegt aber in der Hand jedes Einzelnen, auch an dir, die globale Atmosphäre zu verbessern, sie in ihrer Schwingung anzuheben und mit Liebe und Licht zu erfüllen, indem du erlaubst, dass deine Gedanken, Gefühle, Worte und Taten von deinem Herzen und damit von deinem Geist geführt werden.

Bleib in deiner Mitte, in Ruhe und Harmonie, erfülle dich mit allem, was dir guttut, und trenne dich in deinem Leben von allem, was dich stört und energetisch runterzieht. Behandle dich selbst liebevoll und erschaffe Frieden in dir und um dich herum. Denn du bist ein ungetrennter Teil des Allerhöchsten und hast alle Kraft und Macht, um schöpferisch liebevoll tätig zu sein und eine Welt voller lachender Menschen, voller Harmonie und Seelenfrieden zu kreieren.

Sei dankbar für deine Lebenserfahrungen und deinen Lebensweg, denn er war zu jeder Zeit wichtig und richtig für deine spirituelle Entwicklung und die Erfahrung hin zu deiner bewussten Vollkommenheit. Schau mit liebevollen Augen auf dein Leben und erkenne, dass in allen Dingen die Gottheit ist.

Nichts ist eine versehentliche oder zufällige Atomanhäufung. Die gesamte Natur ist beseelt, sie lebt und untersteht der göttlichen Ordnung und den kosmischen Gesetzen. Alle Lebewesen in den Weiten der Universen und auch der Mensch sind in Wahrheit ewige Präsenz des Geistes. Durch die unterschiedlichen Verkörperungen werden der Seele Erfahrungen und Erkenntnisse zugespielt, die sie benötigt, um wachsen zu können.

Die Zeit des Erwachens hat schon lange begonnen. Du entscheidest, wie weit du dich auch weiterhin auf das Spiel des Lebens in deiner begrenzten, menschlichen Erfahrung einlassen möchtest. Oder, ob du deine Göttlichkeit erkennst, dein multidimensionales Wesen, das immer war, ist und sein wird, und du aus dem Inkarnationskreislauf heraustreten willst, um als Göttin und Gott auf Erden zu verweilen in einem unsterblichen, vollkommenen Körper.

Der Evolutionsprozess einer jeden Seele ist unermesslich umfangreich, da sie schon viele, viele Zyklen Erfahrungen auf anderen Planeten und Galaxien gesammelt hatte, bevor unser Sonnensystem und die Erde sich verdichteten und zur Wohnstätte wurde. Du bist eine komplex existierende Wesenheit, die sich hier und jetzt auf Erden in einem Evolutionsprozess befindet, der deine Seele durch Erfahrung und Erkenntnis schult und transformiert, um letztendlich in die Vollkommenheit bewusster Göttlichkeit zurückkehren zu können.

Jede Spezies, auch das Menschengeschlecht, ist bestrebt, sich permanent weiterzuentwickeln und zu einem reifen, intelligenten, vollendeten Wesen zu werden. Öffne dich für die großen Wahrheiten und die Gesetzmäßigkeiten von Raum und Zeit, vom Geist und der Materie, und du wirst überglücklich und voller Selbsterkenntnis in dir erwachen.

Beginne damit und stell dir einfach jeden Abend aufs Neue die Fragen, ob du all die Energien während des Tages ausgesandt hast, die du dir für eine liebenswertere und heilere Welt wünschst, und ob du Liebe und Licht auf unseren Planeten Gaia und alles Leben gefördert hast. Denk immer daran, es gibt kein richtig oder falsch. Nimm einfach nur wahr.

Zu jedem Zeitpunkt gibt jede Seele immer ihr Bestes,
denn jede Erfahrung wird benötigt.

Darum gehe mit dir und anderen nicht zu Gericht, sondern sei du das Licht, das anderen die Erlaubnis und Hoffnung gibt, ihr eigenes Licht leuchten zu lassen.

Richte deine Aufmerksamkeit einfach weiter auf deine Ziele und lass dich in keiner Weise davon abbringen. Sei du ein friedliches und liebevolles Licht auf Gaia. Denn du bist ausgerüstet mit allem, was du brauchst, um in Einklang mit der Schöpfung Gottes leben zu können. Je mehr du in den Energien der Liebe denkst und Energien der Liebe an deine Mitmenschen richtest, desto schneller und einfacher geschehen alle Dinge, die die göttliche Ordnung auf Erden wiederherstellen.

Ich wünsche dir, dass du leicht und harmonisch in die Bewusstheit deines reinen Seins erwachst und liebevoll deinen spirituellen Weg auf irdischer Ebene gehst.

Beim Lesen wünsche ich dir nun
erhebende und gefühlsintensive Momente,
die dir ein Lächeln ☺ auf dein Gesicht zaubern.

Heilgebete

Ist es nicht manchmal sonderbar, von wie vielen Geheimnissen und Mysterien du umgeben bist, die aus der feinstofflichen, lichten Welt in die materielle hindurchsickern?

In deinem Inneren ist eine eigene Welt vorhanden, hinter deiner jetzigen Erscheinung, deinen Gedanken, Körperempfindungen, Gefühlen und Worten, sogar hinter deinem Schweigen. In dir existiert eine Welt, die nicht dinglich und doch ebenso real ist, alle Universen umfasst und mindestens genauso geheimnisvoll und faszinierend ist. Wenn du sprichst, entlässt du Klänge, die aus den verborgenen, unsichtbaren Bereichen deiner Seele hervorkommen und zu Worten werden, die die ganze Welt, den Kosmos und die gesamte Schöpfung Gottes erreichen, dort vernommen und gespeichert werden.

Beim Sprechen oder Singen von heilsamen Gebeten und Worten gleicht sich die Schwingung deines physischen und deiner feinstofflichen Körper der göttlichen Kraft und Energie der gesprochenen oder gesungenen Worte an, sodass die Schwingung deines gesamten Wesens auf allen Ebenen angehoben wird. Das führt zu einer tiefen, geistigen Ruhe, in der dir die Möglichkeit gegeben wird, dein Bewusstsein zu erweitern und dein wahres Wesen wahrzunehmen.

Die Welt ist überhäuft von Worten, die entweder leere Gefäße sind, da kein Gefühl und keine Überzeugung in ihnen mitschwingt, zerstörend wirken, da niedrigschwingende Emotionen einhergehen, oder aufbauend heilen, weil Gefühle der Liebe in ihnen verankert sind. Tagein und tagaus bist du von einer Fülle von Worten und deren Energie umgeben, die aus der stillen Unsichtbarkeit eines jeden Menschen ins Äußere treten. Sie reflektieren alle Gedanken und dienen damit als Spiegel ein jeder Seele.

Alles Existente ist geistig, alles ist Bewusstsein, nur die Schwingungsebene variiert. Ein Mangel an Liebe lässt stets alles erstarren und in den Welten ist nichts so einsam und verkapselt wie etwas, das hartgeworden, erkaltet oder verbittert ist. Lass einmal ganz bewusst alles Schmerzliche, Qualvolle, Ausgedörrte und Ungewollte aus deiner Dunkelheit hervorbrechen, sodass die nährenden Fluten deiner Herzenergie das heilende Wunder der Liebe geschehen lassen.

Entlasse alles Ängstliche in dir, denn auch Angst ist nur eine Illusion. Du wirst erkennen, dass dein zuvor unergiebiges, bröckeliges und sehr sprödes Fundament heilend aufgepäppelt und mit einträglichen und nahrhaften Energien verwoben wurde, sodass auf ihm alles wieder wachsen, leben und leidenschaftlich entflammen darf. Schaffe dir täglich Raum und Zeit inmitten deines Alltags und verweile in deiner Mitte, in inniger Verbundenheit mit deinem höchsten Selbst und der geistigen Welt.

In dieser aufwühlenden Zeit der transformierenden Schwingungserhöhung und des spirituellen Hungers des Menschgeschlechtes öffne dich für deine lichterfüllte Innenwelt. Sprich ewige Wahrheiten Gottes aus und werde eins mit dem goldenen Strom der Wirklichkeit. Überbringe du himmlische Botschaften aus einer tieferen, absoluten Wahrheit. Befreie die ungezähmte, innere Vielschichtigkeit deiner Seele und lass die bunte Fülle deines Geistes ihren Ausdruck finden. Was du denkst, sagst und tust, sollte stets deiner würdig und deiner Selbstachtung gefällig sein, wenn du den Weg des Erwachens liebevoll beschreiten möchtest. Je tiefer du dich fallen lassen kannst in das heilende Licht der Liebe, desto schneller erkennst du deine Göttlichkeit.

Die in meinem inneren Wesen entspringenden Heilgebete entstammen der Göttlichen Quelle, mit der jeder Mensch verbunden ist. Der allmächtige Gott ist reine, bedingungslose Liebe, allumfassender Frieden und Harmonie. Sein vollkommenes, ewiges Sein, sein unveränderbares Bewusstsein und seine liebenswerte Präsenz existieren in der gesamten Schöpfung.

Das Universum, alles Leben, jede Art von Materie und der Urgrund allen Seins, auch die Sphäre der Möglichkeiten genannt, besteht aus ihm. Du, als individualisierte Verkörperung Gottes, bist erfüllt von dem Einen-Bewusstsein, denn du bist Gottes-Bewusstsein und damit gibt es keine Trennung jeglicher Art zwischen dir und Gott. Alles ist eins und du bist göttlicher, ewiger Geist.

Hier auf unserem Planeten Erde, in Raum und Zeit, existiert bis jetzt die Illusion, von Gott getrennt zu sein, für die Menschen, die noch nicht zu ihrer Größe erwacht sind. Sie können aber nicht mehr vor der Begegnung mit sich selbst weglaufen und werden durch das Innehalten der Welt zu ihrer wahren Natur gestupst – der Liebe. Früher oder später wird jeder Einzelne sich als ewig lebendes Geist-Wesen bewusst und seiner Kraft und Macht gewahr.

Lass dich von dem Klang eines jeden Wortes inspirieren
und erwache spontan oder nach und nach
zu dem vielschichtigen, ewigen Lichtwesen,
das du in Wirklichkeit bist.

Erlange wieder dein Selbst-Bewusstsein.

Alle Gebete besitzen eine hohe Heilschwingung und Heilkraft, da in jedem Wort und Buchstaben lichtvolle, hochfrequente Energien und liebevolle Kräfte eingeflochten sind. Wenn du die Gebete regelmäßig zitierst, werden diese magischen Mächte deinen Körper, deine Seele, deinen Geist und damit Alles-was-ist durchströmen und die eigene Frequenz anheben, sodass Heilung, Reinigung, Regeneration und Befreiung geschehen kann. Dadurch lösen sich alla niedrig schwingende Energien auf, die nicht mehr in dieser erhöhten Frequenz existieren können.

Die Sprache und Klänge meiner Gebete sind sehr wirksam und unterstützen deine Seelenreise, durch all deine Höhen und Tiefen, bis wahrhaftige Heilung geschehen kann. Die geistige Welt, deine spirituellen Führer und deine Lichtfamilie unterstützen dich liebevoll dabei, besonders wenn du sie darum bittest.

Die Energie der Liebe verweilt beständig ausgebreitet in deinem Herzen, denn du bist Liebe und Licht. Höre auf deine innere Stimme, werde dir deines feinstofflichen Körpers gewahr, bleib in deiner Mitte und ruhe friedvoll in dir.

Wenn du die Heilgebete mit fester Überzeugung und tiefen Glauben für eine Weile regelmäßig liest, kannst du deine Gesundheit, inneren Frieden und Harmonie wiederherstellen und deinen nur zu dir gehörenden Liebreiz wiederfinden. Denn deine Selbstheilungskräfte werden aktiviert und dein Unterbewusstsein gestaltet all deine Zellen, Atome, Moleküle und deinen gesamten Organismus nach den vollkommenen Mustern, die in ihm gespeichert sind, wieder neu. Alle Lebensumstände und Situationen, deine energetischen Körper, alle Gedankenformen, Emotionen und Widerstände, alle Ängste, Blockaden, energetischen Programme und Muster können im Licht der Heilgebete transformiert werden.

Du kannst die vorbereiteten Gebetstexte auch gerne in ein Heft schreiben, das du bei Bedarf bei dir tragen kannst. Oder du formulierst die Worte um, ergänzt oder kürzt sie, so wie es sich für dich richtig anfühlt.

Damit die Gebete ihre volle Kraft und Wirkung entfalten können, lass dich jetzt in die Kräfte, Mächte und Energien der Heilgebete einweihen.

Sie schließen dich an die höheren Ebenen deines Bewusstseins, deinen ewigen Geist, an, sodass du durch Gottes Führung seelisch und geistig neu ausgerichtet wirst. Eine Einweihung ist etwas Heiliges und bedeutet, dass bestimmte, göttliche Energien in dir aktiviert werden. Die Weihe verbindet dich mit dem Ursprung deiner Heilenergie, du erfährst Vertrauen in dich selbst und dem Göttlichen in dir.

Sprich dazu folgende Worte aus.

<u>Selbsteinweihung</u>

- ♥ „Ich bitte Gott, alle kosmischen Lichtwesen und meinen Geist um die Einweihung in die Kräfte, Mächte und Energien der Heilgebete. Es soll sofort geschehen. So sei es. Danke."

Die Einweihung vollzieht sich zu deinem allerhöchsten Wohle und dauert einige Minuten. Du musst nichts Besonderes in der Zwischenzeit tun, denn alles geschieht von alleine gemäß der göttlichen Ordnung.

Glaube an die heilsamen Energien der Gebete und ihre Heilkraft und sie werden Wunder um Wunder bewirkten. Das ist nämlich dein göttliches Erbe. Wahre Heilung geschieht in deinem Inneren, durch das Erwachen zu deiner Göttlichkeit. Suche nicht mehr im Äußeren nach dem, was nur in dir zu finden ist.

Heilung

Ich atme göttliche Lebensenergie in jede Zelle meines physischen Körpers
ein und nähre sie mit der kosmischen Liebe, sodass Heilung auf energetischer Ebene in meinen Zellen, Atomen und Molekülen geschieht.
Die Gesundheitsinformationen, die von meinem Geist kommen, speisen
sich jetzt in alle Bausteine meiner Zellen, meine Chromosomen, mein Erb-
gut und meine Gene ein, sodass alle notwendigen Heilungsprozesse aktiviert werden.
Mein gesamtes energetisches Konstrukt erfährt Verjüngung und Regeneration, weil meine Zellkerne lichtvolle Energien tanken.
Mein Mikrokosmos wird im göttlichen Lichte getauft und neu ausgerichtet.
Ich spüre die heilsame Wirkung dieser Worte in jeder einzelnen Zelle.

Ich atme göttliche Lebensenergie in mein bioenergetisches Feld ein und
durchflute es mit Liebe und Licht.
Diese hochschwingenden Energie-Impulse erwecken meinen Organismus
zu seiner Vollkommenheit und Vollendung.
Mein Körperkonstrukt und all seine Funktionen bilden sich jetzt gemäß der
göttlichen Ordnung neu, da veraltete kristalline Muster, die im Laufe des
Lebens eigene Strukturen ausgebildet haben, sich heilsam neu ausrichten.
Ich genieße in der heiligen Gegenwart das Geschehen eines jeden
Momentes.
Das Leben ist immer für mich da, ich bin die Sonne meines Lebens und
feiere meine Einmaligkeit.
Ich spüre die heilende Wirkung dieser göttlichen Kerngedanken in meinem
ganzen Leib.

Ich atme göttliche Lebensenergie in all meine Gedanken, Emotionen und
Körperempfindungen ein und erfülle sie mit der bedingungslosen Liebe,
sodass Harmonie und Frieden zum Ausdruck meines Selbst werden.
Ab jetzt gelingt mir mein Leben und es wird meisterhaft, denn ich bin gut
so, wie ich bin.
Ich erkenne meinen unendlich großen Wert und bin ganz bei mir.
Ich atme göttliche Lebensenergie in jeden meiner feinstofflichen Körper,

meine Energiezentren und Meridiane ein und durchströme sie mit heilsamer Liebe, sodass jede Art von Negativität, alle Blockierungen, Programme und Muster lichterfüllt transformiert werden.
Jede Wunde, die ich in mir trage, wird heilen und zu einer kostbaren Perle werden, dich mich genau an dieser Stelle lebendig sein lässt.

Ich nehme wieder Kontakt zu meinem verborgenen Inneren auf und tauche damit tief ein in das All-Eins-Sein.
Ich dehne mich aus in meinen Lichtkörper, in meine kosmische Identität und strahle von innen heraus.
Ich bringe meinen Lichtkörper zu mir zurück in den Tempel meiner Seele, spüre mich nicht mehr und schwebe.

Ich atme göttliche Lebensenergie in alle Angelegenheiten und Lebensumstände ein, die mich betreffen, und beseele sie mit der Präsenz des Allerhöchsten, sodass sie sich harmonisch im Licht entfalten und die Energie der Liebe beständig mein Begleiter ist.
Ich werde nicht mehr von dem Werdegang meiner Verletzungen definiert, sondern lebe ganz und gar in der Gegenwart, sodass andere Menschen sich in meiner Nähe wohl fühlen.

Ich atme göttliche Lebensenergie in alles, was ich bin, ein und erwecke meine Kreativität und spirituellen Fähigkeiten, sodass ich zu einem Meister meines Lebens werde, meine reinen, klaren Gedanken aus den geistigen Welten sich in mein Sein ergießen und sich mein inneres, göttliches Wesen der Außenwelt aufprägt.
Ich öffne mich für neue Inspirationen und mein Leben wird magisch, denn ich spreche nur noch meine Wahrheit.

Ich atme göttliche Lebensenergie in die allgegenwärtige Schöpfung ein und veredele jedes Leben im Licht des göttlichen Ausdrucks, sodass mehr Liebe im kosmischen Gefüge und in allen Welten vorhanden ist.
Ich hauche die Göttlichkeit in jedes Leben ein, sodass es sich abermals erinnern kann, was es in Wahrheit ist, und sich aus den Krallen einer versklavenden Matrix zu befreien vermag.

Ich atme göttliche Lebensenergie ein und bin dankbar, dass der Funke des

Lebens in meinen Körper und mein Wesen umherwirbelt und sich meine
Geisteshülle in die Gottes-Präsenz ausbreitet.
Alles Unvollendete und Unvollkommene transformiert sich durch die All-
macht der Liebe.
Jede gierig lechzende, seelische Bedürftigkeit wird durch die Kraft des
allerhöchsten Heilseins auf allen Ebenen aufgelöst.
Jedes Streben nach Bestätigung und Sinngebung darf jetzt und hier
heilsam im Licht umgewandelt werden.

Ich bin frei, durch die Loslösung der Fesseln, die ich mir selbst auferlegt
habe.
Ich bin frei und verlasse mich nur noch auf mein Herzgefühl.
Ich weiß genau, dass alle Zweifel nur eine Illusion meines Verstandes sind.

Ich bin grenzenloses Bewusstsein und vertraue meiner inneren Weisheit.

Die göttliche Lebensenergie durchströmt jeden Aspekt meines Lebens und
ich bin vor allen Anfeindungen geschützt.
Sie ist die Quelle der Liebe in meinem Herzen und hat meinen tiefen,
inneren Liebesbrunnen zu Leben erweckt.
Ich sprudle über vor göttlichem Ausdruck, denn mein wahres Sein wurde
wachgeflüstert.
Ich atme das Licht der Liebe in mich hinein und dehne mich so weit aus,
wie ich kann.

Danke! So sei es!

Ich bitte euch, göttliche Lichtwesen, die ihr von anderen Planeten und Universen stammt, und schon bei der Erschaffung und Gestaltung des Planeten Erde und dem Vorhaben „Mensch sein" beteiligt wart,
helft hier auf Erden, die starke Dichte beim Aufstieg des Planeten und seiner Bewohner harmonisch zu reduzieren.

Lasst alle Planetenklänge, den kosmischen Widerhall und alle sphärischen Melodien, die in die Kristalle tief in Mutter Erde eingesungen und dort gespeichert wurden, liebevoll hervorkommen.
Ertönt euren vereinten Gesang aus den Tiefen des Weltalls, aktiviert die Freisetzung göttlicher Schwingungen aus Gaias Kristallen und erlaubt den kosmischen Farbschwingungen sich mit der irdischen Schöpfung und all seiner Lebewesen zu verbinden.

Ich bitte dich, meinen geliebten Planeten Gaia, alle Sternenkinder, die sich auf dir als Menschen verkörpert haben, warmherzig zu umfangen und liebevoll wachzurütteln, sodass sie im Einklang mit der Ordnung ihres Geistes fließen und ihre Taten den liebenswürdigen Stempel ihres einzigartigen Innenlebens tragen.
Mögen auch alle weiteren planetaren Rassen in ihrer dichten Schwingung gefühlvoll angehoben werden.

Ich bitte alle Lichtkräfte der Universen darum, dass die kosmischen, hochfrequenten Schwingungen unseren Planeten und seine Bewohner erfüllen und ihre Individualität und Wesensart hervortreten lassen, um weitere Brücken zwischen den Dimensionen zu errichten.

Ich erlaube allen Lichtwesen mich zu führen und anzuleiten, sodass ich der Herausforderung gewachsen bin, mich im Einklang mit Gottes herrlicher Schöpfung darzubieten und zum Wohle der Einheit von Allem-was-ist zu wirken.
Gebt mir die Kraft für Veränderung und Erneuerung, für das Loslassen von allem Niedrigschwingendem und Alten, für das Lösen von starren und vorgegebenen Strukturen, für das Öffnen meiner Herzebene, die heilsame

Energien beherbergt, und für das Erblühen meiner göttlichen Aufgabe.

Lasst eure liebevolle Gegenwart in den Tempel meines Geistes einkehren und meine irdische Hülle zu einem Fundament der heilsamen Gottes-Präsenz werden.

Ihr lichterfüllten Wesenheiten des planetaren Verbundes lasst mich behutsam in die lichten Dimensionen einschwingen und Dichte abbauen, mich hinter dem Schleier die Andersweltwesen wahrnehmen und mich mein Sternenlicht wiederfinden, sodass mein lichtvolles Sein Gestalt annimmt.

Ich aktiviere jetzt mein Wissen, mein Potenzial und meine natürliche Vollkommenheit und Macht, die in meinem multidimensionalen Wesen gespeichert ist, und lasse sie in mein jetziges Sein einfließen.
Ich fühle, was meine Seele mir in diesem Augenblick sagt, und spüre, dass all mein Streben in all meinen Leben nur darauf abzielte, dass nach und nach all das geschieht, was die göttliche Ordnung wieder erneuert.

Ich gestatte allen Lichtwesen, mich mit den göttlichen Farb- und Klangfrequenzen zu verbinden, mit meiner kosmischen Komposition, die im Universum und damit auch in mir verankert ist, damit ich mit allen Sinnen sehen, hören und fühlen kann, was zu mir gehört.
Ich bin ein selbstbewusster und selbstbestimmter Mensch, der alle alten, magischen Netze, die aus Dramen und Leid bestehen, auflöst.
Ich trenne mich von allen fremden Projektionen, die mich beeinflussen, und lebe achtsam und in wacher Klarheit, denn ich nehme alles wahr, was ist.

Ich schenke mir selbst Wertschätzung, meinem Leben, jedem einzelnen Tag, jeden meiner Wirkungsbereiche und den Menschen, die in mein Leben treten.
Achtsamkeit und Respekt werden zu Basis meines Denkens, Sprechens und Handelns.
Ich werde langsamer und sanfter und bin mir von nun an gewahr, wenn ich nicht mehr in meiner Mitte bin, ich nicht mehr in diesem Augenblick verweile und wenn ich abschweife, weil ich unachtsam Vieles gleichzeitig verrichte.

Ich habe das Reich meiner eigenen, ewigen Sonne entdeckt, in der meine
Vollkommenheit und Schönheit beheimatet sind.
Ich bin dankbar, dass ich einen lichtvollen Lebensweg beschreite, und
freue mich auf mein heilsames Wirken im Leben.
Ich spüre, wie Kristallstrahlen der göttlichen Lichtenergie mein Wesen
durchleuchten und meine geistigen Augen öffnen.

Ich erwache zu meiner wahren Natur und folge dem Ruf meiner Seele,
denn ich bin, war und werde immer sein.
Ich bin göttlicher Geist in einem irdischen Körper.
Ich bin Gottes Manifestation in Menschengestalt.
Ich bin das Universum, das in Fülle fließt.
Im Licht der heilsamen Energien meines Geistes werden mein physischer
und alle energetischen Körper gemäß ihrem vollkommenen Abbild neuge-
staltet und alle Heilungsprozesse vollziehen sich in kosmischer Harmonie.
Die Göttlichkeit in mir sei geheiligt immerdar.

Mit jedem Atemzug erfrische ich mich mehr im göttlichen Licht und mein
Sein erstrahlt in einem neuen Glanze.

Danke! So sei es!

Geliebte göttliche Lichtwesen, die ihr eine Brücke zwischen den Menschen und dem *Einen-der-alles-ist* darstellt, ich lade euch ein, ein Teil meines Lebens zu werden und mich auf meinen Lebenspfaden zu begleiten.

Zu Lebzeiten ward ihr selbst immer wieder als Menschen verkörpert und habt Tiefen und Abgründe des irdischen Lebens erfahren und transformiert, sodass ihr euer Karma vollständig aufgelöst habt.
Damit habt ihr Zugang zu den höheren Dimensionen erhalten und wurdet zu den strahlenden Wegbereitern aller Erdenbürger.

Bitte lasst eure göttlichen Lichtstrahlen aus dem geistigen Reiche zu mir fließen und mich in diesen heilsamen Schwingungen eintauchen, bis ich vollständig durchtränkt bin, bis ich so rein und durchschimmernd bin, wie ein makelloser Kristall.
Ich nehme alles dankend an.

Lasst mir eure reinste Liebe zuteilwerden und unterstützt mich mit euren heilbringenden Fähigkeiten.
Ihr kosmischen Verbündeten, die ihr die hohe Schwingung von Heilung und Vollkommenheit in euch bündelt, begleitet mich bei der Verschmelzung zu meinem Lichtkörper, während sich die Dichte meines Körpers reduziert.
Lasst mich in meinem hochfrequenten Energiefeld die Blaupause meines Lebens wahrnehmen mit all ihren energetisch verschlackten Feldern, ihrem Ungleichgewicht, allen Verletzungen und Blockierungen, sodass ich den Samen des Heilseins auf allen Ebenen meiner Existenz bewusst dort verankern kann.

Helft mir, meine Ängste, Widerstände und Zweifel zu lösen und in Liebe umzuwandeln.
Helft mir, meine festgefahrenen Gedankenformen, energetischen Blockaden, negativen Glaubenssätze und wirklichkeitsschaffende Überzeugungen im Glanze eurer Liebe zu transformieren.
Helft mir, dass Harmonie, Gelassenheit und Ausgeglichenheit wieder Einzug halten in all meine Körper, sodass ich den Weg der Transformation

und der Heilung auf allen Ebenen mühelos beschreiten kann.
Steht mir auf dem Weg in ein lichterfülltes Leben bei und helft mir bei
meiner gaianischen Reise.
Lasst mich in Resonanz treten mit den heilsamen Bereichen von Mutter
Erde, und integriert mein mehrdimensionales Sein in alle Ebenen meines
jetzigen Wesens, damit ich derjenige sein kann, der ich wirklich bin.

Ich bin unsterblicher Geist, der seine göttliche Ordnung wiederhergestellt
hat und in vollkommener Gesundheit ein strahlendes Lächeln jedem ange-
deihen lässt, der ihm begegnet.
Ich fühle jetzt schon die heilende Wirkung dieser Worte in meiner gesamten
Zellstruktur.

Ich bitte euch aus ganzem Herzen darum, eine Verbindung zu meiner eigenen Sternensaat in meinem Lichtkörper aufzubauen sowie zu meinen kosmischen Lichtgeschwistern.
Erweckt in mir die fernen Erinnerungen an andere Zeiten und Kulturen, die
ich durchlebt habe.
Unterstützt mich dabei, meine eigene Essenz unbegrenzt zu entwickeln,
sodass ich immer deutlicher gewahr werde, wer ich bin und warum ich mich
zu dieser Zeit auf der Erde befinde.

Ich weiß, ihr respektiert meinen freien Willen, und deswegen gestatte ich
euch aus der Tiefe meiner Seele heraus, mich in jeder Hinsicht zu unterstützen und zu fördern.

Danke. So sei es!

Alleinsein

Allmächtiger Schöpfer, ich bitte dich, unterstütze mich in meinem Alleinsein, in meinem Erlernen, einzig mit mir selbst sein zu können.
Ich spüre, wie mein wahres Wesen sich mir in meiner Zurückgezogenheit
offenbaren möchte, wie Wellen aus den Tiefen meines Selbst tosen und
aufbegehren, um ihrer gewahr zu werden.
Meine göttliche Ausdrucksfülle will erwachen und ich nehme sie an.

Gib mir die Kraft, mich selbst erneut zu fühlen, damit ich in meiner Nackt-
heit bestehen kann und mich abermals lieben lerne.
Gib mir die Stärke, meine eigene Wahrheit zu erkennen, damit ich mich
selbst wahrnehmen kann, so wie ich bin.
Hilf mir, sanft und gedeihlich in mein Einssein mit mir selbst und mit Allem-
was-ist hineinzuwachsen.

Ich weiß, ich brauche niemanden, um mich am Leben zu fühlen, und so
entscheide ich jetzt, mich jeden Tag für eine bestimmte Zeit in mich selbst
zurückzuziehen.
Diese kostbare Zeit nur mit mir selbst nutze ich, um mein eigenes Fundament und mein eigenes Menschsein zu entdecken.
Ich lebe als Schöpfer und als Quelle gelebter Liebe.
In mir ruhend und mit mir alleine gebe ich jedes Herzweh und alle Bürden
des Lebens frei und erlöse sie in der violetten Flamme Gottes.

Dieses Alleinsein ist unentbehrlich für meinen spirituellen Weg, denn ich
gebe mir ausreichend Zeit nur für mich und kann mich allem stellen, was
aus den Tiefen meiner Innenwelt hervorkommen möchte.
Großer Gott, nimm meine Ängste und meine Zweifel, meine leidlichen
Trugbilder hinweg und lass mich eine wertvolle Gottesbeziehung zu dir
aufbauen.
Alle Masken und Dramenfiguren, die ich mir auferlegt habe, lösen sich auf,
weil ich die Wahrheit meiner Seele in der Stille erkenne.

Großer Gott, je mehr ich mich mir selbst stelle, desto inniger wird die Verbundenheit zu dir und deiner Schöpfung.
Ich nehme mir ab heute die Zeit, um in mich hineinzuhören, sodass ich

weiß, was ich wirklich will.
Ich lasse das geschäftige Treiben für eine Weile ruhen, entfliehe der maß-
losen Betriebsamkeit und in diesem fruchtbaren Alleinsein, erkenne ich
mich selbst und meinen Lebensplan.
Ich stehe Seite an Seite mit dir im Licht der neuen Dimensionen.

In der zeitweiligen Ruhe meiner Zurückgezogenheit lerne ich dich, großer
Gott, und deine Schöpfung auf neue Weise kennen und ich erfahre, dass
mein Alleinsein meine Heimstätte ist, mein Zuhause, das mir von niemanden genommen werden kann.
Denn dort bin ich mit allem eins und fühle die Verbundenheit mit meiner
ewigen Existenz.
Ich entdecke mich wieder und spüre mich.
In meinem Körper, dem Tempel meiner eigenen Schönheit, lerne ich wieder meine magische Kraft kennen.

In meiner Abgeschiedenheit höre ich meine innere Stimme flüstern, die
meinem Herzen entspringt, und meine Gedanken enthüllen mir neue göttliche Visionen und Lebensweisen.
Ich finde zu meiner eigenen Kreativität, die mir den besten Weg zur Lösung
meiner Lebensaufgaben enthüllt.
In meinem Alleinsein kann ich ausprobieren, was ich alles machen kann,
ohne mich verstellen zu müssen, denn alles ist in mir vorhanden und
möchte erfahren werden.

Ich betäube meine Sinne nicht mehr durch äußere Reize, sondern bin ohne
Ablenkung friedlich und glücklich nur mit mir allein.
In der Stille mit mir erlaube ich meinen Körperempfindungen und Emotionen, an die Oberfläche meines Seins zu treten, um sie liebevoll wahr- und
anzunehmen.
Ich fülle meinen inneren Raum mit meinen eigenen Wünschen und belebe
sie in meiner Vorstellung.

Geliebter Gott, ich danke dir, dass ich mich mit mir alleine immer besser
erkennen und wahrnehmen kann.
Ich spüre sofort, welche Gefühle ich mir gegenüber habe und richte mein
Augenmerk immer wieder auf mich selbst.

In der Abgeschiedenheit ändere ich meine Perspektive und sehe mich in
meiner wahren Größe, in meinem vieldimensionalen Wesen,
das mit dir – Vater – und dem Urgrund allen Seins ständig verbunden ist.

Danke für die nährenden Erkenntnisse des Alleinseins mit mir selbst.
Jetzt erkenne ich mich als ein einzigartiges Kunstwerk, das es noch nie
zuvor gegeben hat.
Ich bin wieder verbunden mit meinem höchsten Gewahrsein und sehe klar
aus der Mitte meines Herzens heraus.
Ich bin perfekt, genauso, wie ich bin.
Meine Harmonie und mein Frieden sind wieder hergestellt und meine Ba-
lance entspricht der göttlichen Ordnung.
In meinem Alleinsein mit mir selbst bin ich in bester Gesellschaft.

Durch mein Alleinsein mit mir habe ich erkannt, dass ich in Wirklichkeit nie
alleine bin.
Alle Lichtwesen und göttlichen Mächte sind beständig bei mir, sie umgeben
und durchdringen mich auf all meinen Ebenen.
Ich fühle mich wieder mit Allem-was-ist verbunden und stimme mein
Dankeslied an.

Danke! So sei es!

Mut

Mein geliebter, allmächtiger Gott, du Hüter der wahren Macht.
Schenke mir Mut, meine eigene Lebensgeschichte zu schreiben, die nur zu
mir gehört und wahre Wunder in sich birgt.
Schenke mir die Unerschrockenheit, mein Anderssein zu leben, so wie es
seit Anbeginn der Zeit mir angedacht ist.
Lass mich durch deine allesverbindende Strahlung mit der Beherztheit meines Geistes verschmelzen, sodass ich unverzagt meinen eigenen Willen
ausführe, genauso, wie es stimmig für mich ist.
Hilf mir, gesunde Gedanken zu wählen mit jedem Atemzug meines Lebens.

Meine Unerschrockenheit durchdringt den Schleier der Vergänglichkeit,
verbindet sich dort mit den kosmischen Gewalten und lässt mich alle kriti-
schen Situationen und Gefahren bestehen.
Keine dunkle Kraft hat Macht über mich, denn an jedem Wegekreuz bin ich
fest entschlossen, tapfer meinen Lebenspfad zu beschreiten, auch wenn es
heißt, dass ich der Verurteilung und Ausgrenzung anderer ausgesetzt bin.
Ich behandle sie und mich selbst mit Wohlwollen und Nachsicht und nähre
meinen Geist mit der Freiheit, die ich mir dadurch schenke.

Ich ordne mich nicht mehr unter und lerne, dass gegen den Strom zu
schwimmen, anregend wirkt, mich stärkt und befreit.
Ich gebe mich voller Vertrauen dem Fluss meines eigenen Lebens hin und
spüre ihn im gegenwärtigen Augenblick.
Durch meinen Mut ermutige ich auch andere, denn nichts vollzieht sich im
menschlichen Bewusstsein, ohne dass etwas in den kosmischen Weiten
der Unendlichkeit darauf reagiert.
Meine Unerschrockenheit gräbt sich in die Weltenseele ein und stillt den
Hunger nach Auftrieb.

Großer Gott, lass meinen Mut wachsen, um meine eigenen Ziele durchzusetzen, egal wie banal oder abwegig sie in den Augen anderer erscheinen,
denn aus den Tiefen meines Herzens strömen Ideen, die ihren Ausdruck
suchen.
Ich bin die Quelle dieser mächtigen Energien und kann sie nicht mehr

zurückhalten und so bringe ich die allem zugrunde liegende Energiewelle in mir erneut zum Fließen und drücke mein IN-DER-WELT-SEIN durch die Hingabe in jeden Augenblick meines Lebens aus.

Großer Schöpfer, ich weiß auch, meine Kühnheit verlangt von mir die Bereitschaft, mich mit mir selbst, meinen Stärken und Schwächen auseinanderzusetzen, wahrzunehmen, wer ich wirklich bin und was mich wahrhaftig nährt, mich von der Norm der tonangebenden Medien abzugrenzen, um mich in meinen ganz persönlichen Lebensweg hineinwachsen zu lassen, der zu meiner wahren Berufung wird.
Ich spüre, dass alles, was ich für diese Kühnheit brauche, in mir vorhanden ist und sich danach sehnt, herausgelassen zu werden.

Allmächtiger Gott, schenke mir die Kühnheit, dass ich mich von Ungerechtigkeiten, Geschwätz und Gejammer abwende, um deinem alles durchdringenden Licht folgen zu können, hin zum Reich des Sieges.
Nimm mich an deine Hand bei allen Lebensentscheidungen, sodass sich mein Leben weit und offen vor mir ausbreitet und ich all das in die Tat umsetze, was meine Seele in diesem Augenblick möchte.

Lass die immer während Liebe aus deiner All-Einheit zur Basis meines täglichen Erschaffens werden, indem ich klärende Gespräche führe, um Meinungsverschiedenheiten und Missverständnisse aus dem Weg zu räumen und um mich selbst und andere spielerisch und frei von Bewertungen reflektieren zu können.

Lass mich meine lichte Innenwelt schauen und meine Wahrnehmung dessen schärfen, was ich schon viel zu lange hinausgezögert habe und längst hätte getan werden müssen.
Befreie mich von meinem Müßiggang und meiner Passivität, die mich schon zu lange meiner Schöpferkraft berauben und hilf mir immer wieder, mich selbst zu finden.

Ich möchte meinen persönlichen Weg gehen, auch wenn er mich durch ein Nadelöhr führt, denn den weiten Pfad betritt jeder und durch ihn kann sich mein wahres Wesen nicht vollends ausdrücken.

Wenn ich aber mutig meinen ganz eigenen Weg beschreite, schenke ich
mir lehrreiche Erfahrungen, die mich in jeder Hinsicht wachsen lassen.
Mut ist mein geistiges Erbe und ab jetzt auch ein Teil meines Lebens.
Alles in mir wartet darauf, von mir in die Welt gesetzt zu werden.

Großer Gott, ich warte nicht mehr und werde zu einem strahlenden Magne-
ten der göttlichen Liebe.
Ich packe jede Aufgabe, die an mich herantritt oder mich zu überwältigen
droht, sofort an.
Durch meine Beherztheit entwickeln sich Fähigkeiten, die zuvor unentdeckt
in mir geschlummert haben.
Ich habe endlich den Mut gefunden, meine Mitmenschen, die Schöpfung
und alles Leben zu würdigen.

Ich handle aus den Schätzen meiner Seele heraus und präge durch mich
Liebe in die Welten.
Couragiert gestalte ich mein Leben nach meiner Vorstellung, nach meinem
inneren Maßstab und es manifestiert sich in der Dichte der Erdschwingung.

Geliebte Urquelle, ich danke dir für die Gabe des Mutes, die mir zeigt, wer
ich wirklich bin.

Danke, Amen!

Abschied

Allmächtiger Gott und geliebte Engel des Trostes.
Die Zeit ist gekommen, mich neu zu orientieren und mich mit Veränderung vertraut zu machen, denn einiges ist nur für eine Weile gut und nicht mehr in Resonanz mit meiner Schwingung.
Bitte, bringe mich in den Besitz des ewig gültigen Wissens.

Ich muss meine Komfortzone verlassen und es berührt schmerzlich mein Herz.
Aber das Leben ist im stetigen Fluss, es wandelt und entwickelt sich unaufhörlich, und so stehe auch ich vor der Aufgabe, hier und jetzt für mein Leben Verantwortung zu übernehmen.
Jede Veränderung, sei sie willkommen oder unwillkommen, verlangt jedoch zuvor einen Abschied von alten, ausgedienten Strukturen, Gewohnheiten und Gedankengebäuden.
Im Leben kann nichts fest- oder angehalten werden, auch das Universum bildet sich in jeder Sekunde um und unterliegt der Veränderung.
Das heißt, das Alte wird aufgelöst, um dem Neuen Platz zu machen, so erfindet sich der Kosmos immer wieder neu.

Geliebte Lichtwesen, ich gestatte euch, mich auf meinem Weg des Abschieds in den Teilstrecken meines Lebens von allen alten und niedrigschwingenden Mustern zu befreien, von Verletzungen und meiner Vergangenheit.
Helft mir bei der Entwicklung meiner menschlichen Seele und lasst mich die göttliche Wahrheit hinter den Sinnestäuschungen erkennen.
Ich verabschiede mich jetzt von meinen ausgedienten Pfaden und werfe meinen Blick von einer höheren Warte aus auf mein Leben.
Diese neue Perspektive auf die physische Stoffwelt verschafft mir einen reichhaltigen Zugang zu meiner eigenen, lichten Herzenskraft.

Ich verabschiede mich von jeder Art Perfektionismus und Haarspalterei, von Schuldgefühlen und Verbitterung und erlaube mir, voll und ganz ich selbst zu sein, und so bin ich bereit, mich auf Neues einzulassen, was zu meinem und dem Wohle aller beiträgt.

Ich bin ganz im Hier und Jetzt.
Ich lasse alles Alte los und verabschiede mich liebevoll von ihm, sodass
Unentdecktes in mir wachsen kann.
All mein Streben soll ab jetzt nur darauf gerichtet sein, dass endlich all das
geschieht, was die kosmische Ordnung wiederherstellt.

Ich lasse alle vergänglichen Wegbegleiter meines Lebens los, gehe in
meine tiefsten Gefühle und verabschiede mich von Leid und Trauer meines
Erdendaseins.
Meine göttlichen, gesunden Wurzeln heilen jede Wunde und wischen die
Tränen von meinen Wangen ab, denn nur so gelingt mir der heilsame
Abschied und ich bin frei.
Ich lasse alles los, was mich ängstigt, denn meine Angst ist nur ein weite-
res Trugbild.
Liebe ist die größte und einzige göttliche Kraft im Universum, in ihr ruhen
Heilung und Klarheit.

Großer Gott, ich weiß, wie sehr jeder Abschied schmerzt, besonders wenn
es sich um einen Freund oder Lebenspartner handelt, aber ich weiß, dass
du mich in diesen schweren Zeiten trägst, dass du deine tröstenden Hände
über mein Haupt legst und mich salbst.
Ich bin dankbar für den Weg, den mein Freund oder Lebenspartner mit mir
eine Zeit lang gemeinsam gegangen ist, und für alle Erfahrungen, die wir
auf uns genommen haben, denn sie waren wichtig.

Ich konnte nur dadurch der werden, der ich jetzt bin, weil mein Leben und
meine Begegnungen bisher genauso gewesen sind.
Ich verabschiede mich jetzt und fortan mit einem dankbaren Herzen und
lasse alles los.

Aus Angst, andere zu verletzten, habe ich oftmals „Ja" gesagt, wo mein
Herz „Nein" sagen wollte, auch von diesem zerstörerischen Pflichtgefühl
trenne ich mich jetzt.
Denn mein Körper wurde geschwächt und meine Seele hat gelitten.

Tröste mich jetzt mit deinem heilenden Licht, umarme mich und hilf mir,
dass aus jedem Abschied, dessen Zeit gekommen ist, eine segensreiche
Erfahrung wird.

Ich empfange gerne die Strahlen der Wirklichkeit und die Töne der Liebe und überschütte damit jeden Mauerrest, der noch in mir vorhanden ist.
Die Energie der bedingungslosen Liebe darf ungehindert durch mich erstrahlen, durch jedes Zeitalter mit seinen grobstofflichen Erscheinungsformen.

Ich bin frei von jeglicher Verbitterung, Selbstmitleid und reiße mich nicht mehr entzwei, weil mein dankbares Herz sich von seinen dunklen Flecken befreit und verabschiedet hat.
Ich bin dankbar für alle guten Erfahrungen, die ich bisher habe sammeln können, und lebe in diesem Augenblick ein ganz neues Leben.

Ich habe mich der wandelnden Kraft des Abschieds von Angesicht zu Angesicht gestellt und kann die Schwelle zum Frieden unbeschadet passieren.

Danke. Amen!

Mein geliebter, allmächtiger Gott.
Ich bin dankbar für meine Verkörperung zu dieser Zeit der Transformation und des Aufstiegs, die mich zu meinem wahren, göttlichen Ursprung zurückbringt.

Ich danke dir für deine gesamte Schöpfung und alles Leben, das du erschaffen hast.

Ich bitte dich mein geliebter Gott, ergieße deine göttliche Weisheit in mein Bewusstsein, damit sich die Weitläufigkeit und Fülle des Universum mir enthüllen und ich meinen wahren Weg beschreiten kann, auf dem ich erwache und meine kosmische Größe erkenne.

Hilf mir, meinen Geist zu erleuchten, sodass ich spirituell wachsen kann und ich meinen Aufstiegsweg voller Frieden und Harmonie beschreiten kann.

Hilf mir, die Natur meines wahren, göttlichen Wesens zu begreifen, in das ich voller Vertrauen, frei und ungezügelt, hineinwachsen kann.
Lass deine göttliche Flamme in mir leuchten, sodass ich sie in meinem Herzen bewahre und in alle Welten trage, die in Dunkelheit leben.

Lass deine unendliche Liebe zu einer Quelle meiner irdischen Erscheinung werden, die aus mir herausprießt und alles mit ihrer heilsamen Energie erfüllt, sodass jegliche Art von Negativität und Dunkelheit verbrennt, und ich ein erfülltes Leben in vollkommener geistiger und körperlicher Gesundheit führen kann.

Allmächtiger Gott, reich mir deine Hand und befreie meinen irdischen, linearen Verstand von allen Widerständen und Beschränkungen, um meinen multidimensionalen, göttlichen Verstand zu erwecken, der die Erinnerung beherbergt, wer ich in Wirklichkeit bin.
Befreie mich von der Illusion und von den dunklen Schatten meiner vergangenen Tage durch deine spiralförmig wirbelnde Flamme, die mich mit ihrer

Kraft durchströmt, und lass mich die Größe meiner Seele sehen.
Lass mich das göttliche Licht in meinem Zentrum wahrnehmen, das meine
Mauer auflöst, hinter der ich mich manchmal verstecke, sodass mein Aufstieg erleichtert wird.
Mit jedem Mauerstein, der fällt, wird mir eine Tür geöffnet in die Wirklichkeit
hinter Raum und Zeit, in die Grenzenlosigkeit der bedingungslosen Liebe,
die für alle zur Verfügung steht.

Lass mich aus dem Traum des Lebens erwachen, weil ich innerlich spüre,
dass ich ein ungetrennter Teil von dir bin und mir alles möglich ist.

Ich bin das Universum und das Rotieren der Galaxien.
Ich bin das kosmische Gefüge, das die Ordnung aufrechterhält.
Ich bin eine Sternschnuppe in der Vollmondnacht.
Ich bin ein irdisches Wesen, das sich in der Bewegung seines eigenen
Geistes formt, der mit Allem-was-ist verbunden ist.
Ich bin göttliches Gewahrsein auf Erden.
Ich bin eine göttliche Blume, die sich in allen kosmischen Farben entfaltet.

Alles Göttliche in mir darf erwachen.
Ich spüre die Verbundenheit mit meiner kosmischen Lichtfamilie und entscheide mich, meinem spirituellen Herzen zu folgen, das mit leiser Stimme
spricht.
Denn seine Stimme ist deine Stimme, geliebter Gott.

Ich lasse die Welt fühlen, was ich fühle, und sehen, was ich sehe, und
diene damit dem großen Ganzen in diesem Moment.

Ich lasse hingebungsvolle Wohlklänge aus meinem Mund in die Welten
fließen, damit jeder vernehmen kann, was ich mitzuteilen habe.
Ich verströme dein göttliches Glitzern und kommuniziere in der Liebe und
aus der Liebe heraus.
Meine Stimme ist besänftigt und ich singe zu den kosmischen Klängen, die
mich wahrhaftig lehren, Liebe zu geben und Liebe anzunehmen, denn ich
bin mir meiner in mir ruhenden Liebe bewusst geworden.

Deine Göttlichkeit tritt nun durch mich in Erscheinung und ich erinnere mich
an längst vergangene Zeiten.

Ich bin bereit für Veränderungen jeglicher Art und bleibe in dieser aufwühlenden Zeit einfach in meiner Liebe, in meiner Mitte, mit fester Gewissheit,
dass alles, was passiert, zum höchsten Wohle der gesamten Schöpfung
geschieht.

Ich schaue mir die Herzöffnung an, welche jetzt geschieht, und finde nur
Glückseligkeit vor.
Wenn die göttliche Ordnung wiederhergestellt ist, feiert die Menschheit
zusammen mit der göttlichen Lichtfamilie das Fest ihres Lebens und ich
freue mich schon auf diesen Augenblick.

Ein Freudenschauer rieselt durch meinen Körper.
Ich spüre genau in mich hinein, auf alles das, was mit mir in diesem Augenblick geschieht, und erkenne, dass ein Lächeln meinem Körper entsprun-
gen ist, welches immer größer und größer wird, und alles, was ich bin, und
alle Welten freudig durchdringt und erhellt.

Danke. Amen!

Gebet zur Gelassenheit

Geliebter Vater, der du in der Unendlichkeit thronst.
Ich bitte dich darum, mir Gelassenheit zu schenken.

Gelassenheit, um mich von keinerlei Kritik, Kränkung und Spott bedroht zu fühlen, denn mein Leben ist lebenswert, wenn ich unbelastet und frei bin.
Gelassenheit, um mich nicht mehr von Verletzungen und Provokationen demütigen zu lassen, die mich und mein Leben einschränken, denn meine Sehnsucht nach innerer Freiheit treibt mich fort aus diesem zerrenden Strudel.
Gelassenheit, um mich zu befreien vom Einfluss der tonangebenden Berichte in allen Medien, die mir den Boden unter den Füßen fortziehen.

Ich will mein Herz nicht mehr an alles, was ich erzeugt und erschaffen habe, hängen und lasse alles los.
Ich lasse mein Ego los und befreie mich von allen Zwängen und dem Gefühl, etwas tun zu müssen, und ergebe mich dir, geliebter Gott.
Ich lasse alle Abhängigkeiten von anderen Menschen los und entsage all ihren Erwartungshaltungen, wie ich sein und was ich tun sollte.
Ich brauche keine Zuwendung oder die Anerkennung von anderen, um mich wohlbehütet und unbeschwert zu fühlen, und lasse mich in dich, geliebter Vater, hinein los.

Alle Kopflastigkeiten und festgefahrenen Denkmuster werden in deiner heilsamen Liebe nun aufgelöst.
Ich lasse meine Sorgen, Ängste und meine Vergangenheit los, um mit meiner wahren, göttlichen Natur in Berührung zu kommen.
Ich lasse mich in deinen göttlichen Nährboden fallen und spüre, wie Ausgeglichenheit und Seelenruhe meine Herzebene erreichen.
Ich fühle mich zuversichtlich und bin dir, großer Gott, ergeben.
Mein wahres Selbst kann sich mir nun in seiner Pracht und Vollkommenheit zeigen.

Auch wenn ich nichts hätte, läge mir doch alles zu Füßen, denn ich bin eins mir dir und deiner natürlichen Fülle.

Ich bin in meinem Herzen immer ruhiger und gelassener.
Ich lebe und liebe im göttlichen Licht und bin des Ewigen teilhaftig.
Nichts vermag mich aus der Ruhe zu bringen.
Ich verstehe die Kraft und Macht der Gelassenheit und bin dadurch in der
Lage, alles durch die Ströme meines Geistes wahrzunehmen.

Ich habe nun die angemessene Distanz, um alles, was von der materiellen
Welt auf mich zuströmt und mich in Besitz nehmen will,
mit geistesgegenwärtigen Augen zu betrachten und das unverfälschte,
natürliche Wesen von allem wahrnehmen zu können.
Ich ruhe nun auf festem Grund, von dem aus ich mein Leben, mit den
Augen auf die Göttlichkeit gerichtet, betrachten kann.

Ich nehme aus der Ebene eines Engels wahr und betrachte schlechte
Nachrichten oder den Tod eines geliebten Menschen friedlich und voller
Gottvertrauen, denn alles geschieht zum höchsten Wohle, so wie jede
Seele es für ihren Lebensplan entscheidet.

Erst wenn ich alles losgelassen habe, wenn ich völlig unabhängig und sou-
verän bin, kann ich gelassen und glücklich werden, dann strahle ich von innen heraus.
Ich erkenne mein wahres Potenzial in der unerschütterlichen Gelassenheit
meines Herzens.
Dann ist meine Realität stimmig mit der Wirklichkeit Gottes, die dem rationalen Verstand unergründbar ist und nur mit dem Herzen erfahrbar wird.
Ich verstehe die wahre Natur meines Geistes und überlasse mich ausgeglichen und besonnen dem ewigen Lebensfluss.

Ich bin dankbar für die Gelassenheit, die mir zuteilwird, und ruhe uner-
schütterlich in Gottes heilsamen Energien der Liebe.
Mit jedem Atemzug bade ich mehr im göttlichen Licht und in den ewigen
Lebensströmen.
Alles Unangenehme wird im Fluss des göttlichen Universums transformiert.
Danke für die Gelassenheit, die ich besitze, dies alles zu erkennen.

So sei es!

Ich werde von Gott und meiner Lichtfamilie bedingungslos geliebt und deswegen fühle ich mich geliebt, ohne Maskerade, Vortäuschung und Verstellung.

Die Liebe ist heilsame Gottes-Präsenz, sie ist fähig, alles zu ertragen, alles zu glauben, alles zu hoffen und mit ihrer Kraft zu durchdringen.
Und auf ihrem Weg heilt sie alles, was im Dunkeln unentdeckt geschlafen und sich verborgen hat, auch wenn die feingliedrigen, niedrig vibrierenden Energiefäden schon lange gesponnen und in das Wesen eingeflochten sind.
Denn im Lichte der göttlichen Liebe kann nichts verweilen, was nicht aus demselben Lichte besteht.

Die Liebesenergie ist ein wahrhaftiges Gottesgeschenk und ich nehme wahr, wie sie ein Netzwerk aus funkelnden Strahlen auf Gaia errichtet hat, das alles miteinander verbindet.

Alle Schutzmauern und Festungswälle werden von der Liebe tosend niedergerissen, denn sie öffnet mit ihrer Macht alle Türen zu dem Tempel meines Geistes und ich bin wieder eins mit dem goldenen Strom der Wirklichkeit.
In ihren Fluten werde ich gebadet, gereinigt und gesalbt und so ist alles, was ich denke, sage und tue von der Liebe geprägt.
Alle negativen Gedanken- und Wortenergien werden in ihren hochfrequenten Schwingungen ganz einfach und leicht transformiert.

Wenn ich etwas betrachte, schaue ich mit den Augen der Liebe, denn sie strömt durch mich hindurch zur heiligen Gegenwart allen Seins.
Ich bin ein Meister der neuen, goldenen Zeit und vertraue meiner inneren Weisheit.

Wenn ich lache, lache ich leidenschaftlich und ungehemmt, weil ich liebe und meine Liebe ihren Ausdruck durch mich sucht.
Ich lebe und lache als Schöpfer gelebter Liebe.

Wenn ich singe, singe ich im Rausch meiner Sinne, weil die Quelle der
Liebe in mir sprudelt und ich ihre wundervolle Berührung in den Kosmos
hinausposaunen will.
Ich stehe im Licht der neuen, göttlichen Dimension und öffne mich der
Schönheit des Lebens.

Ich erlöse meine aggressiven Emotionen und alle negativen Empfindungen,
die wie dunkler Kaffeesatz in mir schlafen, wenn ich von der Liebe durchdrungen werde und ich sie mit meinem ganzen Wesen ausdrücke.

Ich zeige der Liebe alles, was ich loslassen möchte, und sie transformiert
es bedingungslos, sodass ich wieder erblühen kann.
Ich vergebe und bitte um Vergebung und sende Liebe zu allen kosmischen
Geschöpfen.

Ich lasse das Fundament meines Seins von der Liebe durchleuchten, denn
ich habe mich entschieden, selbst Liebe zu sein, so wie Engel einfach
Liebe sind, und mein Weg ebnet sich zwischen den Schatten der Welt.

Ich sehe das Gute und glaube an das Gute, und auf einmal strahle ich
Freude und Lebensglück aus.
Ich lächle aus ganzem Herzen, denn mein Lächeln ist der Glanzpunkt der
Liebe, und ich wende mich der Wahrheit meiner geliebten Seele zu.
Ich lächle, weil ich mich einfach gut dadurch fühle.

Meine Ursehnsucht lässt mich selbst zu einem Hort des Lichtes in dieser
und in allen anderen Welten werden.
Ich bin die Quelle der Liebe, die nie versiegt, und ein Tempel der wahrhaftigen Schönheit Gottes.

Ich liebe alles um mich herum, Gottes wunderbare Schöpfung, alles Leben
in seinen unzähligen Erscheinungsformen, alles Große und Kleine, denn
alles ist wichtig und richtig, genauso wie es gerade ist.
Ich entdecke mich immer mehr und spüre meine Gott-Kraft.

Ich erwecke bitterkalte, versteinerte Menschen wieder zum Leben, denn ich
bin von der Liebe durchrieselt, ich bin Liebe, das Wesen der Seelen.

Ich berühre jedes Blatt, jedes Tier und jeden Menschen mit Ehrfurcht und
Liebe und vertraue der Seele meines Gegenübers mein eigenes göttliches
Selbst lebensbejahend und verheißungsvoll an.
Ich behandle mich selbst und mein Gegenüber mit Wohlwollen und Nach-
sicht.

Ich bin von der Liebe, ihrem kosmischen Ausdruck der Anmut und Vollkom-
menheit verzaubert und von jetzt an befinde ich mich immer in diesem wun-
derbaren Zustand der Entzückung.
Das ist meine wahre Natur.
Liebe ist meine wahre Natur und ich lasse sie allen zukommen.
Meine ewige Präsenz existiert in den Strömen der göttlichen Liebe.

Ich bin die Liebe, die alle Höhen und Tiefen, jedes Glück und Unglück
übersteht.
Ich bin zu einem Halt in den Stürmen des Lebens geworden und bin von
Herzen dankbar für dieses wunderbare Geschenk.
Die himmlische Kraft der Reinigung pulsiert in meinen inneren Ebenen und
ich verbinde mich mit der Sphäre des Lichtes, um mich mit meiner Ich-Bin-
Gegenwart zu vereinen.

Danke! So sei es!

Ich aktiviere das göttliche Licht in mir und erkenne in jeder Blüte eine Welt und in jedem Samenkorn ein wunderschönes Universum.

Ich lasse im Hier und Jetzt die göttliche Gegenwart des Lichtes meinen Geist erleuchten und reduziere den Geräuschpegel meines überreizten und ruhelosen Lebens, sodass mein Inneres und Äußeres zärtlich berührt werden kann.

In der heilsamen Gegenwart entschleunige ich mein Lebenstempo, werde stiller und erkenne, dass so manches sichtbar und erfahrbar wird, das ich zuvor übersehen und nicht wahrgenommen habe, weil ich unachtsam und in meinen Gedankengängen und Ideenketten gefangen war.

Ich lenke meine Aufmerksamkeit auf die Quelle, die sich an der Basis meiner Seele befindet, und sehe, wie sich von dort ein Strom von göttlichem Licht zu allen vernachlässigten Seiten meines Seins emporschlängelt und alles lichterfüllt durchspült.

Ich trete durch das göttliche Licht des heilsamen Augenblicks in Resonanz mit der verborgenen Welt in meinem Inneren, mit ihrer Schönheit und Vollkommenheit, die meine Angst in Liebe verwandelt, mit ihrer Musik und Wahrheit, die mein Leben mit Dankbarkeit bereichert, mit ihrem Licht und ihrer Kraft, die mein Wesen mit Vergebung ausfüllt.

Ich nehme meine eigene, einmalige Gegenwart wahr und bin bemüht, mein Anderssein zu bewahren, denn es ist mein göttlicher Ausdruck, das Muster meiner einzigartigen Existenz.
Im Hier und Jetzt muss ich mich nicht mehr maskieren oder einen Teil von mir verdecken, denn ich bin einfach der physische Ausdruck meines Geistes und nehme ihn liebevoll wahr.

Ich bin das Leuchten und der kosmische Akzent meines eigenen Herzens, ich bin hellwach und erkenne alles kristallklar vor meinen geistigen Augen.

In der heilsamen Gegenwart ist meine Seele verwoben mit der endlosen
Weltenseele.
Meine ureigene Tonfarbe und Melodie hallt als Echo im unendlichen
Weltenraum wider.
Ich lebe in mir, in der Unanfechtbarkeit der Wirklichkeit, die nie vergeht,
denn ihre Botschaft kann nicht vernichtet werden.

Ich bin der, der ich sein will, und strahle von innen heraus.
Ich bin der, der die Begrenzung seiner Identität aufgelöst hat, um seine im-
posanten Potenziale herauszuschmettern.
In der heilsamen Gegenwart Gottes leuchtet der ewige Geist in meine
Seele hinein und ich werde seiner teilhaftig.
Mein Leben ist magisch, denn ich bin die Sonne meines Lebens.

Ich ruhe in mir und lebe in diesem ewigen Jetzt.
Alles Ursprüngliche und Gute meines Geistes leuchtet in meine ewige
Seele hinein.
Reinste, kristallklare Gedanken aus den höheren Welten sickern in meine
Herzebene und füllen sie beständig auf.
Und so lebe, liebe und lache ich in der heilsamen Gegenwart und verstehe
die Welten und ihre Geschöpfe auf ganz neue Weise.

Danke! So sei es!

Die Christus-Flamme

Geliebter Meister Jesus der Christus, bitte befreie mich von den niedrig
schwingenden Energien in meinem gesamten Wesen und löse meine physischen, psychischen und mentalen Programmierungen, die mir den
Schleier der Illusion überstülpen.
Lass mich in deinen ewigen Lichtströmen baden.

Du bist ein Heiler in den ewigen Dimensionen.
Bitte bring meinen Körper, meine Seele und meinen Geist wieder ins
Gleichgewicht, öffne meinen spirituellen Körper und unterstütze mich dabei,
meinen Lichtkörper sanft aufzubauen und zu aktivieren.
Mit deiner Hilfe ist meine Balance wieder in göttlicher Ordnung.

Lass in all meinen Körpern den natürlichen Zustand von Vitalität und Leis-
tungskraft wieder aufgebaut werden und meine Lebensenergie frei zirkulieren.
Lass die Christus-Flamme in meinem Leben erstrahlen und die verschlos-
senen Kammern meines Unterbewusstseins aufklappen.
Stärke und begleite mich bei meinem Aufstieg, erleichtere meinen Weg,
mach ihn so sanft und hell, wie es nur möglich ist.

Ich schicke dir aus der Mitte meines Herzens alle Liebe, die in mir verweilt,
und spüre, wie sie um ein Vielfaches erhöht zu mir zurückfließt.
Verbinde mich mit deinem kosmischen Christusgitter und seiner allumfassenden Liebe.
Ich spüre, wie ich deine heilenden, kristallinen Lichtwellen einatme, und mit
der höheren Natur des Seins vereinigt bin.
Jeder Atemzug gibt mir neue Energie.

Mein Innerstes und meine tiefsten Geheimnisse sind dir offenbart und lie-
gen wie ein aufgeschlagenes Buch vor deinem Antlitz.
Du weißt am besten, wie mein Gesundungsprozess eingeleitet wird, und so
lege ich meine Heilung in deine sanften, friedvollen und gesegneten
Hände, denn du – Christus – bist mein Lehrmeister.
Hilf mir, in jeder Hinsicht mein höchstes Potenzial zu erreichen und lass

mich die vielzähligen Gelegenheiten wahrnehmen, in denen ich mein kosmisches Licht leuchten lassen kann.
Lass die Liebe zu allem in mir erwachen und mach mich bereit und offen dafür, dass ich der Menschheit helfen kann, sich an ihre ursprüngliche, göttliche Vollkommenheit zu erinnern.

Ich entscheide mich dafür, die Liebe zu leben, die ich von Natur aus bin, denn ich weiß, dass die Liebe mich ganz und gar erfüllt.
Liebe ist die größte Kraft und aus ihr heraus erblühen Heilung und Gottvertrauen.
Liebe ist die absolute Grundessenz eines jeden Menschen.
Das Göttliche wohnt in mir und ich bin das Göttliche und deswegen kleide ich meine Gefühle in die Energien der Liebe.

Von jetzt an habe ich mehr Achtung vor jedem Leben und fühle mehr Liebe zu allem Leben.

Kosmischer Meister Jesus der Christus, ich danke dir für den Frieden, den du mir täglich spendest.
Für die friedlichen Lösungen, die du mir und allen Beteiligten zukommen lässt, wenn ich sie von dir erbitte, denn deine friedvolle Gegenwart ist überall anzutreffen.
Sie erscheint sowohl in der belebten als auch in der unbelebten Materie.
Und wenn ich ganz still werde, wird sie auch spürbar für mich.
Dann gebe ich mich voller Vertrauen dem Fluss des Lebens hin.

Ich bitte dich, Botschafter des Friedens, beaufsichtige auch weiterhin zusammen mit den anderen kosmischen Botschaftern jede einzelne menschliche Verkörperung.
Nimm uns an die Hand und begleite uns liebevoll aus unseren irdischen Verstrickungen, Feindseligkeiten und Auseinandersetzungen heraus.

Du bist ein gewaltiges Lichtfeuer und doch ein liebevoller Weggefährte.
Deine Christus-Flamme brennt in meinem Herzen und lässt mich an die ewige Liebe glauben, für die ich mich unverhüllt einsetze.
Sie ist auf ewig eins mit dem Göttlichen, sie ist auf ewig verbunden mit der Urquelle allen Seins.
Ich verstehe ihre wahre Kraft und Macht, denn ich bin dabei, alles durch die

Augen meines Geistes zu betrachten.
Ich trete aus meiner Angst heraus und begebe mich in die ewige Liebe und
das göttliche Urvertrauen, denn die geistige Welt vertraut mir ganz und gar
und liebt mich ohne Ende.

Du himmlisches Lichtwesen, hilf mir deine Christus-Flamme in die Welt zu
schicken und in das Gitternetz von Lady Gaia, sodass sich in allen irdischen Wesen ein klar erkennbares Gefühl der Wärme und Behaglichkeit
ausbreiten und ich in ihren Gesichtern Freude sehen kann.
Deine geballte Kraft der Glückseligkeit soll den Planeten Erde förmlich
überschütten, alles übertreffend, was jemals zuvor an Liebe empfunden
wurde.

Ich nehme deine göttliche Führung zu jedem Zeitpunkt an und danke dir für
deinen himmlischen Beistand.

Ich danke dir! So sei es!

<u>Der Eine bewegt sich</u>

Großer Gott.

Der Eine bewegt sich inmitten der Einheit – geradewegs in das Spiel der Dualität hinein und mit dem Gefühl, außen und innen seien verschiedene Aspekte, die völlig getrennt voneinander sind – und wieder nach Hause ins alles umfassende Licht.

Der Eine streift umher inmitten der Vollkommenheit – hinaus in die Illusion der Unvollkommenheit und dem Anschein von Minderwertig- und Fehlerhaftigkeit seiner gesamten Existenz – und wieder nach Hause in die urgemütliche Vollendung seines wahren Seins.

Der Eine wandert inmitten der Weite – direkt in die Dichte hinein und dem erdrückenden Gefühl der Schwere, die in jeder Hinsicht auf ihm lastet und ihn zu betäuben scheint – und wieder nach Hause in die Leichtigkeit des unendlichen Zustandes.

Der Eine schweift inmitten des Ganzen umher – geradezu in den Anschein des Alleinseins mit dem Gefühl, machtlos und ausgeliefert sein tägliches Opferdasein zu fristen – und wieder nach Hause in die Vereinigung, in das grenzenlose Einheitserlebnis.

Der Eine marschiert durch Alles-was-ist – sogleich in die Begrenzung gehend, um zu glauben, dass dieses Leben das einzige ist, das ihm zur Verfügung steht – und wieder nach Hause in den Urgrund allen Seins, in dem alles möglich ist.

Der Eine schreitet voran inmitten des Kosmos – bald als Geschöpf eines spezifischen Planeten verkörpert, als Individuum, welches glaubt, einzig und alleine im Kosmos zu existieren – und wieder nach Hause in die endlose Vielschichtigkeit des Universums.

Der Eine zieht umher inmitten des Lichts – hinein in die Dunkelheit, in das

Fehlen von Licht und Liebe, in die düstere Finsternis, die ihn hohl und ab-
gestumpft werden lässt – und wieder nach Hause in die hochfrequente,
wohltuende Schwingung, in der er beheimatet ist.

Der Eine gleitet inmitten der Liebe – direkt in die Illusion der Angst hinein,
in die Furcht vor dem Tod und das angebliche Wissen, dass danach nichts
mehr kommt, und empfindet jede Situation als bedrohlich, feindselig und
Besorgnis erregend – und wieder nach Hause in die unvergängliche Geborgenheit der immerwährenden Liebe.

Der Eine geht feierlichen Schrittes inmitten der Reinheit – um dann regelrecht in die Sünde zu springen und sich der Vorstellung hinzugeben, dass
Schuld, Unrecht, Gräueltaten und Strafe nie mehr abzuschütteln wären –
und wieder nach Hause in die Unberührtheit seiner göttlichen Präsenz.

Der Eine reist entspannt inmitten der Harmonie – buchstäblich in das
Chaos und die Verwirrung hinein, in die Unordnung der selbstermächtigten
Vorstellung eines gequälten Geistes – und wieder nach Hause in den
Gleichklang, in die Schwingung Gottes.

Der Eine wandelt inmitten der Würde – geradewegs in das Trugbild der Er-
niedrigung hinein, er verliert sein Ansehen und seine Ehre und begibt sich
auf die Pfade der Charakterlosigkeit – und wieder nach Hause in die Erha-
benheit seines Geistes, die mit der Gottesschwingung resoniert.

Der Eine durchforscht seine Meisterschaft inmitten der geistigen Welt –
flugs in die Lehrjahre planetaren Lebens hinein, in die sinnlich-physische
Welt mit der Entscheidungsfreiheit, die es ihm überhaupt ermöglicht, zu
wählen, was kommen soll – und wieder nach Hause in das Reich Gottes.

Der Eine schlendert inmitten der steten Veränderung – unmittelbar in die
Blockade und die Sackgasse hinein, um zu ergründen, was Stillstand und
Bewegungsunfähigkeit bedeuten – und wieder nach Hause in das kosmi-
sche Fließen.

Der Eine durchquert das Bewusstsein – unmissverständlich springt er direkt in die Welt des Automatismus und der blinden Gewohnheit, ohne willentliche Kontrolle seiner Aktivitäten – und wieder nach Hause in die Wirklichkeit und der allumfassenden, bewussten Wahrnehmung.

Der Eine durchschweift die Unendlichkeit – hinein in die vergängliche Zeit gemäß dem Schöpferplan auf einem grobstofflichen Planeten, in das Kommen und Gehen, das Auf und Ab – und wieder nach Hause in die strahlende, unverfälschte Einheit.

Der Eine bewegt sich inmitten des Makrokosmos, spürt sich auf der Ebene des Mikrokosmos und ist sich gleichzeitig aller angeblichen Gegensätze bewusst, die doch nur eine Illusion sind, um die eigenen Möglichkeiten erfahren zu können.

Der Eine fühlt sich in allen Gefilden zu Hause und ist eins mit ihnen.

Wer ist der Eine?

Kann ich es sein, der als ungetrennter Teil der ewigen Quelle jede Schattierung, jeden Ausdruck und jede Möglichkeit zu sein erleben und erfahren möchte?

Geliebter, großer Gott, ich bin dein Erleben im Kreislauf von „Entstehen und Vergehen", derjenige, durch den du dich erfährst, eine Wendung der Möglichkeiten, die in ihrer Vielfalt unzählbar ist.
Ich lasse Realitäten entstehen.
Ich bin eins mit dir.
Ich bin du. Ich bin.

Amen!

Allmächtiger

Geliebter Vater, du bist der Eine.
Ich danke dir für diesen schönen Tag und die Möglichkeiten, die er zu bieten hat.
Unterstütze mich dabei, diesen Tag zu meinem allerbesten zu machen.

Ich danke dir für die Botschaften, die ich immer klarer sehen, hören, fühlen und vernehmen kann.
Lehre mich, offen zu sein und auf meinen Geist zu hören, der aus deinem Munde spricht.

Ich danke dir für das Wissen, das ich in mir trage, dass alles genauso geschieht, wie es für meine Seele zurzeit richtig und wichtig ist.
Lass mich in deine Friedensenergie getaucht sein und mich so fühlen, als reite ich auf einer Sternschnuppe sicher und behaglich durch die kosmische Weite.

Ich danke dir für deine Führung, sodass ich weiß, welchen Schritt ich als nächstes tun muss.
Bitte lass mir Mut und Motivation dafür zukommen, dass ich alle Hindernisse, vor denen ich zurückweiche und die in Wirklichkeit gar nicht existieren, weil sie Einbildungen meines Geistes sind, als Hirngespinste erkenne, und ich meine Individualität achte.

Ich danke dir für meine göttliche Manifestationskraft.
Bitte hilf mir, meine Gedanken bewusst auf das zu richten und gerichtet zu halten, was ich bekommen und wer ich sein möchte.

Ich danke dir, dass ich im Hier und Jetzt leben und wirken kann.
Hilf mir, bei Gedanken an die Vergangenheit vergeben zu können und als Schöpfer im Jetzt eine Zukunft zu formen, die alle genießen können.

Ich danke dir, dass ich bin, immer war und sein werde.
Hilf mir in all meinen Inkarnationen, dass ich meinen Weg zurück zur Urquelle-allen-Seins finde.

Ich danke dir, dass ich ein einzigartiges, mächtiges Lichtwesen bin.
Unterstütze mich dabei, im Spiel der Licht-Schatten-Dualität mein göttliches
Licht zu verteidigen und meinen Alltag tapfer und beherzt zu leben.

Ich danke dir, dass ich vollkommen bin.
Zeige mir, wie das strahlende Licht aus meiner inneren Sonne meinen Weg
erhellt, und ich trage es in alle Teile dieser Welt und weiter.

Ich danke dir für die Energien der Liebe, die ich in meiner achtsamen Gegenwart erfahre.
Unterrichte mich, darin, dass ich meine Vergangenheit, Gegenwart und
Zukunft aus einer höheren Perspektive erfahre und ich mich erinnern und
verstehen kann.

Ich danke dir zu wissen, dass mein Herz mein kleines Paradies auf Erden
ist.
Hilf mir wahrzunehmen, wo es an Licht mangelt, damit ich die reife Him-
melsblüte der göttlichen Liebe verschwenderisch erblühen und leuchten
lasse.

Ich danke dir, dass ich ein von dir ungetrenntes Lichtwesen bin, dem alle
Kraft und Macht offen steht.
Stärke mein Vertrauen in mich, sodass ich den unbewussten Seelen Licht
und Liebe durch die Macht meines Gedankens zukommen lassen kann.

Danke, dass du mir hilfst, den Traum meines Lebens nicht mehr zu ver-
schieben und mein ungelebtes, sehnlich erwünschtes Leben endlich zu beginnen.
Ich weiß, die Gestalt meiner Seele ist einzigartig.

Danke, dass du mir hilfst, tief und ruhig zu atmen und in innerem Frieden
zu ruhen, sodass ich mich selbst mit der gleichen Achtung und dem gleichen Wohlgefallen betrachten kann, mit dem du mir, Göttliche Allmacht, in
jedem Augenblick gewahr wirst.

Amen.

Auflösung von allem Niedrigschwingenden

Ich bitte euch, Gott Vater, du Urquelle allen Seins, Gott Sohn und Heiliger
Geist, Gottesmutter Maria, Elohim der Gnade und Elohim der Reinigung,
den Fürsten der himmlischen Heerscharen - Erzengel Michael, alle himmlischen Lichtwesen, Erzengel und Engel auf allen Ebenen, Erzengel
Raphael und Melchizedek, Saint Germain, den Heiligen Tod, alle Aufgestiegenen Meister und Geistführer, meine göttliche Lichtfamilie jetzt und hier
um Unterstützung.

Löst alles niedrig schwingende in meinem physischen und all meinen
feinstofflichen Körpern vor Gottes Antlitz auf.
Umhüllt mich und alle Ebenen meines Seins jetzt mit dem weißen, göttlichen Licht der Liebe und dem violetten Strahl der Transformation und lasst
diese heilende, energetische Schutzhülle um mich herum bis zu Mutter
Erde entstehen.
Sie soll beständig und permanent zu meinem höchsten Wohle vorhanden
bleiben.

Diese Schutzhülle soll auch alle in meiner Nähe befindlichen Menschen,
Tiere und Pflanzen umhüllen und mit ihren heilsamen Schwingungen erfüllen, sowie meine unmittelbare Umgebung, sodass es keine Stellen mehr
gibt, an denen sich Dunkles und Ungewolltes verbergen kann.

Ihr Kräfte, Mächte und Energien Gottes lasst dieses Licht immerdar
erstrahlen und alles durchdringen, damit es mich und alles, was zu mir gehört, schützt und Angriffe jeglicher Art dauerhaft abwehrt.

Ihr, meine kosmische Lichtfamilie, seid des Menschen Schutzherren und
Bewahrer und so bitte ich euch nun, führt das aus, was ich nun ausspre-
che.
Möge es zu meinem höchsten Wohle und dem aller anderen in göttlicher
Ordnung geschehen:

Geliebte Lichtfamilie, ich bitte Euch, erlöst und befreit mich, all meine Leben und Körper über Raum und Zeit hinweg und alle Aspekte meines Wesens von allen niedrig schwingenden Energien, allen Seelenanteilen und

Restfragmenten anderer, unreinen und niederen Geistern, Astralwesen, dä-
monischen Kräften und Besetzungen jeglicher Art, erdgebundenen Seelen,
von den Auswirkungen dunkler Magie, Zauberei und Hexerei, von allen Flü-
chen und negativen Wortenergien.

Transformiert liebevoll alle negativen Schnüre und Verbindungen, alle energetischen Störfelder, alle disharmonischen Einflüsse, destruktive Energien,
Fremdenergien, gesundheitsschädigende Frequenzen und alles Dunkle,
alle ungünstigen Auswirkungen von Gestirnskonstellationen, Täuschung,
Manipulation, Stress und zu starker Dichte.

Ich löse mich jetzt und hier von alten Eiden, Schwüren, Abmachungen und
Versprechungen, welche ich jemals in meinen verschiedenen Verkörperungen ausgesprochen habe und die mich immer noch binden.

Die Erlösungsenergie entfernt jetzt jedes negative Gefühl, jede Angst, jede
Form, die ein negativer Gedanke erschafft, alle alten und negativen, energetischen Strukturen, Gewalten, Blockaden, Vorstellungen meiner Realität,
jede Verschlackung in meinen Zellen durch Falschprogrammierung, alle alten Informationen und Kodierungen, sowie deren Ursache.
Sie entfernt meinen tief vergrabenen Schmerz, der umfänglich und lang andauernd in meinen Zellen von Verkörperung zu Verkörperung weiterge-
schleppt wurde.

Gestaltet all das, was mich und andere quält, bekümmert und nicht loslässt,
alle negativen, sichtbaren und unsichtbaren Schöpfungen durch die Liebe
des göttlichen Universums in Licht um.

Denn das göttliche Reich hat keinen Anfang und kein Ende.

Führt alle feindlichen Kräfte und Mächte, alle Gegenspieler des menschlichen Heilseins auf allen Ebenen, alle Nachstellungen des Widersachers
und alles, was mich hemmt, um erwachen zu können, in die Sphäre der
himmlischen Seligkeit.
Bringt sie ins Licht, damit sie liebevoll geheilt und transformiert werden
können.
Ich lasse jetzt alles Begrenzende und Disharmonische los und vergebe

allen niedrig frequenten Energien in ihren verschiedenen Erscheinungs- und Ausdrucksformen.
Ich vergebe auch allen Peinigern, Seelengeschwistern und allem und jedem, der mich in jeglicher Weise verletzt und gebunden, mir Schmerzen und Leiden zugefügt hat.
Aus der Tiefe und Reinheit meines Herzens kann ich sagen, ich liebe und vergebe euch!

Ich befreie mich von jeglicher Schuld. Denn Schuld ist auch nur eine Illusion, eine fehlgeleitete Einbildungskraft meines irdischen Verstandes.

Und auch ich bitte um Vergebung für alles, was durch meine negativen oder böswilligen Gedanken, Worte und Taten an niedrig schwingenden Energien, Formen, Schmerzen und Leiden die Welten und das Leben in den Weiten des Kosmos durchsickert hat.

Danke, dass alles, was mich jemals an niedrig schwingenden Kräften und Energien gebunden und vereinnahmt hat, sich jetzt im Lichte der Liebe wie flüchtiger Rauch aufgelöst hat.

Durch meinen heilsamen, inneren Frieden verschwinden jetzt alle negativen Gedanken, Körperempfindungen und Gefühle und jede meiner Körperzellen und all meine Energiekörper trinken emsig und durstig das Himmelswasser der göttlichen Heilquelle.

Ich bin zu einem liebevollen und mächtigen Krieger geworden, der für seine Überzeugungen eintritt.

Großer Gott, du Wahrhaftiger und Heiliger, und meine Göttliche Lichtfamilie, gebt mir Mut, furchtlos und tapfer voranzuschreiten, um zur Erkenntnis der Wahrheit zu gelangen.
Verleiht mir den notwendigen Weitblick, sodass ich die zukünftigen Konsequenzen und Nachwirkungen meiner heutigen Gedanken, Worte und Taten wahrnehmen kann.
Ich bin endlich frei.
Jetzt und in allen Inkarnationen über Raum und Zeit hinweg.

Danke für die Glückseligkeit und die Harmonie, die mich in diesem Augenblick umgeben und erfüllen.
Ich spüre unendlichen Frieden und eine unübertroffene Reinheit, die mich
durchspült, und fange noch einmal neu im Licht an.

Ich bin der ICH-BIN, im Hier und Jetzt.
Ich bin zu meinem göttlichen Ursprung zurückgekehrt.
Meine physische und feinstoffliche Existenz ist ausgeglichen, alle Energien
in mir fließen frei und sind im Gleichgewicht.

Ich bin frei.
Ich bin frei.
Ich bin frei.

Jetzt und für immer!

Er ist ich.
Er ist ich.
Er ist ich.

Jetzt und für immer!

ICH BIN
ICH BIN
ICH BIN

Heilig, Heilig, Heilig ist der Herr der Heerscharen.

Ich danke dir, göttliche Quelle und jedem meiner
göttlichen Lichtfamilie.

AMEN!

Gebet zur Aussöhnung

Geliebte Lichtwesen der Aussöhnung, des Friedens und der Schlichtung.

Bitte helft mir, meinen inneren Zwist und Streit zu beheben, meine innere Spaltung zu heilen und meinen inneren Ärger zu beschwichtigen, sodass ich im tiefen Frieden in mir ruhen kann und meiner wahren Natur den ersten Platz in mir gebe.
Ich weiß, ich darf frei und glücklich sein.

Ich bekunde hier und jetzt, dass ich bereit bin, mich mit mir selbst zu versöhnen und glücklich zu sein, mich anzunehmen, so wie ich bin, ohne „Wenn und Aber" und mit „Sowohl, als auch".
Ich behandle mich mit Wohlwollen und Nachsicht.

Mich zu bejahen und für gut zu befinden, mir selbst meinen Frieden zuzugestehen, denn ich weiß, erst wenn ich dies vollbracht habe, kann ich mich auch mit meinen Mitmenschen aussöhnen und den Weg der Heilung beschreiten.
Ich ändere die Beschaffenheit meiner Gedanken und nehme wahr, wie ich immer ruhiger und empfänglicher werde für die ewige Wahrheit meines Herzens.
Dadurch kann ich mich emotional befreien und es entsteht ein Raum in mir für Neues und Positives.

Ich stifte Frieden in mir und damit auch Frieden in der Welt und forme mit meinem Mund ein leichtes Lächeln.
Mein Denken und Handeln sind im Gleichgewicht.

Ich hadere nicht mehr mit meinen Lebensumständen und Enttäuschungen, die ich erfahren habe, und hege keinen Groll mehr, gegenüber meinen vermeintlichen Fehlern und Schwächen, denn ich erkenne sie jetzt als Richtungsweiser und Aufgaben, die mir das Leben sendet, um achtsamer auf meine innere Stimme zu hören, und dem Ruf meines Herzens folgen zu können.

Mein Herz, das mit leisem Klang spricht, will mich nicht intelligenter, schöner oder erfolgreicher haben, es möchte mein Selbst zum Ausdruck bringen, meine in mir ruhende Schönheit und Vollkommenheit erwecken, um mein eigenes Ideal zu erschaffen.
Es möchte, dass mein Körper, meine Seele und mein Geist ab jetzt und für immer eine göttliche Einheit bilden,
die alle Muster des Unfriedens und der Entzweiung im Dualitäts-Spiel durch göttliche Aufstiegsströme tilgt.

Ihr geliebten himmlischen Lichtkräfte der Aussöhnung, sendet mir eure heilsamen Schwingungen und reinigt mein Wesen von den Herzschmerzen der Vergangenheit.
Lasst mich von der Urenergie der Liebe aus dem Herzen Gottes tief in meinem Inneren berührt werden, sodass sich mein wahres Selbst immer mehr und mehr mit mir verbindet.

Ich nehme meine Lebensgeschichte liebevoll an und erkenne meinen Charakter als Ausdruck meines Wesens, das bisher sein Bestes getan hat und nichts anderes zu tun vermochte.
Ohne etwas zu bewerten, nehme ich wahr, was vorhanden ist.
Mit den Augen der Liebe kann ich mich jetzt endlich betrachten und finde mich wunderbar, so wie ich bin, denn ich bin einzigartig und kostbar.
Alles, was ich fühle, darf jetzt sein.

Jeder Zwiespalt und alles Dunkle, was mich uneins machte, und das ich auch auf andere Menschen und Situationen projiziert habe, löst sich in meiner Eigenliebe auf und ebnet meinen Weg der Aussöhnung mit mir und Allem-was-ist.

Das Leben liebt mich, denn ich bin unendlich wertvoll, ebenso wie jeder unendlich wertvoll ist.
Ich habe mich selbst und mein eigenes Wesen einfach mit den Jahren aus den Augen verloren.

Und so lasse ich jetzt mein Leben reicher werden durch mein bewusstes Dasein, durch mein bewusstes leben in der heiligen Gegenwart.
Das ist eine Bereicherung für mich und für jeden, der mir begegnet.

Ich bin ein Überbringer des Friedens und des Gleichklangs und baue Brücken, wo vorher ein tiefer Abgrund lauerte.
Ich baue Brücken zwischen sich streitenden Parteien und vergrämten Gruppierungen und pflastere ihren Weg mit Harmonie, sodass sie erneut aufeinander zugehen und sich verstehen können.
Ich treffe Entscheidungen von denen ich weiß, dass sie meinem Wohlbefinden und damit auch dem aller anderen dienen.

Ich spreche Ärger und Zwietracht unvoreingenommen und angemessen an, ohne ihnen eine Bewertung zukommen zu lassen.
Ich bin zu einer Brücke geworden, um ehrlicher und besser mit mir selbst, meiner inneren Führung und allen anderen kommunizieren zu können.
Durch die Aussöhnung mit mir selbst hege ich keine Vorurteile mehr gegenüber Andersdenkenden und allem Fremdartigen.

Danke geliebte Lichtwesen für die Achtung, die ich mir in diesem Augenblick und für immer zuteilwerden lassen kann, denn meine Aussöhnung mit Allem-was-ist lässt mich in der Schönheit der Schöpfung lebendig und frei pulsieren.

So sei es!

Leidenschaft

Geliebter Vater im Himmel.
Bitte, präge mir den göttlichen Ausdruck der Leidenschaft in mein ganzes
Dasein ein.
Öffne die Pforten deiner Begeisterungsfähigkeit und lass die Fülle deines
Ausdrucks mich ganz und gar durchfluten, sodass mich deine Feuersglut
inspiriert und trägt.

Ich heiße dich, göttliche Leidenschaft, du wunderbarer Ausdruck der Liebe,
willkommen in meinem irdischen Leben.
Beflügle mich mit dem Rausch deiner Feierlichkeit und lass mich mit der
inbrünstigen Macht meines wahren Herzens leben, denn ich lebe gerne.

Durchströme mich, sodass ich die Fülle des Lebens erfahre, denn ohne
Leidenschaft schmeckt alles wässrig und verliert seinen Geschmack.
Ergieße dich in mir, sodass ich alles, was ich denke, sage und verrichte
leidenschaftlich und voller Genuss ausführen kann.
Erfülle mein Wesen, sodass ich mich fasziniert und begeistert auf Neues,
Unentdecktes und Ungeahntes einlassen kann.
Ich öffne mich für deine neuen Inspirationen.

Großer Gott, lass mich zu einem leidenschaftlichen Menschen werden,
der schmackhafte Würze in die Welten bringt und den Hunger nach Begeisterung und Lebendigkeit in allen Lebewesen deiner Schöpfung entfacht.
Lass mich im Sinnestaumel deiner Wonne leben und auf meinem Lebensweg ausharren, bis ich letztendlich Vollendung erfahre und zum Glanzstück
meiner eigenen Meisterarbeit geworden bin.

Ohne Leidenschaft fehlt mir mein Antrieb, meine Motivation und mein Biss,
denn in der Lustlosigkeit bleibt meine schöpferische Kraftquelle versiegt.
Dann lebe ich nur noch auf halber Flamme und fühle mich matt.

Ohne Leidenschaft verschenke ich die Erfahrung, wie es sein kann,
mich lebendig und feurig zu fühlen, mich wild und stürmisch auf meinen
Gefühlsausdruck einzulassen, um laut ausrufen zu können: „Ja, das bin
ich!"

Integriere dich, göttliche Leidenschaft, in mein Leben und lass es gehaltvoll werden.
Ich entscheide mich jetzt und hier bewusst dafür, mein Leben mit deiner Hilfe bunt und vielfältig werden zu lassen.
Ich nähre jetzt meinen Geist mit Gedanken meines kreativen Ausdrucks und zelebriere meine Einmaligkeit.

Ich bin ab jetzt und immerdar ein leidenschaftlicher Mensch und werde durch meine enthusiastische und sinnliche Lebendigkeit zum Salz der Erde.
Ich erwecke den wilden Gott / die wilde Göttin in mir, der / die sich glühend der Ausdrucksfülle hingibt.
In der Ekstase des vollkommenen Hochgefühls dient die göttliche Leidenschaft mir, meine Spiritualität und meine Lebendigkeit auszuleben.

Ich bin ein dynamischer Mensch, der wertfrei, wandlungsfähig und sinnlich ist, und ich mache meine Leidenschaft zum Aufwind in meinem Leben.
Und so gebe ich mich voller Vertrauen dem Fluss des Lebens hin.

Ich bin lebendig und leidenschaftlich und danke für die innere Wandlung, die sich vollzogen hat.

So sei es!

Das Göttliche

Liebe ist mein Elixier.
Mein Herz schlägt aus Liebe und ich gebe mich ihr ganz hin.
Die Liebe ist immer präsent, führt mich, gibt mir Halt und sättigt meinen ungestillten Hunger, sie ist warm und trägt mich auf ihren Flügeln.
Meine ewige Seele lacht in der Liebe und genießt jeden Augenblick, denn die Liebe ist unvergänglich.
Ich bin göttliche Liebe.

Licht ist mein Elixier.
Mein Herz schlägt im Licht und ich gebe mich ihm ganz hin.
Das Licht ist immer präsent, führt mich, gibt mir Halt und sättigt meinen ungestillten Hunger, es ist warm und trägt mich auf seinen Flügeln.
Meine ewige Seele lacht im Licht und genießt jeden Augenblick, denn das Licht ist unvergänglich.
Ich bin göttliches Licht.

Das Göttliche ist mein Elixier.
Mein Herz schlägt im Göttlichen und ich gebe mich ihm ganz hin.
Das Göttliche ist immer präsent, führt mich, gibt mir Halt und sättigt meinen ungestillten Hunger, es ist warm und trägt mich auf seinen Flügeln.
Meine ewige Seele lacht im Göttlichen und genießt jeden Augenblick, denn das Göttliche ist unvergänglich.
Ich bin das Göttliche.

Die Flamme Gottes wohnt in mir, in jedem Aspekt meines Wesens.
Sie erhellt meinen Körper, meine Seele und mein Leben.
Sie heilt meine Wunden, beruhigt meinen Verstand und besänftigt meine Gefühle.
Die Flamme Gottes erhellt meinen Weg und ich schreite Seite an Seite mit meinem Geist voran.
Das Göttliche hat das Seine gefunden.

Danke! Amen

Ich bin Liebe.
Ich bin Licht.
Ich bin das Göttliche.
Ich bin Harmonie und Frieden.
Ich bin der Gottesfunken.
Ich bin konzentrierte Wirklichkeit der göttlichen Urquelle.

Ich bin der Pfad des Erwachens in Gott.
Ich bin die Einweihung in die Geheimnisse des Göttlichen.
Ich bin der Weg des Lichtes im ewigen Sein.
Ich bin die interessante Perspektive, die deinen Horizont erweitert.
Ich bin allgegenwärtig und grenzenlos und in jedem Atom anzufinden.

Ich bin das Leben aus der Unendlichkeit betrachtet.
Ich bin die verborgene Himmelskraft.
Ich bin die Liebe, die aus der Bedeutungslosigkeit heraussickert.
Ich bin der Rückhalt, der deine Schritte in Richtung Hoffnung führt.
Ich bin die himmlische Kraft, die deine im Leben verletzten Stellen umspült
und heilwerden lässt.

Ich bin das erweiternde Bewusstsein der Transformation und werde getragen von göttlichen Flügeln, die mich im Sternenglanz betten.
Ich bin ein Behältnis göttlicher Verzückung.
Ich bin die vertiefte Wahrnehmung, die dir aus dem Buch des Lebens mit-
teilt, was für deinen Aufstieg in die neue Dimension wichtig ist.
Ich bin der Einklang, der dich in der Übereinstimmung mit dir selbst leben
lässt.

Ich bin die Klarheit, die dich selbst auf dein himmlisches Fundament sehen
lässt, um dich selbst wahrzunehmen.
Ich bin die Achtsamkeit, die dich jede einzelne, normale Tätigkeit aufmerk-
sam und mit wachen Sinnen durchführen und hochachten lässt.
Ich bin der Trost, der dir unter die Arme greift und dein verlorenes Gleichgewicht in Standvermögen umwandelt.

Ich bin die Gnade, die jedem Menschen und jedem Geschöpf zuteilwird,
denn ich trage dich in meinem Mutterschoß und lasse dich dort heranwachsen.
Ich bin das Diesseits und das Jenseits und nehme dich in meinem Herzen
auf, dort wo meine Liebe wohnt.

Ich bin das Lichtfeuer und dein Weggefährte auf dunklen Pfaden, die dich
himmelan führen.
Ich bin der Beobachter des Lebens und erkenne mich in allen Lebensprozessen.
Ich bin das Licht meines Geistes und erfülle diesen Körper, wodurch sich
mir alles offenbart.
Ich bin ein wunderschönes Geschenk, denn ich bin die Schöpfung, die zu
ihrem Schöpfer zurückkehrt.

Aus der ewigen Kraft meines Herzens erhöhe ich augenblicklich alle heilsamen Energien und verbinde damit die Herzen aller Menschen, sodass sich
hinter ihnen bloß noch der Horizont ihrer sich tilgenden Schatten erstreckt.
Ich wirke aus dem Reich der unsterblichen Seelen, die von der Quelle gespeist werden.
Und siehe da, es breitet sich Stille und Frieden aus.

Danke! So sei es!

Auflösung von Strukturen des Leides am eigenen Körper

Geliebte, göttliche Lichtwesen der Heilung und glorreicher Erzengel Raphael, du wahrer Heiler von Körper, Seele und Geist im Sinne der kosmischen Ordnung.

Ich bitte euch darum, euer weiß-goldenes und grünes Licht der Heilung und Transformation in all meine feinstofflichen und meinen physischen Körper fließen zu lassen, damit alle Ablagerungen und Schlacken, alle Gifte und niedrig schwingenden Strahlungen erlöst und in Licht umgeformt werden.

Ich überlasse euch meinen Körper, im vollen Vertrauen und Glauben daran, dass ihr das Richtige zu meinem höchsten Wohle bewirkt.

Vernehmt meine Worte, unterstützt mich bei der Heilwerdung meines Leibes und lasst eure göttlichen Heilenergien zu allem strömen, was jetzt erwähnt wird und zu allem, was aus Unwissenheit nicht angesprochen wurde.

Hier und jetzt trenne ich mich von jeglicher Drangsal, Marter und Angst gegenüber meines Körpers.
Ich gebe alle Gedanken daran, dass ich anfällig für Erkrankungen, körperlich schwach, erschöpft oder gehemmt und nicht genügend bin, so wie es mir vielleicht meine Eltern oder mein soziales Umfeld gesagt haben, frei.
Mein geliebter Leib, ich sage mich los von allen Strukturen der Knechtschaft, von jeder Last und dem Joch der Unvollkommenheit gegen dich, du irdischer Wohnsitz meiner ewigen Seele.

Geliebter Geist meines Körpers, ich spreche nun zu dir persönlich und bitte um Entschuldigung, Verständnis und Entgegenkommen.
Vieles von dem, was ich über dich gedacht, gesagt und mit dir angestellt habe, tat ich unbewusst, nicht wissend, welche Macht von meinen Erwartungen, Verhaltensweisen und Überzeugungen ausging.
Du hast immer auf mich gehört und gemäß meinem Glauben auf meine indirekten Befehle reagiert und sie zu meiner Realität werden lassen; oftmals zu meinem Entsetzen, Kummer und Bedauern.

Ich bin mir jetzt aber sicher, dass meine Drangsal und Marter nicht mehr
notwendig sind, und deswegen wende ich mich an dich, damit du mir hilfst,
alles das aufzulösen, was für mich jegliche Art von Leiden bedeutet.
Denn du bist die physische Ausdrucksart der Göttlichkeit, deine fehlerfreie
Beschaffenheit ist heilig und du bildest eine vollkommene Einheit.
Meine Heilung geschieht nun durch Liebe.

Ohne meinen Leib als Behältnis und Wohnstätte für meinen ewigen Geist
kann ich das Leben auf Gaia nicht in allen Facetten ergründen und mit
meinen irdischen Sinnen wahrnehmen.
Geist meines Körpers, ich liebe dich von ganzem Herzen und ich liebe
auch meinen biologischen Körper, genauso wie er ist.
Du, mein geliebter Körper, drückst mit deinem Aussehen genau das aus,
was ich bisher über mich und dich gedacht und geglaubt habe.

Du bist mein Erfahrungsinstrument und ich tauche mit dir in die Energie
meiner eigenen Inkarnation ein.
Löse jetzt alles auf, was es dir erschwert oder dich daran hindert, geliebt
und geachtet zu werden.
Vergib mir, wenn ich dir das Gefühl gegeben habe, dass du nicht hinrei-
chend oder genügend wärst und bloß mittelmäßig oder wenig akzeptabel.

Geliebter Körper, lösche jetzt all diese energetischen Strukturen, alle Dis-
harmonien und veralteten Programme, die in mir automatisch ablaufen,
weil ich sie einst selbst erzeugt habe und ich mir ihrer bis zu diesem Zeitpunkt gar nicht bewusst war.

Auf diese Art und Weise wirst du, mein treuer und geliebter Körper, wieder
lebendig und stark, kräftig und gesund gemäß der göttlichen Ordnung und
den vollkommenen Mustern, die in meinem höchsten Selbst gespeichert
sind.
Aktiviere diese neuen Gesundheitsprogramme in jeder Zelle, jedem Atom,
meiner DNA, allen Genen und Chromosomen, in allen Teilen meines Wesens auf allen Ebenen.

Ab jetzt bist du frei, frei von meinen bisherigen unachtsamen und unbewussten Schöpfungen.
Lass uns mithilfe aller Lichtwesen der Heilung und von Erzengel Raphael

eine neue, aufbauende Beziehung anfangen, sodass ich mit dir die ewige Seligkeit einer vertrauten und liebevollen Partnerschaft auskosten kann.

Ich danke dir, dass du heilend und regenerierend auf meine liebevollen Gefühle und Gedanken reagierst, die ich dir von nun an entgegen bringe.
Ich danke dir, dass du gesunde Schwingungen in meinem gesamten Organismus manifestierst und meine schlafenden Lebenskräfte wieder weckst.
Ich danke dir, dass du meine aufrichtige Liebe nun empfängst und beginnst, eine wunderbare und charismatische Ausstrahlung zu erzeugen.
Ich danke dir, dass du so vollkommen bist und Stress und Anspannung in meiner Seele beseitigst.

Ewige Liebe und ewiger Frieden breiten sich jetzt in mir aus.
Mein Körper und ich sind eins, eine Einheit, die immer glücklich und zufrieden ist.

Ich danke auch allen Lichtwesen der Heilung und Erzengel Raphael für eure Unterstützung und Heilung.

Danke! Amen!

Erweckung des geistigen Auges

Geliebter Elohim der Gnade.
Deine magisch göttliche Kraft ist die mächtigste auf Gaia.
Mit deinem silbernen Strahl, der wie Glitzer auf dem Schnee schillert, wandelst du alles ins göttliche Licht.
Ich bitte dich jetzt darum, lass mich in meinem Herzen mein wahres, göttliches Sein erkennen, das von der bedingungslosen Liebe gespeist wird.

Da deine Gnade es mir erlaubt, einfach alles loszulassen, ohne meinen karmischen Rucksack noch weiter mitschleppen zu müssen, entscheide ich mich jetzt und hier für das Loslassen von allem, was mich behindert und begrenzt.
Bitte, lass das göttliche Licht der Gnade durch alles, was ich bin, fließen und entferne alles, was mich an meinem friedlichen Aufstieg hindert.
Lass das göttliche Licht der Gnade durch mein drittes Auge fließen, damit es erleuchtet werde.
Eröffne mir so die Befähigung, klar und unverkennbar durch die Illusion des Mensch-Seins hindurchschauen zu können, um ungetrübt die Wirklichkeit hinter den Schleier aller Dinge zu erblicken.

Ich bin dann wieder in der Lage, mein ganz einmalige und nur mir zugehörige Klangsignatur wahrzunehmen.
Dann ist es mir möglich, die natürliche Schönheit und Vollkommenheit des ewigen Lebens und der Liebe zu sehen.
Dann kann ich das Licht in jeder Dunkelheit wahrnehmen und in allem und jedem die Liebe erkennen.

Ich danke dir, dass es mir durch die Macht der Gnade möglich ist, mit meinen geistigen Augen zu schauen, was mir zuvor verborgen war.
Ich bin ein multidimensionales Wesen und entscheide mich jetzt dafür, multidimensional zu sehen.
Danke für das Erwachen der Kraft meiner hellsichtigen Energie.

Amen!

Göttinnenkraft

Heilige Meisterin Maria alle Lichtwesen und Göttinnen, die das Wissen um
die Kräfte und Mächte aller Priesterinnen der alten Welt in sich tragen, bitte
helft mir dabei, meine Göttinnenkraft wiederzufinden und zu erwecken.

Lasst mich hier und jetzt in den Wassern eurer klärenden und reinigenden
Energien baden und in den feurigen Energien jede Blockade verbrennen,
die mich von meiner Göttinnenkraft trennt.
Lasst die Stärken meiner Weiblichkeit und meine mir innewohnende Magie
erwachen, damit ich die Qualitäten meines Frau-Seins authentisch leben
und zelebrieren kann; denn ich habe die Kraft, die meine Weiblichkeit ausmacht, vergessen, lebe in der Gleichförmigkeit des Alltags und bin ausge-
powert.

Ich spüre, dass jetzt die Zeit gekommen ist, dass ich meine weiblichen
Kräfte und Mächte wiedererwecke und in ihrer Vollendung entfache, sodass ich mehr Würze und Magie in mein Leben bringe.

In diesem unendlichen Augenblick vereine ich bewusst mein ursprüngliches
Sein und meine Ursprungsfrequenz in ihrer reinsten Form mit meiner physischen Erscheinung, sodass meine Yin-Yang-Energien ausgeglichen werden:
Meine Innenwelt und meine Außenwelt,
mein Einatmen und mein Ausatmen,
mein Denken und mein Fühlen,
meine Stabilität und Flexibilität,
meine Individualität und meine Einheit mit Allem-was-ist,
mein Empfangen und mein Geben.

Schenkt mir den Mut, hingebungsvoll auf diesem Planeten zu wandeln und
weise Entscheidungen zu treffen, um mich nicht mehr für andere verbiegen
zu müssen, nur aus dem Bedenken heraus, was der Rest der Welt dazu
sagt.

Öffnet mir die Tore zu meinem Bewusstsein für die höheren Dimensionen, für das höhere Denken und alle Entwicklungsmöglichkeiten des spirituellen Wachstums.

Schenkt mir die Hingabe und den Schneid, eine Frau sein zu können, die ihre innere Schönheit, Kreativität und Vollkommenheit geradeheraus lebt, unabhängig von der Beurteilung der Öffentlichkeit und der Allgemeinheit, die sich wie eine Horde fügsamer Schafe der Meinung der Massenmedien unterwirft.

Ich habe das Gefühl, dass die Kluft zwischen der Welt, die mir das normgerechte Frau-Sein aufpfropft, und meinem innersten, wahren Sehnen immer größer wird.

Etwas will sich in mir befreien, das bislang ungehört und lautlos in die Welten hinausgeschrien hat.

Ich spüre es ganz deutlich, ich kann und will mich nicht mehr zurückhalten, mich nicht mehr hemmen und kleinhalten lassen.

Und so begebe ich mich jetzt auf ein spannendes und fruchtbares Abenteuer in die weiblichen Aspekte allen Seins, das so viele Gesichter hat, wie sich Sterne am Himmel befinden.

Ich öffne mich nun für meine weibliche Ur-Kraft und nehme mich ganz genauso an, wie ich bin.

Ich wende mich meinem inneren Seelenkern zu und nehme so Kontakt mit meinem weiblichen Selbst auf, damit alle Schöpferkraft wie eine entfesselte Fontäne aus dem Verborgenen an die Oberfläche heraussprudelt.

Meine Göttinnenkraft hat so viele Facetten:
Verspieltheit, Klarsicht, Inspiration, Lust, Sinnlichkeit, Leidenschaft, Transformationskraft, Freude, Offenheit, Fürsorge, Einfühlungsvermögen, Mutterliebe, Teamgefühl, soziale Kompetenz, Bewahrerin, Weisheit, Gerechtigkeit, Weitsicht, Aufrichtigkeit, Magie, Naturverbundenheit, konstruktive Kommunikation, natürliche Schönheit, Begeisterung, Schutz, Geduld, …

Im ständig fließendem Wechsel strömen all diese Qualitäten in mir zusammen und lassen mich zu einer Streiterin für den Ausdruck meiner Seele werden.

Ich nehme meinen eigenen Wert, meinen eigenen Körper und meine Schönheit, meine Intuition und meine eigene Weisheit sowie die meiner

Ahninnen jetzt und immerdar an, bringe mich mit meinem Frau-Sein in die rational-intellektuell geprägte, männliche Welt ein und ergänze diese um die Nuancen und Eigenschaften meiner Göttinnenkraft.

In diesem unendlichen Jetzt verbinde ich mich mit der lichterfüllten Kraft meines göttlichen Wesens und lebe meine positiven Kräfte und Mächte zum höchsten Wohle aller Lebewesen.
Ich lebe die Göttin, die ich bin.
Ich danke euch geliebten Lichtwesen für die Unterstützung und sende meine tiefste Liebe zu allem, was ihr seid.

Danke! So sei es!

Gedankenspiele der Seele

Du bist nicht zufällig auf der Welt. Du hast dir den Zeitpunkt, die Eltern und die Lebensumstände ausgesucht, weil sie zu deinem Lebensplan passen und du damit bestmögliche Erfahrungen erleben kannst. Du bist in deinen irdischen Körper, dein Erden-Heim, inkarniert, der dein bester Freund sein will, wenn du ihn lässt. Die Sinne in deinem Körper sind kosmische Übergänge und Schwellen, zu allem, was dich umgibt – innen und außen.

Dein wunderbarer, physischer Körper wohnt in deiner ewigen Seele, in deinem ewigen Geist und nicht andersherum, wie es oftmals angenommen wird. Du kannst dir deine Seele auch wie eine natürliche Schutzhülle vorstellen, die deinen Körper einhüllt, in die Welt hineinreicht und ihn gleichzeitig völlig durchdringt. Deine Seele ist der Teil deines Geistes, der durch deinen biologischen Körper Erfahrungen macht. Wenn du deiner Seele lauschst, passt du dich der sphärischen Musik des Universums an und wirst eins mit ihr. Du fühlst wieder deine natürliche Verbundenheit mit Gott, die immer existierte, weil du nie getrennt von ihm warst.

Die Wanderung durch deine Lebensabschnitte ist ein fortwährender Prozess der Erneuerung, Wandlung und Umwälzung. Unbekanntes, Anonymes und alles bedrohlich Wirkende kann in der immerwährenden Kraft der Liebe angenommen, erfahren und transformiert werden. Werde dir gewahr, dass jede Krise und jede Not, die du erlebst, dich stärkt und weiterentwickelt. Alles, was dir widerfährt, enthält das Potenzial, dich zu vertiefen. Alles, was du erlebst, ist als ungelöster Konflikte in deinem Inneren entstanden, nach außen getreten, sichtbar und fühlbar geworden und kehrt nun zu dir zurück, damit du dich dieser Lebensaufgabe hingebungsvoll widmest und sie transformierst.

Wenn deine Seele erwacht ist, beginnt dein Aufstieg in die höheren Dimensionen und du willst und kannst nicht mehr umkehren. Deine wahre Natur lässt in dir die Sehnsucht zu den höchsten Gipfeln deiner Erfüllung und Selbstverwirklichung entstehen. Weder Verlockungen noch Ängste jeglicher Art werden dich entmutigen, deinen eigenen Pfad zu beschreiten, den noch nie zuvor jemand gegangen ist. Deine geistige Individualität sucht ihren Ausdruck in der Welt und entwickelt sich durch dein Tun fortwährend weiter.

Dein spiritueller Weg lässt in dir auch ein tiefes Wohlwollen der Welt, dem Universum, den Mitmenschen und der gesamten Schöpfung gegenüber entstehen, das dich zu unglaublicher Großherzigkeit und Sanftmütigkeit bewegen kann. Du fühlst wieder deine natürliche Verbundenheit, Liebe und Mitgefühl zu allem Leben. Wenn ein einzigartiger Moment an die Tür deines Lebens anklopft, ist der Klang, den du vernimmst, oftmals nicht besser wahrzunehmen als das Geräusch deines leisen Herzschlages.

Deshalb werde still und bleibe achtsam und lausche der leisen Stimme des Augenblicks.

Das Archaische und Urwüchsige in dir arbeitet stets daran, etwas Neues und Einmaliges zu erschaffen und zu kreieren. Befreie deine Seele von dem Joch der Kleingeistigkeit und Engstirnigkeit und entwickle deine eigene spirituelle Individualität, deine in dir lodernde Kreativität, die dich zu einem vollendeten Meister der Möglichkeiten werden lässt. Mit deinem Licht dringst du tief in die Weite des Universums ein und durchschreitest verborgene Pforten, die dich durch alle unwegsamen und mühseligen Fußpfade führen.

Auf dem Weg deiner Selbsterkenntnis entwickelst du dich immer weiter, deine Seele gedeiht in deinem eigenen Lichte und deine innere Wahrheit entfaltet sich wie ein vielblättriger Lotus, der die ersten Sonnenstrahlen des Morgens empfängt. Blatt für Blatt öffnet er sich und reckt sich dem göttlichen Elixier ganz einfach und leicht entgegen.

Die durchdringende Kraft des göttlichen Lichtes in der Mitte deines Herzens erstrahlt ebenso in der Sonnenfülle des Göttlichen und haucht dir den Samen der Sehnsucht nach Wahrheit tief in deine ewige Seele ein. Du folgst diesem verborgenen Ruf von einer Inkarnation zur nächsten und erfährst immer wieder neue Verwandlungen, die alte Gewohnheiten und Überzeugungen transformieren und verändern.

Du webst eine erbauende und heile Zukunft in den Augenblick ein und lässt die Stimmen des Himmels zwischen den Menschen tanzen. Finde deinen eigenen Rhythmus, der deine Lebensenergie pulsieren lässt, und erschaffe Formen und Fußabdrücke, deren Stärke Mitgefühl und Liebe sind. Lass deine Intuition zu einer unüberhörbaren Stimme in der Stille werden, zu einer göttlichen Gabe, die dir in allem eine Chance zum Wachstum zeigt.

Öffne dich für die Zusammenhänge deines eigenen Erschaffens und lerne, dich zu verstehen. Lass dich von einer hilfreichen Idee des Augenblicks und dem Fingerspitzengefühl deines Geistes leiten, der sich vollkommenere Gedanken über alles machen kann. Und dann lerne, die Offenbarungen deines Höchsten Selbst zu verstehen. So wie deine Empfindungen und Gefühle die Mitteilungen deines physischen Körpers sind, ist deine Intuition die Sprache deines Geistes mit deiner unsterblichen Seele.

- o Lausche in die Stille hinein und gebe dich ihr hin.
  Habe den Mut, den spirituellen Weg zu folgen und das Leben zu leben, welches dein Geist dir zuflüstert.

Denn du bist mehr als nur die Anzahl deiner Atome, du bist ein ewiges Licht des Einen-Göttlichen. Seine lichte Gotteskraft ist deine lichte Gotteskraft und sie gibt dir Führung und alles, was du in diesem Ewigen Jetzt benötigst.

Lass nun deine Gedanken und dein gesamtes Wesen
von der immerwährenden Liebe erfüllt sein,
die aus den inspirierenden Zeilen unsichtbar hervoreilen,
um dich fürsorglich zu salben.

Ich stelle mir vor, ich sitze vor dem Kamin und erblicke die züngelnden
Flammen, die wie ein unbändiges Tier, ein Meer aus Feuer und Tempera-
ment sind.
Glühende Funken, die aus dem Glutnest emporschweben und federleicht
die Schwerkraft überwinden, sehen aus wie kleine Glühwürmchen, die sich
necken, nur für mich.
Dieses wunderschöne Farbenspiel ist belebend und strahlt dennoch eine
angenehme, sanfte Ruhe aus.
Wie schön kann es doch sein, sich dem Nachsinnen hinzugeben und den
Tag rückwirkend zu betrachten.
Was habe ich heute alles erlebt?
Arbeit – Kinder – Freunde – Lachen – Tränen – manches dazugelernt und
ausprobiert – sich ganz dem Tag gewidmet: Jaaa!!

Worauf habe ich vorwiegend meine Aufmerksamkeit gerichtet?
Welche Gefühle haben mich durch den Tag begleitet?
Habe ich auf mein Herz gehört, das mit sanfter Stimme mich begleitet hat?
War ich mir meiner Schöpferkraft bewusst?
Dieser Tag wurde wieder zu meinem besten Lehrmeister.
Denn meine Gedanken sind wie Vögel, die über mir fliegen und landen
wollen.
Gestatte ich ihnen allen ein Nest auf meinem Kopf zu erbauen oder ent-
scheide ich, welche die Erlaubnis dazu erhalten?

Alles an diesem Tag ist wieder vollkommen, so wie es ist.
Ich habe Neues erfahren dürfen und brachte mich ein, wie es mir in diesem
Moment möglich war.
Ich hielt einen Marienkäfer auf der Hand und merkte, dass das Göttliche
das Göttliche berührt.
Jeder neue Tag zählt nur im Hier und Jetzt, denn das Gegenwärtige ist die
einzige Zeit, die mir zur Verfügung steht.
Ich genieße diesen Augenblick.
Das Feuer knistert und spendet wohltuende Wärme, ausdrucksvolle Musik
verwöhnt meine freie Seele und lässt sie auf Wolken tanzen, erhaben und

majestätisch, voller Leidenschaft – eine wahre Königskunst.
Ich nehme den Atem Gottes wahr, der meine achtsame Gegenwart betört,
und transformiere die übersinnliche Verschmutzung, die vom Tagesge-
schehen her nach mir greifen möchte.
Ich spüre, wie meine Seele sich nach allen Seiten öffnet, der geistigen und
der physischen Welt, wie sie mich umfängt und in ihre heilsamen Wahrneh-
mungsbereiche einführt.

Ich tauche mit meiner Wahrnehmung in den heutigen Tag ein und regist-
riere die ständigen Schwingungsmuster aller Menschen, Orte und Objekte,
die mir begegneten, und lasse deren Bedeutung sich in ein inneres Gefühl
von mir umwandeln.
Ich fühle mit allen Sinnen und dringe durch den Schleier, der mich von
meiner geistigen Wahrnehmung trennt.

Mein Leben und meine Leidenschaften hinterlassen einen Abdruck im
kosmisch-ätherischen Gefüge und so sähe ich nun zärtliche, mitfühlende
und ekstatische Qualitäten.
Ich verweile nie mehr auf der ebenmäßigen Oberfläche der Banalität und
Einfachheit, sondern gebe der spirituellen Sehnsucht meines Herzens nach
und folge meinem Geist.

Ich bin ein Meister, der durch die Möglichkeiten reist und in den Universen
tanzt, und verflechte eine zauberhafte Zukunft in das Heute.
Ich öffne mich bewusst der Schönheit des Lebens.

Meine Seele ist wieder jung und belebt meinen Körper.
Ich habe das Gefühl alles an diesem einen Tag erleben und erfahren zu
können!
Ich schließe nach einer Weile meine Augen und gebe mich der Welt und
dem Moment vollkommen hin.

Ich spaziere in der Natur, die Sonne scheint auf meinen Körper und ich
fühle mich hier, zwischen Himmel und Erde, so unbeschreiblich wohl und
geborgen.
Ich denke an die Liebe, die genau hier und jetzt, auf dieser Ebene meines
Seins ihren Ausdruck sucht.

Federleicht und goldschimmernd bewegt sich die Wiese und ihre Blüten-
pracht zu einem angenehm fächelnden Wind, der in seinem eigenen Rhythmus ein Wellental nach dem anderen hervorbringt, nur um dann mit einem
Mal wieder alles zur Ruhe kommen zu lassen.

Märchenhafte Wesen erscheinen auf dem schwindenden Tau, um ihren
geheimnisvollen Reigen zu tanzen, nicht wissend, wie sehr sie des Menschen Augen in einen Bann aus strahlenden Freudentränen ziehen.
Sie schweben unbefangen durch die Lüfte, leidenschaftlich und frei von
jeglichen Begrenzungen.

Ein tiefes Sehnen breitet sich in meinem Herzen aus, denn ich strebe nach
Höherem.
Erkenne ich nun endlich des Schöpfers großen Plan?
Das Bestreben der Rückkehr zur Einheit mit Allem-was-ist, entfachen in mir
den Wunsch, von ganzem Herzen zu lieben und zu leben, niemals aufzu-
geben und leidenschaftlich zu sein, in allem, was ich tue.
Intensive Gefühle erwachen in mir, sie nähren mich und tun mir gut.
Eine gewaltige Leidenschaft beflügelt meine Phantasie, ich fühle eine tiefe
Verbundenheit und bin ganz diesem Augenblick zugetan.
All meine Sinne erleben ihren höchsten Ausdruck.
Ich fühle mich als ewig lebendes Geistwesen und liebe mich, so wie ich bin.

Ich weiß genau, ich habe immer mein Bestes gegeben und bin es wert, ein
begehrenswertes Leben zu führen.
Es gibt niemanden mehr, dem ich die Macht über mich erteile und der in
mein Leben eingreifen kann, denn ich bin ein selbstbestimmter Mensch,
der schöpferisch seine einmalige Lebensaufgabe erfüllt.

Ich fühle diese unglaubliche Macht und Kraft, die in mir schlummert und nur
darauf wartet, freigesetzt zu werden.

Ich bin einfach dankbar, dass ICH BIN.
Ich bin verwurzelt in dieser Welt, in meiner wahren Größe, in den
kosmischen Welten und mit dem heiligen Raum der Gottesgegenwart.

Engelstimmen erklingen in der sanften Brise, die mich liebevoll umhüllt,
und erzählen von fernen Welten.
Ich lausche gebannt und scheine zu schweben, so leicht fühle ich mich.
Wärmende Sonnenstrahlen ergießen ihre Lebensenergie in mein Wesen,
sodass ich lichtdurchströmt bin, und mein Lächeln sich in jede Zelle ausbreitet.

Ich verbinde mich wieder mit meinem Seelenstrahl, und fühle die tiefe,
absolute Verbindung mit Gaia und allen liebenswerten Andersweltgeschöp-
fen, allen Planetenverbänden und Lichtwesen, die mir hier und jetzt helfen,
einfach und leicht wieder in Einklang mit meinem ganzen Sein zu kommen.

Mein physischer Körper wird immer leichter, denn mein vollkommener
Lichtkörper löst behutsam die schwerfällige Dichte auf.
Ich trete in Resonanz mit den heilenden Kräften der Natur und beginne,
den geheimnisvollen Reigen zu tanzen, denn auf der Erde gibt es kein Lebewesen und keine Manifestation, die sich nicht in einem permanenten,
vollkommenen Zustand befindet.

Engel

Ich staune nicht nur über das, was ich sehen und greifen kann – über die
äußerliche Hülle der Vollkommenheit, sondern vor allem über das Geheim-
nis, das mir in der wunderbaren Verpackung deines Leibes ganz nahe
kommt und doch so unerreichbar fern erscheint.

Ich fühle mich in deiner Gegenwart tiefer und näher mit der Quelle des Ewigen verbunden.
Dann fühle ich, wie ich mich stetig für die erhabene Urenergie der Liebe
öffne und grenzenlos weit werde.

Du bist geheiligtes Gotteslicht!
Du bist geheiligte Gotteskraft!
Du bist die Reinheit des göttlichen Plans!

Du faszinierst mich, du, dessen Freude mich ansteckt, der mich auf gute
Gedanken bringt und mir weiterhilft.
Das Licht deiner Träume erstrahlt in der sternenklaren Nacht und behütet
mich auf all meinen Wegen.
Dein größter unantastbarer Reichtum ist in deinem Herzen verborgen.
Du bist geschaffen nach dem Bild eines Gottes, der alle Tugenden und
wahre, aufrichtige Liebe in sich vereint.

Ohne Zeit und ohne Eile berührst du mich immer tiefer und öffnest mir die
Gabe, der empfindsamen Wahrnehmung.
Das Licht in mir ist stark und wird immer stärker, ich danke dir dafür.
Ich schenke mir einen tiefen und nährenden Atemzug und genieße meine
Geborgenheit im Licht.

Es gibt noch Engel auf dieser Welt.
Du, der das Licht durchlässt und nie aufhört, eine helfende Hand zu reichen
und Leben spendende Liebe zu empfinden und auszuleben.
Du hast die Fähigkeit, das Wort zu verstehen, den Hilfeschrei aus dem
sprudelnden Fluss der Ohnmacht.

Du bist die Ausübung des kosmischen Lichtes und offenbarst mir die heilige Innenschau meines wahren Wesens.
Ich bat aus der Mitte meines Herzens um ein Zeichen und du hast dich mir enthüllt.
Ich bin dir dankbar dafür.

Deine Augen sehen alles:
Schwingungen – Energien – unmerkliche Veränderungen – Wünsche – Sehnsüchte.
Ach, gäbe es doch bloß viele Deiner Art!

Doch auch das einzelne, zaghafte Licht vermag die Dunkelheit zu verbannen, denn das Göttliche betrachtet das Göttliche.
Du füllst die Quelle mit deinen stetigen, unaufhaltsamen Tropfen der Liebe, auf dass sie unwiderruflich als lebendiges Elixier dem Menschen dient.

Du reitest auf den Schwingen des Lichtes und dabei fließen feine Energieströme aus dir heraus, die der nährenden, niemals versiegenden Quelle entspringen.
Im wellenförmigen Rhythmus berühren sie die Tiefe meines Herzens.
Das Himmlische hat lächelnd Sterne gestreut und Freude sprießt zu allem, was lebt.

Der Himmel ist in dir.
Ich erkenne ihn in der Stille.
In der Schönheit der Schöpfung, die in allem pulsiert.
In meiner tiefen Stille kann ich auch dem sanften Rhythmus der Quelle folgen und mich an ihr nähren.

Du bist das Herdfeuer meiner Seele.

Du strahlst aus deinem Inneren und ich erkenne deine SCHÖNHEIT, denn deine himmlischen Flügel öffnen ihre heilsamen Schwingen, um meine vom Leben verwundeten Stellen zu heilen.

Bei mir selbst angekommen

Ich habe den großen Wunsch, mich selbst zu ergründen, so wie ich wirklich bin – ohne Verkleidung und Maske.

Und so trete ich langsamen Schrittes in die stille Kammer meines spirituellen Herzens ein und lass alles, was nicht zu meinem wahren Sein gehört, einfach draußen.
Was bleibt übrig, wenn ich meine Hüllen fallen lasse, in die mein natürliches Sein gekleidet ist?

Und schon entstehen Fragen über Fragen in mir:

Was bin ich jenseits meiner menschlichen Identität?
Wenn ich meinen karmischen Rucksack einfach ablege, ohne etwas aufarbeiten zu müssen, und meine Selbsteinschätzung zurücklasse?

Ich beschließe, es zu tun, fühlte mich erleichtert und gehe einen Schritt weiter.

Was bin ich, wenn ich all meine Vorstellungen über mich und mein Leben, das aller anderen und die Welt, wie sie sein sollte, einfach ausblende?
Wenn meine Lebensgeschichte, meine persönlichen Erfahrungen und Erlebnisse, meine Bestrebungen und Hoffnungen und die aller anderen in diesem Augenblick nicht zählen?

Ich entscheide mich dafür, alles loszulassen, fühle mich leichter und unbeschwerter und gehe weiter.

Was bin ich jenseits der Grenzen meines persönlich erlernten Verhaltens?
Wenn ich mich meiner Bewertungen, Urteile, Ängste, Einschätzungen, meiner Vergangenheit und zukünftigen Wünsche einfach entledige?

Ich befreie mich jetzt von all meinen Konditionierungen, atme erleichtert auf und gehe weiter.

Was bin ich, wenn ich meinen Verstand, der nur im begrenzten Umfang
dieses eine Leben kennt und meint, immer Recht zu haben und den Ton
angeben zu müssen, einfach draußen lasse?
Wenn ich mein lineares Denken und meine erdrückenden Gedankenformen
entlasse?

*Mein Ballast wird immer weniger und ich kann endlich die Freude spüren,
die mich nie mehr verlassen wird.*

Was bin ich, wenn ich meine Persönlichkeit ablege?
Wenn ich all meine Projekte, Erinnerungen, Identitäten, Ideen, Meinungen,
mein irdisches Dasein und mein Ego außen vor lasse?

*Ich schüttele ganz einfach und leicht alles ab, was nicht mehr zu meiner
wahren Natur gehört, fühle die befreiende Wirkung und gewähre ihm keinen Zutritt mehr.*

Was bin ich, wenn ich meine Gefühle wie Unruhe und Erregung oder ge-
spannte Erwartung und Verzückung, all meine unterschiedlichen Emotionen und Körperempfindungen abstreife und vollkommen leer werde?

*Ich spüre, wie alle Lasten von mir abfallen und bin im Begriff, mein wahres
Selbst kennenzulernen.*
*Ich bemerke, wie ich immer leerer und leichter werde, bis ich vollkommen
leer bin.*
*Ich gehöre keiner Religion und keinem Wertesystem mehr an und werde
durch nichts eingeschränkt.*

Ich bin bei mir selbst angekommen, denn ich bin frei und vollkommen leer.
Ich bin nicht mehr durch meinen physischen Körper begrenzt, denn es gibt
kein „Innen" und kein „Außen", weil alles eins ist.

Ich bin ganz in diesem Augenblick und einfach nur da.
Ich muss nichts herbeiführen und nichts vollbringen – ich brauche nur noch
zu sein.
Ich kann niemals verschwinden, verblassen oder sterben.
Ich kann niemals erkranken, Schmerzen oder Hunger haben, beunruhigt

oder enttäuscht werden, denn ich bin ewiges Sein, das friedlich in sich ruht.

Ich ruhe in meinem spirituellen Herzen und bin reines Bewusstsein.
Tiefer Frieden und Ruhe erfüllen jede Faser meines Wesens.
Ich bin reines Gewahrsein auf allen Ebenen und erkenne meine Wirklich-
keit in diesem ewigen Augenblick – hier und jetzt.

Ich bin zeitlos – alterlos – körperlos – ewig.

Ich fühle, wie die unendliche Weite des Universums in mir zu finden ist und
wie ich die kosmische Weite bin.
Ich bin ein Teil des Ganzen und das Ganze ist in mir.
Ich war immer und werde immer sein in der unendlichen Gegenwart,
denn ich bin göttlicher Geist und mit allem verbunden.

Ich weiß nun, wer ich in Wirklichkeit bin, wenn ich „Ich" sage, und nun kann
mich nichts mehr binden, verunsichern und überwältigen, weil ICH BIN.

Ich bin ewiges Sein und unvergänglich, denn ich war noch zu keiner Zeit nicht.

Und doch hat meine zu wachsen beginnende Seele dem Lärm und dem Geschrei, sowie dem schmeichelnden Geflüster des Äußeren Gehör geschenkt und das lähmende Gefühl des Getrennt-Seins von der Quelle wurde noch verstärkt.

Meine sprießende Seele stand offen für die Urteile der Welt, für die lauten Stimmen des Traumgebildes, das die Illusion verköstigt, und sie hat die Verbundenheit zu ihrem wahren Selbst beinahe verloren und fühlte sich verlassen, wie Treibgut am Strand einer unbewohnten Insel.

Meine keimende Seele hat sich auf meine umhervagabundierenden, leiblichen Sinne verlassen, die auf einem ständigen Befriedigungstrip umherstolzierten und allein die lockenden Erscheinungen in der Materie zu erkennen vermochten, und dabei hat sie sich selbst der Wahrheit des Göttlichen in allen Tiefen verweigert.

Meine knospende Seele war zugänglich für den Schrei des Schmerzes, dem Ruf der Angst und dem Schreckensgespenst des Trugbildes und so wurde ihr schwindelig und sie taumelte betäubt in der Illusion des Menschseins umher.

Meine sich öffnende Seele war der Finsternis und dem Nachhall meiner unreinen und zerstörerischen Gedanken verfallen und die Halbdunkelheit drohte mich vollkommen mühelos zu überwältigen.

Meine erwachende Seele wollte sich wieder in ihr Schneckenhaus zurückziehen, weil sie sich hat täuschen lassen von ihren eigenen Gedankenformen, die ihr Denken begrenzten, und sie konnte ihr wahres Selbst und ihr Licht kaum noch erkennen.

Meine Seele hat Vieles absorbiert, ohne es zu merken, und ist empfänglich geworden für alle unwirklichen, materiellen Gifte der Welt. Sie hat sie tief eingeatmet, als wären sie tatsächlich ein Gas, und dabei hat sie ihren eigenen Wert aus den Augen verloren. Sie war gefangen in der Falle der Einbildung und Verschleierung.

Meine geliebte Seele will sich aus dem täuschenden Charakter der physischen Welt befreien und sie schafft es, weil ich mich jetzt dafür entscheide und tief in das Gefühl von Liebe und Geborgenheit eintauche.

Ich bin unendlich wertvoll und ein wunderbares Wesen, das vom Leben geliebt wird, und schenke mir wertvolle Zeit nur für mich.
Ich vergebe und schenke mir damit Freiheit.
Meine Seele nimmt wieder Kontakt zu ihrem tiefsten Inneren auf und hört auf die Stimme des Geistes.

Ich bin genau zur richtigen Zeit am richtigen Ort, genau dort, wo ich sein soll, und genieße in der heiligen Geistesgegenwart das Geschehen des Augenblicks und so löse ich mich von allen Täuschungen und Illusionen. Ich muss gar nichts tun und lasse einfach Heilung geschehen, denn ich atme den Atem des Einen ein und werde zum Beobachter meines Seins.

Ich bin ewiges Sein und unvergänglich, denn ich war noch zu keiner Zeit nicht.

Warum?

… auch schattige Tage haben einen Grund und damit ihre Daseinsberech-
tigung, doch kein noch so dunkles Grau hat immer Bestand.
Alle Dinge sind aus dem göttlichen Urgrund allen Seins gemacht und ohne
dieses unsichtbare Feld ist nichts gemacht, was gemacht ist.

Die Erde ist daraus gemacht, doch viele Menschen erkennen es nicht.
Dort, wo es keine Gegensätze mehr gibt und alles gleich ist,
dort, wo die Macht das Unbegreifliche versteht,
dort, wo alle Wesen die Wolle in den Teppich des Lebens knüpfen, da bist
du zu Hause.

Es ist das Reich, in dem nichts Sichtbares vorhanden ist und trotzdem alles
existiert.
Sein immerwährender Fluss lässt eine Strömung entstehen, welche die
Evolution anstößt.

Der Impuls der immerwährenden Entwicklung zur Harmonie und zum Einklang bereitet den Weg, Neues und Göttliches hervorbrechen zu lassen.
Betrachtungsweisen ändern deine Sicht, damit Liebe und Licht in Erscheinung treten.

Graue Tage haben auch ihren Sinn.
Sie fördern den Richtungswechsel in der irdischen Lebens-Gemeinschaft,
welche es bitternötig hat.
Ein schattiger Tag – einer ganzen Ewigkeit ähnelnd, und doch nur ein Wimpernschlag in der Ewigkeit, zieht eine große Wirkung hinter sich her.

Eine Notwendigkeit im Spiel der Gegensätze, um dein wahres Wesen erkennen zu können.

Wenn du nur oft genug stürzt, wirst du es irgendwann gelernt haben,
sicher und frei deinem Lebensweg folgen zu können.
Denn wenn du dein Schwachsein bestreitest, wirst du vom Leben nur noch
dringlicher darauf hingewiesen.

Alles in dir will gefühlt und erfahren werden, denn du bist nicht nur hell und auch nicht nur dunkel.
Ungeliebte Gefühle wollen gefühlt werden, genauso wie schmerzhafte Körperempfindungen, damit ihre Energien letztendlich wieder frei in dir fließen können.

Du bist ein Teil von allem und gleichzeitig alles.
Diese natürliche Verbundenheit aller Dinge bezieht alle noch so großen Unterschiede mit ein.
Finde das Unsichtbare Feld, das alles miteinander verwebt, und alles wird zu dir gehören.
Deine unsterbliche Seele verbindet dich mit deinem Dasein und dürstet nach dem Ewigen.

Du sehnst dich tief in deiner Innenwelt danach, Gott kennenzulernen?
Begreife deine eigene Göttlichkeit und du hast Gott gefunden.
Erfahre Gott in allem, denn er ist überall anzufinden.

Begegne dem Leben einfach immer so, als ob dir alles zum ersten Mal widerfährt.
Sei gerade jetzt und hier genau das, was dein Innerstes dir eingibt.
Feiere dies in deiner ureigenen Weise.
Je mehr Gründe du zum Feiern findest, desto mehr Gelegenheiten werden sich in deinem Leben entfalten, die es verdienen, gefeiert zu werden.

Du bist ein Schöpfer am großen Plan und bist an der Entstehung der kosmischen Energie beteiligt.
Lächle und lass damit das Echo deines Lächelns in den kosmischen Ebenen widerhallen, damit es neue und sanfte Formen, Farben und Klänge erzeugt, die heilen und inspirieren.

Gedanken in der Nacht

In meinen Vorstellungen klopfe ich an die Tür des Himmels.

Werde ich wahrhaftigen, inneren Frieden finden?
Erhalte ich Antworten auf all meine Fragen?
Nehme ich die höheren Ebenen nur durch meine Träume wahr oder ist der
Schleier durchlässig genug, um jetzt einen Blick ins Unergründliche werfen
zu können?
Ich habe das Gefühl, dass ich den Schlüssel zu diesem verborgenen Him-
melreich in mir trage.
Regenbogenartig bunt kringelt sich diese Ahnung durch mein Leben.

Meine Seele sehnte sich schon seit langem nach der Wohnstätte, an dem
Himmel und Erde sich umarmen.
Heilende Gegenwart, so wunderbar und schön, komm her und finde mich.
Lass mich zur Ruhe kommen und bereite meiner Suche ein Ende.

Die Natur zeigt dort ihr Angesicht und offenbart vergessene Wahrheiten.
Der Kreislauf des Lebens nahm seinen Anfang vor langer Zeit, Sterne fie-
len vom Himmel und erleuchteten die Dunkelheit.
Sie glitzerten und funkelten voller Kraft und Grazie.
Liebe war der Samen, der zu wachsen begann, und auch die Erntezeit
sollte bald kommen.
Die Liebe, das ewige Feuer, das nicht zu löschen ist, auch nicht von den
Strömen gewaltigen Wassers, wurde in die Weite entsandt, um den Atem
des Lebens zu segnen.

Ein Versprechen erging an die Menschheit, nie würden sie ohne Führung
durch die Abgründe des Lebens gehen müssen.
Aus dem Gottes-Feld, in dem alles gleichzeitig vorhanden und alles Erle-
ben aufgenommen ist, fließen Energien zu mir, die mir helfen, blockierende
Kräfte allmählich abzubauen.
Ich spüre die große Bedeutung ganz genau in mir, durch jede Pore strömt
diese Gewissheit.
Im Feuer der Liebe kann jede Seele sie selbst sein.

Die Liebe und das Leben auf diesem und anderen Planeten existieren in
der allgegenwärtigen Sphäre des unendlichen Augenblicks, der auf ewig
bedeutsam ist.
Möge die Weisheit der Liebe, so edel und anmutig wie die aufgehende
Morgensonne, jeglicher Handlung entspringen.

Die immerwährende Fähigkeit, im Zentrum der Seelengüte zu verweilen
und im mitfühlenden Herzen zu leben, ergießt sich in mein Sein und lässt
mich fühlen, dass ich und jeder andere stimmt, so wie er ist.

Meine wohl bedachte, zarte Berührung ist eines der sinnlichen Tore zum
verborgenen Himmelreich Gottes.
Ich mache mir bewusst, wie meine Beziehung zu allen Wesen ist, die ich
berühre.
Denn jedes Wesen ist etwas Besonderes und Einmaliges, mit einer eigenen, ihm innewohnenden, göttlichen Seele.

Wenn ich etwas berühre, kann ich es auf verschiedenartige Weise tun, gefühlvoll oder kaltherzig,
liebevoll oder achtlos,
interessiert oder lustlos,
freudig oder wütend,
ich kann es auf so viele Arten tun …

Ich weiß aber auch, es gibt keine Leidenschaft und Begeisterung ohne von
der Gefühllosigkeit und Lethargie einmal geschmeckt zu haben.
Erst beim Erleben und Zusammenfügen der Gegensätze entsteht das
Ganze und Erhabenes tritt hervor.
Und so gibt es weder den Mann ohne die Frau, noch die Frau ohne den
Mann.

Wenn die Liebe in mein Leben tritt, erblüht eine unbekannte Dimension und
eine zarte Glut fängt an, in meinem Herzen zu lodern.
Ich berühre dich, geliebtes Lebewesen, bewusst und voller Zärtlichkeit, als
gäbe es nichts Himmlischeres in diesem ewigen Jetzt.
Und siehe da, Sterne funkeln wieder voller Kraft und Anmut in den Augen
des Liebkosten und auch ich bin von göttlicher Energie durchströmt, denn

ich habe eine physische Brücke errichtet, durch die ich Liebe verbreiten
kann.

Was vor langer Zeit seinen Anfang nahm, tritt nun endlich in meine Welt –
unaufhaltsam und voller Gewissheit, dass es so richtig ist.

Ich vertiefe mich voll und ganz auf meinen individuellen Pfad, den noch nie
jemand zuvor gegangen ist.
Er entwickelt sich erst, sobald ich ihn nach und nach mutig beschreite.
Jeder einzelne Schritt, den ich ausführe, ist ein Debüt im Spiel meines
Mensch-Seins.

Ich folge dem Ruf des Einen – dem ICH BIN, denn ich bin das Licht Gottes
in Tätigkeit.
Ich führe weise Handlungen aus, denen höhere Gedanken meines Geistes
zugrunde liegen, und sie wirken wie magnetische Schnüre, die den ganzen
Kosmos umspannen und gleiche heilsame Wirkungen entfachen und anziehen.
Ich belebe zu meinem und zu Gunsten aller die Intensität der Bilder, die
meinem Denken eingeprägt sind, mit Liebe und voilà mehr Licht erstrahlt in
die Welten hinein.

Ich habe den Schlüssel gefunden und die Türe zum Herzen ins ewige Himmelreich ist geöffnet.

Das erste Mal

Als ich dein Gesicht das erste Mal gesehen habe, sah ich die Sonne in deinen Augen aufgehen und sie hat meinen Weg erleuchtet.

Als ich zum ersten Mal in deiner Nähe war, berührte mich eine unsichtbare Macht, die mich durch ein Wellental der Gefühle wirbelte, es tat so gut.

Als ich deinen Mund das erste Mal geküsst habe, fühlte ich, wie sich die Erde unter mir bewegt und ein Trommeln in meiner Brust ließ mich am ganzen Körper erbeben.

Als ich dich das erste Mal gefühlt habe, spürte ich dein Herz so nah an meinem und wir verschmolzen, es leuchtete ein neuer Stern in der unendlichen Weite.

Als sich mein inneres Fühlen zum ersten Mal auf alles planetare Leben ausbreitete, spürte ich, dass dieselben Stoffe und Kräfte in meinem grobstofflichen Körper wie in der anderen grobstofflichen Welt zugegen sind.

Als sich mein inneres Sehen zum ersten Mal offenbarte, erhielt ich einen Beweis dafür im Funkeln meiner Augen, die entblößten, was mein Herz längst fühlte.

Als ich mein inneres Handeln zum ersten Mal bewusst wahrnahm, wusste ich, dass der Samen hier gelegt wurde, dem mein produktives Tun entspringt.

Als ich die feinstoffliche Welt zum ersten Mal erfahren habe, wusste ich, dass die Welt weder schwarz noch weiß ist, sondern in einzigartigen, bunten Regenbogenfarben schillert, die all ihren Geschöpfen entspringt.

Als ich das erste Mal ein Gefühl für Stabilität erhielt, blickte ich auf eine riesige Eiche, auf ihre Kraft und Unerschütterlichkeit und fühlte auch meine tief in der Erde und in meiner wahren Größe verankerten Wurzeln.

Als ich mich das erste Mal fragte, worauf das Streben der Seelen gerichtet ist, schaute ich all die Leben in den Welten an und wusste, dass die Zeit gekommen war, dasjenige geschehen zu lassen, was die göttliche Ordnung widerherstellen soll.

Als ich das erste Mal einem großen Hindernis begegnete, wurde ich mir seiner Existenz bewusst, hieß es willkommen und machte es zu einem Teil meines Lebensweges, den ich als Chance zur Veränderung erlebte.

Als ich mir zum ersten Mal meiner Göttlichkeit bewusst wurde, jubilierte ich und erschuf eine Welt voller Freude, in der ich gerne leben wollte.

Als ich das erste Mal sah, wie die Energie der Liebe feine silberne Fäden gesponnen hat, von einem Menschenherz zum anderen, von einem Wesen zum Nächsten, erkannte ich, dass alles miteinander vertrauensvoll verbunden ist.

Der Sieg im ewigen Kampf um die Freiheit birgt Früchte, deren Samen in Menschenhänden Wunder vollbringen können.

Ich hoffe…, ich glaube…, ich weiß…!

Gitterstäbe und Stacheldrahtzäune, die vermeintlich zurückhalten und abschrecken sollen, die Macht ist ihnen genommen.
Werde ich endlich zulassen, dass jede einzelne Inkarnation Gottes mir näher kommt?
Ja, ich möchte der Welt meine geöffneten Hände reichen, wie die einfühlsamen, liebevollen Hände eines Engels es tun.
Denn bisher habe ich nur einen Flügelschlag lang geahnt, was meine Existenz wirklich bedeutet.

Ich wähle den Weg des Aufstiegs und reinige mich von allen dissonanten Energien, sodass die Wüste in mir in Blüten ausbricht.

Gedanken lassen sich nicht einsperren, sie überwinden Zeit und Raum und schwingen in die Unendlichkeit.
Sie sind stark und mächtig, können zerstören oder heilen.
Auch kranke Nationen werden tiefgründig berührt und erfahren Genesung durch Umdenken.

Wenn mein Verhalten und Gebaren die Blüte meines Gedankens ist, dann sind Freud oder Leid seine Früchte.

Der Ursprung allen Übels liegt in der Innenwelt verborgen, manchmal tief versteckt und kaum bemerkt.
Dort reift die dunkle Saat und will sich entfalten.
Doch auch die schöpferische Lebenskraft ist dort verwurzelt, breitet sich aus und erfüllt alles mit hingebungsvoller Liebe.
Ich werde von beiden Eckpunkten genährt und bin mir dessen oftmals nicht bewusst.

Ich führe eine Heilbehandlung im göttlichen Licht durch und sprunghaft erhöht sich die Schwingung meines Lichtkörpers.

Wer hätte gedacht, dass meine Seele so einfach in den ewig andauernden
Tanz des Lebens eintreten kann?
Zum Glück besitze ich die Freiheit, den Ausgleich zum harmonischen Ganzen zu schaffen.
Ich akzeptiere beide Seiten in mir und verschwende keine unnötige Energie
im Kampf gegen mich selbst.
Ich nehme mich an, so wie ich bin.
Ich bin dankbar für alle nutzbringenden Tiefen, durch die ich geschritten bin
und die ich für mein Erwachen brauchte, und erlöse im unendlichen Licht
der Liebe jeden Widerstand.

Ich stehe mit meinen Gedanken, Worten und Handlungen auf dem Berggipfel, für die geistige und irdische Welt von jedem Winkel aus zu beobachten.
Von allen Seiten wird an mir gezerrt, doch nur durch mein inneres Gleichgewicht erfahre ich wohltuende Balance, um mich dort oben zu halten.

Alle Freiheit ist in mir.
Ich kann Einfluss nehmen und unabhängig sein, denn Heilung geschieht
durch mich.
Ich verweile in meiner Mitte und lasse alle göttlichen Aufstiegsströme in mir
zirkulieren.
Ich stimme mich voller Staunen in die Lobpreisung der Schöpfung ein und
sehe die Vollkommenheit einer Butterblume, im gleichen Augenblick begann sie von innen zu leuchten.

Ich sähe die Eingebungen meines Geistes in die Welten und ernte kleine
Wunder.

Liebe

Ich kam auf die Erde, um einen bestimmten Zweck zu erfüllen.
Ich wusste, es würde nicht einfach sein, denn es gäbe komplexe Aufgaben
zu bewältigen.
Nur durch meine eigene Kraft und mutige Kühnheit, sollte ich in der Lage
sein, zu lösen, was gebunden wäre, und Harmonie wiederherzustellen, wo
das Chaos noch regierte.

Aber es wurde mir auch verheißen, dass es alle Mühe wert wäre, denn als
Lohn für meinen unermesslichen Einsatz könnte ich LIEBE in ihrem ganzen
Ausmaß und in ihrer vollkommenen Tiefe erleben und ihr damit als Teil
meines Selbst einen Platz in mir zukommen lassen, von dem aus sie wachsen und gedeihen kann, um nie wieder mehr gestutzt werden zu müssen.

Jetzt bin ich hier und fühle mich zwischen den Polen der Welt hin und her
gerissen.
Ich spüre, dass du nicht mehr weit entfernt bist.
Wo auch immer du bist, ich finde dich.
Ich gebe die Suche nicht auf und auf meinem Weg lasse ich wohltönenden
Gleichklang aus mir herausstrahlen.
Wie Kirchenglocken am Sonntag ertönt meine ureigene Komposition.
Es tut gut …

Je länger ich verweile und je genauer ich lerne, alles zu beobachten, desto
größer wird mein Potenzial zu erkennen, wie Antworten aus meinen lichten
Innensphären erwachsen.

Ich fliege mit den Wolken, um alles zu erkunden – hier fühle ich mich frei
und ungebunden, denn Zeit existiert nur im Schatten der Illusion.
Himmelsreiter wurden sie seinerzeit genannt.
Ich führe weiter, was von Anbeginn in den Sternen geschrieben stand.

Ich reise durch tiefste Täler und entdecke die Vielfalt böser Machenschaf-
ten, doch wo die Liebe einmal ihren Platz gefunden hat und sich warmherzig mit ihren kosmischen Tönen verwurzelt hat, kann sie nicht mehr ent-
machtet werden.

Plötzlich, inmitten einer Menschmenge strahlt etwas, das ich noch nicht recht zuordnen kann.
In seiner zarten Bewegung zieht es einen Hauch aus Regenbogenfarben hinter sich her.

Mein Herz erglüht in ekstatischer Inbrunst und beginnt schlagartig, sich über die Welten hinaus in fließenden Wogen der Leidenschaft auszubreiten.
Meine Flügel vermögen mich kaum noch durch die Lüfte zu tragen, ich zittere und verspüre den starken Wunsch mehr zu schauen …

Und wie ich mich dir nähere, begreife ich, dass ich dich gefunden habe.
Du hast in deiner inneren Kammer einen Hilferuf ausgestoßen, der so mächtig und voller Sehnsucht war, dass er bis in die Weiten der Unendlichkeit gesandt wurde.
Und dort blieb er nicht ungehört …

Ich setze mich still auf eine Parkbank – meine Flügel werden jetzt nicht mehr gebraucht und sie schmelzen im Licht der strahlenden Sonne zu Glitzer, der mich zart umhüllt.

Ich habe deine Aufmerksamkeit erregt und du kommst fragend auf mich zu.

Wir haben das Gefühl, als kennen wir uns schon eine ganze Ewigkeit.
Es ist auch so.
Unsere Seelen sind erwacht und erkennen einander.
Unsere Liebe sprudelt über und ist erfrischend wie Quellwasser an einem heißen Tag.
Der Himmel funkelt noch schöner und heller in deinen Augen, als ich es jemals zuvor erlebt habe.

Deine Worte klingen zaghaft zu mir herüber.

Wir treten in eine neue Dimension der Berührung ein, während munteres Vogelzwitschern unsere romantische Verabredung begleitet.
Ich habe dich, meine Seelen-Liebe gefunden.

Was wäre, wenn die Schöpfung Gottes nicht das wäre, wofür du sie mit deinem rationalen Verstand hältst?
Wenn sie sich dir in ihrer Großartigkeit und kosmischen Ordnung offenbarte?
Was wäre, wenn du ein Engel wärst, der seine Flügel gegen einen Passierschein auf die Erde eingetauscht hat, um eine menschliche Erfahrung zu machen?
Was wäre, wenn es keinen Zufall gäbe?

Was wäre, wenn zu dieser Zeit der Transformation viele Sternenseelen nur darauf warten würden, endlich als Mensch in Erscheinung treten zu können, um die ewige Umarmung und Liebe Gottes auf die Erde zu bringen?
Was wäre, wenn es nicht nur dieses Leben gäbe, in welchem du verkörpert bist, sondern vielzählige Leben, auf dieser und vielen anderen Welten in den unendlichen Weiten des Kosmos?

Was wäre, wenn nicht nur jeder Mensch mit einem unendlichen, liebevollen Geist beseelt wäre, sondern auch die Natur, die Tiere, jede Zelle und jedes kleinste Atom?
Wenn alles Geist wäre und lediglich seine Schwingungsebene verändert wäre?

Was wäre, wenn jedes Geschöpf, jeder Organismus, jedes Leben und alle Manifestationen keine zufällige Ansammlung von Atomen wären?
Was wäre, wenn unsere Wünsche und Leidenschaften bestimmten, in welchen Körper wir auf den mannigfaltigen Welten geboren werden, um bestmögliche Erfahrungen machen zu können?

Was wäre, wenn jedes Lebewesen bedeutend, groß- und einzigartig wäre und das Universum dieselbe Liebe für jeden Einzelnen empfindet, sodass es nichts gibt, was weniger bedeutend wäre?
Wenn ein Grashalm, ein Baum, eine Ameise, ein Vogel, ein Hai oder ein Heidekraut genauso geliebt würden, wie du, dein Gegenüber und jeder einzelne Mensch und nichts weniger wichtig wäre?

Was wäre, wenn sich das Universum in seiner Fülle immer wieder neugestalten würde, weil du ein Schöpfer bist und dein ewiges Wesen nach Selbstausdruck sucht?
Was wäre, wenn Raum und Zeit nur eine Illusion wären und du die Gelegenheit hättest, hinter den Schleier zu schauen, um zu erkennen, dass nichts ohne Grund geschieht?

Was wäre, wenn alles, was auf dich zukommt und dir widerfährt, zuvor von dir ausgegangen wäre und nun wieder zurückkehrt?
Was wäre, wenn all deine Gedanken, Worte und Taten, auch jede feinstoffliche Ausstrahlung eine Konsequenz hätten, deren Wirkung du anziehen würdest?

Was wäre, wenn du und die gesamte Menschheit Teil eines größeren, göttlichen Planes wären, der darauf abzielt, dass die Urquelle sich selbst erfährt?

Was wäre, wenn du wahrnehmen könntest, wie dein physischer Körper in deiner göttlichen Seele ruht, bis diese sich eines Tages entscheidet, diesen Leib wieder zu verlassen, weil sie ausgeführt hat, wozu nur sie alleine in der Lage ist, oder weil ihre benötigte Erfahrung in dieser Inkarnation nicht mehr vollbracht werden kann?

Was wäre, wenn jeder nach seinem Ableben wieder mit den gleichen, geliebten Seelen vereint wäre, um in ewiger Liebkosung zu verweilen und um neue Pläne für weitere Zyklen von Inkarnationen auf den Planeten zu schmieden?

Was wäre, wenn höhere Intelligenzen des Universums bei der kosmischen Ordnung mitwirkten und sie selbst durch unzählige, verschiedenste Verkörperungen und Prüfungen die notwendigen Erfahrungen und Erkenntnisse haben sammeln können und zu den Lichtwesen wurden, die den Lauf der Gestirne beeinflussen?

Was wäre, wenn du einem der höheren Intelligenzen bereits in einem anderen Leben begegnet wärest und sich auch jetzt wieder dieses dir innewohnende, vollkommene Gefühl zeigt, weil sich deine Seele daran erinnert,

wenn du bestimmten Menschen begegnest?
Wenn du mit allen Sinnen spürst, dass ihr euch kennt?

Was wäre, wenn diese intelligenten Wesenheiten über die weniger weit
fortgeschrittenen Lebensformen wachen?
Wenn sie unentwegt nach Methoden Ausschau halten, wie sie jeder Rasse,
auch der menschlichen Spezies, die göttlichen Wahrheiten nahe bringen
können, sodass das Mysterium der eigenen Seele sich jedem offenbart.

Was wäre, wenn unser Sonnensystem noch ganz jung wäre und viele andere zuvor bereits existierten und wieder vergingen?
Wenn die menschliche Rasse noch eine sehr junge Spezies wäre, die noch
am Anfang ihrer ungeahnten, potenziellen Fähigkeiten steht.

Was wäre, wenn es keine Beschränkungen für deinen Geist in der Materie
gäbe? Wenn du mit einem bloßen Gedanken Materie formen könntest?
Was wäre, wenn du dir dessen nicht bewusst wärst und du dennoch mit
deiner Gedankenkraft die irdische Realität beeinflusst?

Was wäre, wenn du von einer anderen, viel älteren Welt in diese Zeit als
menschliches Baby auf diese Erde geboren würdest, um ohne den Schleier
des Vergessens über die Materie liebevoll zu gebieten?

Was wäre, wenn du einem erwachten Menschen begegnest und deine
Geisteshülle aufbricht und du zu dir selbst erwachtest?
Was wäre, wenn du bei vollem Bewusst-Sein lebtest, was könntest du alles
erreichen?

Was wäre, wenn du diese geistige Nahrung aufnimmst, die einen Ewigkeitswert besitzt, und du dich entscheiden würdest, jetzt und hier aus dem
Traum deiner Realität zu erwachen, um das große Ganze wahrzunehmen?
Was wäre, wenn du beginnst, der physischen Stoffwelt bewusst deinen
vollkommenen Geist einzuprägen.

Was wäre, wenn dies alles wahr wäre?

Spirituelle Lichtreisen für dich

Andersweltreisen und überlieferte Geschichten haben mich mein Leben lang inspiriert und begleitet und sind für mich zu einem Quell von unsagbarem Wert geworden.

Im Laufe meines Lebens, natürlich auch in Entspannungskursen und in meiner „Praxis für energetische Lichtarbeit" habe ich die Erfahrung machen können, dass Heilung immer zuerst auf energetischer Ebene geschehen muss, bevor sie sich im physischen Ausdruck zeigt. Alles, was du dir in deinem Denken und in deinem Geist glaubhaft vorstellen kannst, mit einem dauerhaften und innigen Gefühl, es bereits zu haben oder zu sein, wird sich in der dichteren Schwingung der Materie erfüllen und in Erscheinung treten.

Die kraftvollen, nährenden Wirkungen einer Imagination von Licht und Liebe vermögen es, deine Selbstheilungskräfte auf unterschiedlichen Ebenen zu aktivieren. Jede Lichtreise ist eine Reise in die Wirklichkeit, in die Welt, die hinter dem Schleier verborgen ist für jene, die noch in der Illusion des Lebens auf Erden verhaftet sind. Alles in deinem Körper, alles, was dich ausmacht, reagiert auf deine intensiven Vorstellungen und bringt genau das hervor, was in deinem Inneren vorhanden ist. Wie innen so außen.

Du kannst im Äußeren nichts verändern, wenn es nicht zuvor in deinem Inneren umgestaltet wurde. Mit meinen Lichtreisen werden Lebenskräfte freigesetzt, deine Vitalität gestärkt und schlummernde Heilkräfte erweckt, was deine Gesundheit und dein Wohlbefinden verbessert. Hartnäckige Blockaden und Widerstände, negative, energetische Programme und Strukturen, Emotionen und Probleme auf physischer und psychischer Ebene können harmonisiert, aufgelöst und geheilt werden. Dein irdischer Verstand und dein

Denken erhält die Möglichkeit, sich zu klären und zu beruhigen, was dir besonders bei Stress, Überforderung und Unruhe helfen mag, denn die Lichtreisen werden zur Oase der Harmonie und Entspannung.

Lichtreisen sowie Meditationen können dir Lösungsmöglichkeiten eröffnen, dich inspirieren, energetisieren und beruhigen, deine geistige Entwicklung anregen und deine Konzentrations- und Leistungsfähigkeit steigern. Auf jeden Fall beflügeln sie dich und erweitern deinen Horizont, um dich frei und unendlich grenzenlos erleben zu können – so wie es deinem wahren Wesen ja auch entspricht. Denn du bist von Natur aus ein vollkommenes, unbegrenztes, ewiges Geistwesen, dem alles möglich ist. Beim Erleben einer Lichtreise wird dein Einfallsreichtum angeregt und du begibst dich auf den Weg, der dir alternative Auswege und Lichtblicke auf verschwommenen Wegen zeigt.

Lichtreisen sind grenzenlos und lassen dich die einzigartige, unvergessliche Welt der Wirklichkeit wahrnehmen, die durch ihre harmonische Schwingung wunderbare Gefühle, Körperempfindungen, Ideen, Lösungen, Heilung, Aufstiegs- und Transformationsprozesse auslösen, je nachdem wie deine Seele zu einer Veränderung bereit ist. Du kannst dein dir innewohnendes, einzigartiges, geistiges Potenzial entfalten und dich von jeder einzelnen Einschränkung im Denken befreien.

Der Perspektivenwechsel lässt dich alle vorhandenen Widrigkeiten, Gegebenheiten, Lebensumstände und Herausforderungen als Spiegel deiner eigenen Entwicklung deuten und gleichzeitig als Chance zur Reifung und Bewusstwerdung verstehen.

Mit deinen vorherrschenden Gedanken und Gefühlen erschaffst du Resonanzen in der äußeren Welt, die als Ursache von dir ausgegangen sind und zu dir gemäß dem Gesetzt der Anziehung zurückkehren. Werde dir deiner Schöpferkraft und Schöpferverantwortung bewusst, die dir in die Wiege gelegt wurde, und erkenne, dass jeder Gedanke, jedes Wort, jedes Gefühl und jede Tat eine Konsequenz und Wirkung zur Folge hat. In welcher Art diese ist, hängt von dir ab, denn alles im Universum steht in Wechselwirkung miteinander. Denk immer daran, du bist in Wahrheit ein göttlicher, ewiger Geist, der durch seine Verkörperungen, die aus den gleichen Stoffen geformt sind wie die restliche, physische Welt, Erfahrungen, Erkenntnisse und Reife sammelt.

Du bist ewig und multidimensional. Werde dir deines natürlichen Heilseins auf allen Ebenen gewahr und lerne, dass Heilungsprozesse allein schon durch dein Erinnern an dein wahres Wesen ausgelöst werden.

Lass dich nun auf faszinierende, spirituelle Lichtreisen ein, die dir wahren, tiefen Seelenfrieden, inneres Glück und Harmonie schenken und du wirst in der Lage sein, das göttliche Bewusstsein als alleinige Wirklichkeit zu erfahren, welches deine Realität jederzeit gemäß deinem Willen formt.

- o   Lichtreisen spiegeln die Wirklichkeit wider und sind real.

Unser Universum ist in den großen, göttlichen Schöpfungsplan eingelagert und die Menschheit ist in der Lage, in Harmonie, Mitgefühl und Frieden miteinander zu leben.

Lass dich auf deine Unbegrenztheit ein,
denn Hindernisse und Schranken gibt es nur in deinem Glaubenssystem,
die Wirklichkeit jedoch ist grenzenlos.

Kosmisches Einssein

Setz oder leg dich bequem hin und fühle ganz bewusst deinen Körper.
Komm ganz langsam im Hier und Jetzt an.
Lass jede Anspannung los, so gut du kannst, und dann richte deine Aufmerksamkeit nach innen.
Spüre deinen Atem, wie er immer ruhiger und tiefer wird.
Mit jedem Atemzug kannst du ein Stück weiter loslassen und entspannen.
Atme tief ein und aus.
Ein und aus.
Werde zum Beobachter deines Atems.
Spüre, wie jede Last von dir abfällt und genieße diesen Augenblick.
Lass deinen Atem tiefer und weiter werden und nimm wahr, wie du dich in dir selbst wohl fühlst.
Sei begeistert über das, was in diesem Moment geschieht, und sei einfach nur für dich da.

Jetzt schließ deine Augen und lass dich auf die Wahrnehmung deiner eigenen, hellen Innenwelt ein.
Wenn deine Augen geschlossen sind, wirst du feststellen, dass deine anderen Sinne stärker werden.
Löse dich von allem, was nicht in diesen Moment gehört, und genieße dein Sein.
Zentriere dich, komme zur Ruhe und lass dich die Stille spüren.
Nimm immer mehr Ruhe in dich auf und lass sie sich in deinem gesamten Organismus ausbreiten bis in die entlegensten Regionen.
Genieße nochmal einige erholsame und tiefe Atemzüge und dann bist du bereit, dich auf eine Reise in die Welt der Möglichkeiten einzulassen.

Stell dir vor, du stehst auf einer bunten Blumenwiese, deren Blüten wunder-
schön anzusehen sind und die einen köstlichen Duft verströmen.
Der Himmel ist hellblau und wolkenfrei, die Sonne scheint und ein leichter
Wind fächelt sanft deine Stirn.
Dein Kopf ist kristallklar und frei.
Spüre, wie du dich rundum wohl fühlst.

Du atmest frische, saubere Luft ein und aus, tief ein und aus.
Dein Atem wird immer tiefer.
Singvögel posaunen ihre Musik heraus, fröhlich und unbeschwert.
Du fühlst dich wohl inmitten unberührter Natur und hast das Gefühl, ewig
hier verweilen zu können.
Dein Leib und deine Seele geben sich der Gegenwart des Seins hin.
Du bist hier und jetzt genau am richtigen Ort, dort wo du sein sollst.
Lass dich ganz auf diesen kostbaren Augenblick ein.

(kurze Pause)

Stell dir nun vor, wie du dich mit Mutter Erde verwurzelst, wie aus deinen
Fußsohlen lichtvolle, energetische Verbindungen in Gaia hineinwachsen.
Spüre die Ausbreitung und das Wachstum deiner hell strahlenden Wurzeln.
Wie das Wurzelgeflecht eines Baumes wachsen sie tiefer und tiefer und
verzweigen sich dabei in alle Richtungen.
Sie verzweigen sich immer weiter und sind sehr stark.
Sie erfüllen ganz leicht und einfach das Erdreich und durchdringen ver-
schiedene Erdschichten.
Wie ein Netzwerk aus lichterfüllten Ästen hast du Wurzeln geschlagen, die
immer näher zu dem Herz von Mutter Erde hinwachsen.
Sie finden ihren Weg durch Stein und Lehm, durch Mineralien und Kristall-
vorkommen, denn es sind feinstoffliche Wurzeln, die sich mit dem Wesen
unseres Planeten Erde vereinigen.

Deine Lichtwurzeln verbinden sich mehr und mehr mit dem Lichtkörper von
Mutter Erde.
Die Enden deiner lichtvollen Verbindungen werden immer filigraner und ha-
ben schließlich den Mittelpunkt von Gaia erreicht, sie umspannen und
durchdringen ihre physischen und energetischen Ebenen.
Du hast dich in alle Richtungen ausgedehnt und kommst in Berührung mit

jeden Bereich dieses wunderbaren Planeten.
Deine Wurzeln sind in alle Richtungen gewachsen und haben die ganze
Erde durchwoben.
Fühle deine intensive Verbindung zu Mutter Erde.
Genieße diesen Moment und werde dir bewusst, wie gut es dir geht.

Du bist ganz sicher und geborgen.
Lass sie spüren, wie sehr du Gaia liebst.
Lass sie fühlen, was du fühlst.
Sende den Klang und die Farben deiner Liebe in ihr Gitternetz, lass sie
sanft dort einfließen.
Lass Mutter Erde spüren, was es bedeutet, von einer göttlichen Seele wie
dir geliebt zu werden.
Lass sie spüren, wie es ist, eine zärtliche Berührung von einem unermess-
lich wunderbaren Lichtwesen zu erhalten.

Spüre, wie deine lichtdurchfluteten Wurzeln ihre liebevolle, planetare Seele
berühren und du behütet in ihrem Schutz ruhen kannst.
Nimm mit all deinen Sinnen wahr.
Du wirst neu ausgerichtet, bist geerdet, zentriert und stabilisiert.
Richte deine Aufmerksamkeit auf diesen Moment und verweile kurz bei die-
ser Vorstellung.

(kurze Pause)

Nun hast du die Gelegenheit, Mutter Erde für ihre liebevolle Präsenz in der
Weite des unendlichen Kosmos zu danken.
Sprich mit ihr und sag ihr, wie dankbar du für Nahrung, Kleidung und alles
andere bist, das du erhältst.
Denn sie stellt es dir bereitwillig und bedingungslos zur Verfügung.
Danke ihr für dein Leben und alle Materie, die es auf Erden gibt, denn aus
ihr ist dein physischer Leib geformt und alles, was du kennst.
Sprich mit ihr wie mit einer spirituellen, weisen Mutter und vertraue dich ihr
an.

Du bist geborgen in der Weite ihres Geistes, der die Welt liebevoll beseelt.
Sie ist ein heilendes Energiefeld, durch das alles in Ordnung kommt.

Jeder Atemzug spendet dir neue Energie.
Spüre ihre fürsorgliche Gegenwart,
ihre heilige Präsenz,
ihre lebhaft strömende Heilenergie,
ihre liebevollen Gedanken und bleib in diesem Gefühl.
Lass dich auf einen magischen Dialog ein, vertraue dich ihr an und nimm
mit deinen inneren Augen und deinem Herzen ihre Antworten wahr.

(Kurze Pause)

Lass dich nun fühlen und sehen, wie Gaia dir heilsame, funkelnd weiße
Energien schenkt, die durch dein Wurzelgeflecht pulsieren und alles mit
nährendem Licht erfüllen.
Alles glänzt und strahlt in den reinweißen Schwingungen.
Dein spirituelles Herz öffnet sich über Raum und Zeit und Dimension hin-
weg und wird ganz weit.
Du spürst ihre innige Liebe zu dir und zu allen Geschöpfen, die auf ihr le-
ben, und auch du empfindest Liebe für alle Menschen, Tiere und Pflanzen,
die sie beherbergt und versorgt.
Dieser Augenblick ist kaum in Worte zu fassen.

Du musst gar nichts tun, sei einfach nur da und lass Heilung geschehen
durch das nährende Energiefeld von Mutter Erde.
Erfühle die Harmonie, die sie bewirkt.
Dein Wesen wird still auf allen Ebenen deines Seins.
Du bist hier und jetzt genau am richtigen Ort, dort wo du sein sollst.

Während du weiterhin mit hochfrequenten Lichtschwingungen versorgt
wirst, kehre mit deinen geistigen Augen langsam wieder in deinen irdischen
Körper zurück und nimm den Energieaustausch zwischen dir und Gaia
wahr.
Du stehst mitten in ihrem nährenden und reinigenden Energiefeld.
Fühle und sehe, das reinweiße Licht, mit dem du versorgt wirst, und das
ungehindert zwischen dir und Mutter Erde zirkuliert.
Es strömt gleichmäßig durch dein gesamtes Wurzelwerk und fließt in die
Schale deiner irdischen Identität hinein.
Spüre die Unverfälschtheit seiner göttlichen Gegenwart.

Die heilsamen Energien beleben und heilen dich, erneuern deine Zellen
und alle Teile deines Wesens nach Gottes vollkommenen Plan.
Tiefer Frieden durchströmt deinen Körper, deine Seele und deinen Geist.
Du bist still geworden und ruhst in der Liebe.

Nun stell dir vor, wie die heilsamen, weißen Energieströme deine Fußsoh-
len erfüllen, in deine Unterschenkel und Oberschenkel bis hin zu deinem
Leib strömen, weiter durch alle Organe, deine Wirbelsäule und zu deinem
Herzen fließen, um sich dort zu verankern.
Fühle, wie sich dein spirituelles Herz weit öffnet und zu einem Quell der
Liebe wird.

Die heilenden Energien fließen weiter zu deinem Oberkörper, deinem
Brust- und Rückenbereich, in die Schultern bis zu deinen Händen und Fin-
gerspitzen, durch deinen Hals und Nacken und erfüllen deinen Kopf, sodass du kristallklar wahrnehmen kannst.
Nun ist dein gesamter Organismus von Gaias natürlichen Heilströmen
durchtränkt.

Du spürst tief in deinem Herzen, wie ihre Lebensenergie pulsiert und hörst
ihren befreienden Atem.
Sie besitzt ihren eigenen Rhythmus.
Spüre den tiefen Herzschlag von Mutter Erde, ihren Puls, während sie dich
in ihrer Kraft badet, in einem Ozean aus purer, heilsamer Energie.
Erlaube es dir, dich von ihrem Rhythmus tragen und halten zu lassen.

Alles an dir ist erfüllt von reinweißen Lichtschwingungen, jede Zelle, jedes
Atom, dein physischer und deine feinstofflichen Körper.
Das Licht schenkt dir wohltuende Ruhe und stärkt deine Kraft in allen Be-
reichen deiner Existenz.
Lass dich die Macht der pulsierenden, heilsamen Energie spüren, die sich
wie Balsam um jedes Atom herumlegt und es durchdringt.
Spüre die reinigende Wirkung und beobachte deinen lichterfüllten Körper.
Nimm mit allen Sinnen wahr.
Spüre, wie du dich in dir selbst immer lebendiger fühlst, und öffne dich für
die Freuden des Lebens.

(kurze Pause)

Nun geh in deiner Vorstellung aus deinem Kronenchakra heraus und lass
dich mit dem Universum verwurzelt sein, mit deiner wahren Größe.
Nimm wahr, wie deine lichtvollen, energetischen Verbindungen über Raum,
Zeit und Dimension hinweg in alle Richtungen und in jede Ebene wachsen.
Deine feingliedrigen, lichtdurchfluteten Wurzeln dehnen sich über unsere
Sonne und all unsere Planeten mit ihren spezifischen, planetaren Wesenheiten aus,
über jedes Sonnensystem in unserer Milchstraße,
bis hin zu anderen Galaxien und weiter,
bis in die Unendlichkeit der göttlichen Universen.

Stell dir vor, wie deine Lichtströme durch alle Welten, die nebeneinander
und gleichzeitig existieren, wachsen und mit Allem-was-ist verbunden sind.
Dein Netzwerk aus lichtdurchtränkten Energiebahnen ist sehr feingliedrig,
dicht verzweigt und berührt den Urgrund allen Seins.
Du verwurzelst dich in der Unendlichkeit deiner ursprünglichen Größe,
deiner wahrhaftigen Natur, die alles umfasst und alles ist.
Du bist nun mit allem verbunden.

Du bist frei.
Du bist unendlich und vollkommen.
Du existierst jenseits von Zeit und Raum.
Du bist ewig, das ist dein wahrer Zustand.
Spüre deine Einheit, von Körper, Seele und Geist und dein wahres, natürli-
ches Wesen.
Fühle dich als ungetrennter Teil von Gott, als mehrdimensionales Wesen,
welches Erfahrungen in einem menschlichen Leib sammelt.

Lass dich Gottes klare Reinheit und Kraft in dir spüren, die aus dir heraus-
strömt und ein Segen für jeden ist, der sie erfährt.
Du bist du selbst.
Du hast alles hinbekommen, was zu erreichen ist.
Du erlebst den Augenblick und spürst, der gesamte Kosmos ist geschaffen,
sodass du dich selbst wiederfinden kannst.

Lass alles geschehen, was geschehen will, denn alles geschieht zu deinem
allerhöchsten Wohle.
Wo auch immer du bist, werden die Welten heller und liebevoller, weil du
Gottes heilsame Gegenwart bist.
Du erkennst nun deine mannigfaltige, zuvor verschleierte göttliche Gegen-
wart.
Durch das immerwährende Ineinanderfließen von Göttlichem entsteht eine
leuchtende Schönheit in deinem Sein.
Erkenne dich als das heilsame Energiefeld, durch das die gesamte Schöp-
fung in Ordnung kommen kann.

(kurze Pause)

Und dann lass dich sehen, wie das göttliche Universum seine Liebe und
sein strahlendes Licht zu dir zurückfließen lässt.
Die feingliedrige, lichterfüllte Verwurzelung in deiner wahren Größe hat sich
überall hin ausgebreitet und du bist verbunden mit der gesamten Schöpfung Gottes.
Heilsame Energien und Mächte aus dem Kosmos fließen durch all deine
Lichtverbindungen.
Dein Wurzelgeflecht ist mit nährendem Licht angefüllt und erhellt auf seinem Wege alles Dunkle.

Die kosmischen Energien erreichen nun deinen physischen und alle fein-
stofflichen Körper und ergießen sich in ihn mit ihren leuchtend, weißen
Schwingungen.
Stell dir all deine Körperzellen vor, wie sie immer heller, reiner und strah-
lender werden, wie sie Heilung erfahren, wie sie beginnen von innen her-
aus im göttlichen Licht zu leuchten.
Atme das Licht der Liebe in dich hinein.
Lass dich auf diesen heilbringenden Moment ganz bewusst ein.

Dein Verstand und dein Unterbewusstsein, dein gesamter Organismus und
alle Körperbereiche werden bis in das kleinste Atom durchtränkt und erleuchtet.
Alle Zweifel und Ängste, jene Illusionen deines Verstandes, klären sich und
lösen sich im kosmischen Licht auf.

Alle bewussten und unbewussten Körperfunktionen und energetischen Prozesse regenerieren und verjüngen deine physische Erscheinung.
Alle veralteten Programmierungen werden durch die Heilkraft deines wahren Wesens aufgelöst und durch neue Programme der Liebe und des Lichts ersetzt.
Bis in die kleinsten Zellen werden diese neuen Informationen gesendet.
Du atmest Licht in deinen Körper ein und aus – ganz tief ein und aus.
Alles in dir und um dich herum, dein gesamtes Wesen und alle Ebenen deines Seins sind lichterfüllt.

Fühle in deine Herzebene hinein, wie in ihr alle Lichtschwingungen des Kosmos und der Erde verankert sind.
Öffne jetzt dein spirituelles Herz zu einer großen Lichtsphäre, die deinen Körper und dein gesamtes Wesen vollkommen mit reinweißem, funkelndem Licht erfüllt.
All deine Chakren haben sich zu einem großen Chakra vereinigt, dessen Zentrum in deiner Herzmitte ruht.
Stell dir vor, wie beim Einatmen heilsame Energien und kosmische Kräfte des göttlichen Universums in dich hineinfließen
und wie du beim Ausatmen Licht und Liebe aus deinem spirituellen Herzen in die Welten und den Kosmos hinausströmen lässt.
Atme tief ein und aus und stell es dir bildlich vor.
Heilende Energie hinein – Liebe und Licht hinaus.

Es ist ein gleichmäßiges Fließen entstanden, das Leben und Liebe spendet.
Wo vorher dunkle Stellen waren, sind diese nun mit weißem Licht erfüllt.
Heilende kristalline Liebeswellen berühren dich sanft wie die liebevollen Hände eines Engels.
Du bist zu deiner eigenen, strahlenden Sonne geworden, die göttliche Liebe hinaus in die Welt schickt,
zu allen Menschen, allen Tieren und Pflanzen, in die Natur und zu Mutter Erde, in ihr Gitternetz, weiter hinaus in die göttlichen Universen und in die Unendlichkeit.
Fühle, was deine Seele dir in diesem Augenblick sagen will.
Spüre das Zirkulieren und Pulsieren der Lebensenergie, die durch und mit allem fließt,

durch dich und mit dir, durch Gaia und mit Gaia, durch den Kosmos und mit dem Kosmos.
Alles ist im stetigen Fluss.
Fühle dein kosmisches Einssein mit allem.
Du bist alles und alles ist du.
Es gibt keine Schranken, spüre deine Weite.
Nimm alles wahr.
Alles, was du fühlst, darf sein, was auch immer sich zeigt.

(kurze Pause)

Und dann lass deine Erlebnisse, alle Bilder, die du gesehen hast, sich langsam wieder zurückziehen.
Du fühlst dich so frei und so stark, wie niemals zuvor.
Spüre das kosmische Feuer, das in deiner Seele und deinem Leib entfacht ist und alles im Licht seiner unendlichen Liebe verbrennt, was nicht mehr stimmig für ein erwachtes Bewusstsein ist.
Du hältst den Kelch deines inneren Reichtums und deines himmlischen Potenzials in deiner Hand und kannst dir jederzeit vom göttlichen Elixier nachschenken.

Komm mit deinen Gedanken wieder im Hier und Jetzt an und erlaube dir, in deinen gewohnten Wachzustand zurückzukehren.
Lass deinen Atem weiterhin tief und weit sein und sei vollkommen präsent.
Nimm wieder ganz bewusst deinen Körper wahr, wie er mit Stille und Frieden erfüllt ist.
Alles ist gut und richtig, was geschah, du wirst es in deinem alltäglichen Leben spüren.
Atme bewusst tief in deinen Bauchraum ein und aus.
Bewege deine Arme und Beine.
Spanne deine Fäuste mehrmals hintereinander kurz an und pumpe frische Lebendigkeit in deinen Körper.
Wenn du bereit bist, öffne wieder deine Augen.

Das heilige Christuslicht

Das heilige Christuslicht und Botschaften empfangen
Reinigung von Körper und Seele
Spirituelles Herz öffnen
Heilsame Gegenwart der höchsten Lichtkräfte erfahren
Schutz vor allem, was nicht aus Liebe und Licht besteht

Setz oder leg dich gemütlich hin und lass alle Muskeln ganz locker und ge-
löst sein.
Sei einfach nur für dich da.
Lass deine Gesichtszüge weich werden und sich entspannen.
Atme bewusst tief in deinen Bauch ein und aus – in deinem eigenen
Atemrhythmus.
Fühle, wie dein Körper mit jedem Atemzug ruhiger und harmonischer wird.
Lass alle Reste von Anspannung los.
Wenn du so weit bist, schließ deine Augen und lass deine anderen Sinne
stärker werden.
Genieße ein paar erholsame und friedliche Atemzüge.
Dann wende dich deinem inneren Königreich zu und versuch die Stille
wahrzunehmen, die zu jedem Zeitpunkt vorhanden ist, und lass die Stille in
deinen Körper gleiten.

Die harmonische Ruhe bewirkt ein tiefes Gefühl des Friedens und der Ent-
spannung in dir, deinem Wesen und deinem gesamten Körper.
Bleib ganz bei dir und werde ruhig und gelassen.
Du wirst immer ruhiger und entspannter.
Du befindest dich in einem geschützten Raum der Liebe und des Lichts.
Dann schicke deine Gedanken aus dem Zustand der Gelassenheit auf eine
heilende Reise.
Lass dich nun voller Vertrauen auf diese Lichtreise ein.

Stell dir nun eine friedliche, unberührte Landschaft vor.
Einen himmlischen Ort, den du vielleicht schon einmal in deinen Träumen
wahrgenommen hast.
Der Himmel ist endlos, weit und klar.

Fühle dich willkommen in dieser paradiesischen Wohnstätte.
Alles hier ist erschaffen, um dir ein Gefühl von Geborgenheit und Behütet-
sein zu geben.
Alles ist in ein wunderschönes, helles Licht getaucht und deine Augen müssen sich erst daran gewöhnen, klar sehen zu können.
Schau dich um und lass allmählich Konturen entstehen, die sich nach und
nach immer besser zeigen.
Nimm dir Zeit, dir diesen Ort genau vorzustellen,
und dann begib auch du dich dorthin und fühle dich dort ein.

Wenn du alles vor deinen geistigen Augen erblickst hast, lass dich die
Ruhe und die Liebe spüren, die dieser Ort ausstrahlt, die Geborgenheit, die
diesem besonderen Ort innewohnt.
Du bist genau am richtigen Ort, genau dort, wo du sein sollst.
Lass dich die Glücksenergie spüren, die sich schon bei der bloßen Vorstel-
lung dieses Kraftplatzes in dir verankert.
Lass dich Details dieses magischen Ortes mit deinen geschärften Sinnen
wahrnehmen.
Stelle dir dich selbst vor, wie du dich in dieser unberührten Landschaft be-
findest.
Genieße diesen Moment, genieße alles, was du wahrnimmst, mit all deinen
Sinnen.

(kurze Pause)

Spüre die heilende Nähe von den vielen göttlichen Lichtwesen, die sich um
dich herum versammelt haben.
Sie sind nur für dich da und spenden dir ihren heilsamen Segen, dabei er-
füllen sie dich mit ihrem göttlichen Licht.
Du musst gar nichts tun, lass einfach alles geschehen.
Lass dich nun erkennen, wie Jesus, der Christus, sich langsam in sche-
menhaften Umrissen in deiner Nähe manifestiert.
Wie er sich immer klarer und deutlicher zeigt.
Schau genau hin.

Mit jeder Faser in deinem Körper nimmst du seine intensive, liebevolle Gegenwart stärker wahr.

Du fühlst seine heilsame Anwesenheit mit allen Sinnen.
Nimm seine Aura wahr, die aus seiner Mitter heraus leuchtet, und spüre,
wie erquickt du dich dabei fühlst.
Immer körperhafter kannst du ihn wahrnehmen, bis er schließlich klar und
deutlich zu erkennen ist.
Du fühlst dich umarmt von der taufrischen Reinheit seiner Gegenwart.
Sei offen und lass dich ganz auf diese Szene ein.

Jesus schwebt langsam wie in Zeitlupe auf dich zu und bleibt schließlich in
kurzer Entfernung von dir stehen.
Seine Präsenz ist so mächtig und doch voller Liebe.
Er schaut dich mit warmherzigen Augen an und lächelt dir zu.
Lächle auch du ihn an.
Lass dich begeistert sein über das, was in diesem Augenblick geschieht,
und nimm alles ganz genau wahr.
Seine überirdische Schönheit und Reinheit entzieht sich jeder Beschrei-
bung.

Du hast das Gefühl, dass alles, was negativ ist und niedrig in dir schwingt,
in seiner Liebe und seinem Licht sofort schmilzt und zergeht, um in Göttlichkeit transformiert zu werden.
Du wirst von der Kraft seiner Liebe umarmt und seine kosmische Ordnung
lässt dich wieder harmonisch und gesund werden,
weil auch in dir die kosmische Ordnung erwacht.
Du spürst, du kannst dich ihm vollkommen anvertrauen.
Sein lichtvolles Bewusstsein stärkt dein inneres Licht, dein Seelenlicht und
erhöht seine Leuchtkraft.
Du fängst an, von innen heraus zu strahlen.

Weitere Lichtwesen und Gesandte aus den höchsten Dimensionen gesel-
len sich zu dir und stellen sich in einem Kreis um dich herum auf.
Auch deine kosmischen Begleiter und spirituellen Führer erscheinen und
rücken im Kreis näher an dich heran.
Deine schützenden Engelgefährten und Krafttiere sind ebenfalls eingetrof-
fen und befinden sich in unmittelbarer Nähe zu dir.
Nimm sie mit deinen Sinnen wahr.
Schau dir ihre wundervollen Lichtreflexionen an und öffne deine inneren

Sinne für die Magie dieses endlosen Augenblicks.
Fühle ihre liebevollen Blicke auf dir ruhen, die Euphorie, die dich packt, und ihre freudige Erwartungshaltung.
Beobachte alles aus der puren Liebe heraus und nimm alles an, wie es ist.

Eines der Lichtwesen lässt nur zur Freude feinste, farbenfreudige Wassertropfen durch die Luft schweben, die dich sanft berühren, sodass du gleich noch mehr lächeln musst.
Er gibt dir damit zu verstehen, dass selbst Humor und ein liebevolles Lächeln auch in solch magischen und ehrfurchtgebietenden Momenten wichtig seien.
Nimm die Atmosphäre und das Geschehen genau wahr und spüre die heilige Energie, in der du dich befindest.
Lass dich vom Zauber dieser Situation gefangen nehmen.

(kurze Pause)

Jesus steht nun genau vor dir, berührt mit seinen Händen deinen Kopf und streichelt ihn zaghaft.
Dann legt er seine Hände auf deine Schultern und segnet dich in einer Lichtsprache, die dir sehr vertraut vorkommt.

Dabei sagt er folgende Worte:

„Geliebte, wunderbare Seele, ich habe auf dich gewartet, so wie ich auf jeden einzelnen Menschen warte, der zu mir kommen möchte.
Fühle, wie ich vibriere, spüre meine Nähe und meine Liebe zu dir, denn ich bin das unendliche Sein in den ewigen Lichtströmen.
Ich bin das Licht, welches kein Sturm löschen kann, welches ohne Lichtgarn brennt und ohne Öl leuchtet.

Du wirst von deiner göttlichen Familie geliebt, von mir und von allen Lichtkräften.
Du bist ein göttliches Wesen, das sich im Fluss seines Geistes bewegt und sich als Mensch verkörpert hat und bist vollkommen, genauso wie du bist.
Denk immer daran, du bist ein kostbares Menschenkind und wichtig für diese Welt.
Du besitzt einen bedeutsamen Platz im großen Weltenplan und wirst ihn in

der Stille erkennen, dann wenn du nicht mehr empfänglich bist für den Tumult und das Geflüster in der irdischen Welt, dann wenn du in Harmonie mit deinem Inneren bist und die Selbsttäuschung durch dein Ego liebevoll transformiert wurde.

Erkenne nun die Ausmaße deiner wahren Größe, deinen unendlichen Geist, der auf ewig mit Gott verbunden ist.
Dein natürliches Wesen ist unsterblich, das ist die Wahrheit in ihrer inneren Tiefe.
Du bist Alles-was-ist, das kleinste Atom, das den Kosmos in sich birgt, das Universum, das sich immer neu erschafft und auch alle Erscheinungsformen dieser und anderer Welten, denn alles ist miteinander verbunden.
Erkenne die energetische Beschaffenheit der grobstofflichen Welt.

Nimm wahr, wie du pausenlos Realitäten erschaffst und sie in das kollektive Bewusstsein zusammenknüpfst.
Entscheide dich jetzt dafür, aus deinem Leben ein Meisterstück zu machen und befreie dein magisches Kind, bring es hervor und lasse es im Licht seiner ewigen Liebe tanzen.
Wähle die Erfahrungen, die du machen möchtest, und lebe ganz bewusst.
Lass deine geheimnisvolle Schönheit in Erscheinung treten und sei dabei ganz du selbst.

Forme den Himmel und die Erde nach deiner Vorstellung und singe das Lied des Sieges.
Besinne dich deiner inneren Kraft und Stärke.
Tritt ein in das Licht der Transformation und lass dich wieder ganz werden, lass dich wieder eins werden mit Allem-was-ist.
Befreie dich von allem, was nicht mehr zu deinem lichtvollen Wesen passt und lass es in Liebe los.
Lass alle Urteile, Bewertungen und Ausreden los und höre nicht mehr auf die schmeichelnden Stimmen der Täuschung, sondern werde zum stillen Beobachter deines selbstbestimmten Lebens.

Lass dich zu einem Tempel des Lichtes werden, zu einem Meister, durch den die göttliche Flamme der Liebe in die Welten strahlt,

*und du wirst in all deinen Leben und all deinen Körpern in ungeahnten Aus-
maßen jubilieren und frohlocken.
Denn du bist erwacht zu der Gottheit, die du in Wahrheit bist, und fühlst
dich verbunden mit dem Leben.
Du warst noch niemals nicht und wirst immer sein, denn du bist ewiges
Sein.*

*Ich übertrage dir jetzt und hier mein reines Christuslicht, das von der Ur-
quelle allen Seins stammt – von Gott.
Es verbindet sich nun mit deinen tiefsten Ebenen, mit jedem Aspekt deines
lichtvollen Wesens.
Spüre, wie es sich mit dir verbindet.
Es ist das Licht des spirituellen Herzens und das Licht der bedingungslosen
Liebe.
Es entfließt der vollkommenen Schöpfung und kehrt wieder zu ihr zurück.
Mit meinem Licht tauchst du tief ein in Alles-was-ist und erinnerst dich an
dein wahres Wesen.*

*Schicke mein Christuslicht aus deiner Herzebene hinaus in die Welten,
zu allen Menschen, Tieren, Pflanzen, allen Planeten, allem Leben und In-
karnationen Gottes und du erntest tausendfachen Segen für dich.
Sei du ein Vorbild, sei du die Heilige Offenbarung, die viele Menschen und
andere Wesen nicht kennen.
Sei du ein Lichtbringer Gottes und lasse dein Licht leuchten.
Erhelle damit deinen Weg und den jedes anderen.
Alles, was du dazu benötigst, ist in dir vorhanden.*

*Lass dein Herz in Einklang mit der kosmischen Harmonie schlagen und
wende dich der Wahrheit deiner Seele zu, die von deinem göttlichen Geist
gespeist wird.
Lass aus dir ein neues Universum geboren werden, das neue Formen und
Lebensweisen zum Ausdruck bringt,
und werde wie ich zu einem Meister der lichtvollen Energien.
Alles geschieht vollkommen mühelos, denn du bist eine machtvolle und
heilsame Präsenz des allerhöchsten Seins.
Du bist nicht mehr nur körperlich, sondern ein strahlender Geist, der das
reine Christuslicht zu allem Leben in den kosmischen Weiten schickt.*

Fühle dich stets von mir umarmt, beschützt und geliebt, denn ich bin immer bei dir, genauso wie auch deine göttliche Familie immer bei dir ist. Amen!"

Richte deine Aufmerksamkeit eine Weile auf dieses magische Ereignis. Nimm alles, was du wahrnimmst, genauso an, wie du es erlebst, und du wirst, wenn du es wünscht, noch eine zusätzliche Botschaft erhalten, die nur für dich bestimmt ist ...

(kurze Pause)

Jesus nimmt seine Hände von deinem Kopf, lächelt dich noch strahlender an und tritt einen Schritt zurück.
Er sieht liebevoll in deine Augen.
Fühle, wie auch du ihn mit einem innigen Lächeln anschaust.
Ein magisches Licht geht von ihm aus und taucht alles in eine heilende Aura.

Du nimmst kristallklare Farben wahr, die das Spektrum eines Regenbogens weit überschreiten.
Sie berühren deine Haut, verursachen ein inniges Wohlgefühl und dringen durch alles, was du bist, hindurch,
berühren es auf intimste, wunderbare Weise und umschmeicheln deine Seele.
Dein Körper und dein gesamter Organismus ist durchlässig geworden für Jesu Heilströme.
Heilung auf allen Ebenen geschieht in diesem Augenblick.

Sie erfüllen dein Körperinneres, ohne auf Widerstand zu treffen, und befreien dich von allem Überflüssigen, Alten und Verbrauchten.
Fühle in diese Szenerie hinein und lass dich von dieser Begebenheit verzaubern.
Lass alles geschehen, was geschieht.

Alle Lichtwesen, die dich umgeben stimmen heilsame Töne und Gesänge an, sie feiern und preisen das Christuslicht, das dir übertragen wurde, mit Musik, die aus ihrem Herzen kommt.

Lausche den fruchtbringenden Klängen dieses geistigen Reiches mit deinem ganzen Sein.
Eine große Freude überkommt dich und deine Seele ist beschwingt und lacht.
Mit ihrem Gesang errichtet sich gleichzeitig behutsam ein magischer Schutz um deinen Körper herum, der dir besonders auf irdischer Ebene zur Verfügung stehen wird.
Alles an dir ist umhüllt und sicher in diesem energetischen Schutz.
Alles an dir wird harmonisiert und dein Energiesystem ausgeglichen.
Dieser magische Schutz erlaubt allen Aufstiegs- und Transformationsenergien nur in dem Maße zu fließen, dass du dich wohl, frei und unbeschwert in deinem irdischen Körper fühlst.

Lass dein Herz aufgehen und sich weiten, fühle, dass du ein göttliches Lichtwesen auf Erden bist.
Lass dich eine tiefe Verbundenheit zu Meister Jesus, allen Lichtwesen, deinen kosmischen Begleitern und spirituellen Führern aufbauen.
Fühle die Seelenfreundschaft, die entstanden ist, und dich über das ganze Gesicht lächeln lässt.
Genieße einen Augenblick lang diese Energien, lass alles auf dich wirken und nimm es so intensiv wie möglich wahr.
Alles geschieht vollkommen mühelos.

Fühle, wie du von alten Energien, Seelengiften, Täuschungen, Ablagerungen und allem Negativen gereinigt bist und das Christuslicht in dir leuchtet.
Es hat mit seiner hohen Schwingung alle Spuren von Schmerzen und Verletzungen, Ärger und Frust umgewandelt.
Spüre, wie all deine Energiekörper und deine Aura ihre Strahlkraft und Schwingung erhöht haben.
Das Christuslicht schützt dich vor allem, was nicht aus Licht besteht, und löst es in seiner heilsamen Energie auf.
Es steht an deiner Seite im göttlichen Licht der neuen Dimension und ist immer aktiviert.
Bade noch einmal mit all deinen Sinnen im Meer der Wirklichkeit.

(kurze Pause)

Du bist erfüllt von tiefer Liebe und tiefem Frieden und Raum für Neues ist
entstanden.
Du bist dankbar für das Geschenk, zu sein.
Bedanke dich bei Jesus, dem Christus, allen anwesenden Lichtkräften und
spirituellen Führern, deinen kosmischen Begleitern und nimm Abschied von
ihnen und diesem heiligen Ort.
Langsam entschwinden ihre Konturen und kehren in die hohen Dimensio-
nen zurück, aus denen sie gekommen sind.
Vertraue darauf, dass dein Unterbewusstsein jedes einzelne Wort dieser
Lichtreise aufgenommen hat und heilsam in dein Sein integriert.
Lass dich bewusst als der im Hier und Jetzt ankommen, der du wirklich bist
– als du selbst.
Du betrachtest alles durch die Augen deines Geistes und wirst zu einem
Beobachter deines Lebens.

Lächle dir weiterhin zu und komm mit deinen Gedanken in der Gegenwart
an.
Spüre dich als liebevolle Präsenz in deinem physischen Körper.
Entdecke deine Sinne und fühle wieder deinen Leib, erlaube ihm, sich frei
zu bewegen.
Ball deine Fäuste ein paar Mal, sodass dein Körper erwachen darf und
strecke dich ausgiebig.
Atme einige Male tief durch und fühle, wie dich frische Energie erfüllt.
Bade in diesen ewigen Lebensströmen.
Lass dich tief ein und ausatmen und kehre erfrischt und belebt aus deiner
Lichtreise zurück.

Dann öffne deine Augen und gönne dir noch eine Pause, bevor du in deinem neuen Leben ankommst.

Heilende Amethystgrotte

Setz oder leg dich gemütlich hin und lass alle Muskeln ganz locker und ge-
löst sein.
Komm langsam im Hier und Jetzt an.
Verabschiede dich gedanklich und mit deiner gesamten Aufmerksamkeit
von deiner Umgebung und führe deine Gedanken in deinen Körper hinein.
Spüre deine Erdung und feste Verbundenheit mit Mutter Erde.
Lass deine Wurzeln an ihrem Mittelpunkt ankommen und nimm wahr, wie
du das Herz von Mutter Erde berührst.
Verbinde dich jetzt mit ihrer Herzenergie und lass sie innerhalb deiner Wur-
zeln nach oben steigen.
Spüre, wie Stille und Ruhe in dich einkehren.

Dein Kopf ist frei von jeglichen Gedanken.
Und sollte doch einmal ein Gedanke auftauchen, so lass ihn ziehen wie die
Wolken am Himmel.
Atme tief in den Bauch ein und aus.
Finde deinen eigenen wohltuenden Atemrhythmus.
Atme tief ein und wieder aus.

Lass bei jedem Einatmen göttliche Lebensenergie in deinen Körper strömen und ihn vollkommen erfüllen
und bei jedem Ausatmen entlässt du körperliche und seelische Anspannung.
Lass dich von deinem Atem sanft und tief in deine Mitte hineintragen.
Genieße diesen Augenblick und lass dich wieder ganz werden, sodass du
dich mit dem Leben verbunden fühlen kannst und forme mit deinem Mund
ein leichtes Lächeln.

Erfühle mit deinem Körper die Stellen, an denen du mit der Unterlage in Verbindung bist
und richte dann deine Aufmerksamkeit nach innen, auf das Hier und Jetzt.
Lass dich immer tiefer in deine Mitte hineinsinken.
Fühle dich sicher und geborgen im Schoß von Mutter Erde und dann schick deine Gedanken voller Vertrauen auf eine heilsame Reise.
Öffne dich für die Schönheit des Lebens.

(kurze Pause)

Verlasse jetzt in deiner Vision diesen Ort und stell dir vor, du stehst vor einem kleinen See, dessen Wasseroberfläche sich durch eine zarte Brise sanft kräuselt, bis seine Oberfläche unmittelbar frei von jeglicher Bewegung ist und glatt wie ein Spiegel wird.
Die Landschaft ist wunderbar und die Sonne scheint am hellblauen Himmel, der mit kleinen Wölkchen durchsprenkelt ist.
Fühle die wärmenden Sonnenstrahlen auf deiner Haut und schau in das kristallklare Wasser, durch das du bis auf den Grund schauen kannst.

Lass dich in deiner Vorstellung auf der anderen Seite des Sees Berge sehen, die einen wunderschönen Kontrast zum Horizont bilden.
Sie sind vereinzelt von Farnen und Moosen überzogen, teilweise haben sich auch Bäume in ihre Spalten verwurzelt und blühen in ihrer satten Pracht.
Wenn du genauer hinschaust, erkennst du inmitten des massiven Felsens eine Pforte, die von blütenprächtigen Ranken eingefasst ist.
Du fühlst dich magisch von dieser lichterfüllten Öffnung angezogen und hast den Impuls, dorthin zu gehen.
Da alles möglich ist, lass dich über den See auf die andere Seite schweben, bis du die etwas höher gelegene Pforte erreicht hast.
Je mehr du dich der Felsöffnung näherst, desto angenehmer fühlst du dich.
Es ist, als ob du immer leichter und freier wirst.

Lass dir Zeit dafür und genieß deinen Schwebflug.

Kurz vor der Pforte erblickst du eine kleine Wiese, der kleine, weiße Blüten entsprießen.

Diese Blüten sind ein Symbol für Erneuerung und Frische und funkeln im strahlenden Sonnenschein.
Die Wiese bildet eine dreieckige Form, dessen Spitze in Richtung Pforte weist.
Stell dir vor, wie reinweiße Blüten auch an den Ranken hervorsprießen, die den Pfortenbogen umspannen.
Alles wirkt einladend und heilsam.
Nimm diesen magischen Hinweis als Wegweiser an und geh auf die Öffnung im Felsen zu.
Lass dich ganz auf diesen Augenblick ein.
Beobachte und erspüre, was in dir erscheinen mag.

(kurze Pause)

Lass dich sehen, wie du durch einen schmalen Gang gehst, an dessen Ende ein helles, violettes Licht zu erkennen ist.
Als du am Ende des Ganges angekommen bist, siehst du vor dir eine riesige Amethystgrotte, die über und über violett funkelt und strahlt.
Es herrscht Ruhe in ihrem Innern.
Liebe und Licht sind in diesem heilsamen Ort verankert, sodass sich Heilung, Frieden, himmlische Klänge und kosmische Farben ausbreiten können.
Du spürst sofort die gedeihliche Schutzwirkung und die hohe spirituelle Ausstrahlung der Edelsteine.
Die Lichtflut der Wahrheit scheint in ihnen verankert zu sein und in ihrer unwandelbaren Herrlichkeit zu strahlen.

Die Heilgrotte kanalisiert Transformations- und Aufstiegsenergien aus höheren Dimensionen, die nährende Schwingungen in sich tragen.
Sie aktiviert dein inneres Licht, dein Seelenlicht, das tief in dir schlummert und nur darauf wartet, erweckt zu werden.
Erlebe diesen Augenblick mit all deinen Sinnen.

Spüre, wie die Edelsteinhöhle deine Eigenschwingung erhöht und dein Immunsystem und deine Kräfte stärkt.
Du fühlst ganz stark in deinem Inneren, dass du hier und jetzt zur richtigen Zeit am richtigen Ort bist, dort wo du sein sollst.

Lass die besondere Stimmung hier auf dich wirken, denn du bist in einem geschützten Raum der Liebe angekommen.

Die gesamte Amethystgrotte erstrahlt in violetten Farben, deren Nuancen immer wieder wechseln.
Du erkennst, dass die Farben nicht konstant sind und sich langsam und kontinuierlich wandeln, wobei der Grundton immer erhalten bleibt.
Ihre violett glitzernden Kristalle überziehen das Grottengewölbe und zeigen auf die Höhlenmitte.
Auf dem Weg dorthin bündeln sich die violetten Strahlen zu einem zarten, hell lilafarbenen Licht, bis es in der Grottenmitte ankommt und reinweiß erstrahlt.

Nimm wahr, wie ihre Strahlkraft die von vielen Millionen Diamanten übersteigt und ihre heilsamen Energien eine tiefe und sanfte Verbindung zu dir herstellen.
Erblicke die Schönheit, die sich vor dir ausbreitet, und fühle die heilsame Energie, die dein ganzes Sein erquickt.
Der Amethystboden sieht aus wie von Meisterhand poliert und strahlt eine angenehme Wärme ab, sodass du barfuß darauf laufen möchtest.
Lass dich mit bloßen Füßen ein wenig umhergehen und die Wärme des Bodens entdecken.

In der Mitte der Grotte siehst du ein großes, durch das Licht violett gefärbtes Wasserbecken.
In dessen Zentrum ragt eine kristallene, runde Plattform heraus, auf der ein sanftes Energiefeld glitzert.
Wenn du genauer hinschaust, erkennst du, wie sich in diesem Energiefeld Pastellfarben in dem weißen Licht brechen.
Sie vermengen sich in einer immerwährenden, langsamen Bewegung.
Erlebe ganz bewusst, wie es aussieht, wenn die Farben ineinander verfließen und dann wieder in ihrer einzigartigen Farbschwingung ganz langsam hervorkommen.
Erfühle die Harmonie, die dieses sanfte Farbenspiel bewirkt.

Diese lichterfüllte Sphäre stellt sich sehr außergewöhnlich dar.
Wie in einem Aquarellbild gehen alle zarten Pastellfarben ineinander über,

vermischen sich, bleiben eine Weile in dieser Konstellation und trennen sich dann wieder.
Es ist so unbeschreiblich schön anzusehen, sodass du dich entscheidest, dorthin zu gehen.
Lass dich ins reine, kristallklare Wasser gleiten, das durch den wärmenden Boden wohltemperiert ist.
Die angenehme Wärme zieht wie ein wohliger Energiestrom durch deinen Körper und lässt dich vollkommen entspannen.
Alles an dir ist locker und gelöst.
Du fühlst dich wohl in dir und ruhst in deiner Mitte, ganz sicher und geborgen.
Lass dich von diesem Augenblick erfüllt sein.
Lass dich spüren, wie all deine feinstofflichen Körper ins Gleichgewicht kommen und sich miteinander in deiner Herzebene verbinden,
wie alles Negative in den heilsamen Energieströmen umgewandelt wird.
Mach dir bewusst, wie gut es dir in diesem Augenblick geht.

Die heilende Amethystgrotte tut deinem Geist außerordentlich gut und lässt dich spirituelle Weisheit erfahren.
Lass dich die Lebensfreude spüren, die aufkommt.
Versuche das Gefühl der Leichtigkeit, mit dem du durchs Wasser getragen wirst, auch in deinem Inneren mit all deinen Sinnen zu erfassen.
Spüre, dass du jetzt stimmst, genauso wie du bist.
Alles um dich herum ist unbeschwert und vermittelt Harmonie.
Nimm wahr, wie durch deine Bewegungen im Wasser flirrende Lichtspiegelungen auf den Beckenboden geworfen werden, und lass dich ganz auf diese Szene ein.
Fühle, wie deine Harmonie wiederhergestellt ist.

(kurze Pause)

Werde gewahr, wie du die kristallene, runde Plattform erreichst, und schau auf die beleuchteten Stufen, die aus dem Wasser emporführen.
Sie sind fast durchsichtig und aus ihnen schimmert zarter Sternenglanz.
Dieser vermittelt beständige Geborgenheit, die eine Quelle für alles ist, was in deinem Leben sein will.
Behutsam und erfrischt steigst du aus dem Wasser heraus und betrittst die

Stufen, die dich mit ihrer Wärme erfüllen, und du schenkst dir einen tiefen, nährenden Atemzug.
Geh jetzt auf das leuchtende Energiefeld zu.
Richte deine Aufmerksamkeit auf die leisen Klänge, die aus der pastellfarbenen Sphäre heraustönen.
Es sind himmlische Töne und Gesänge, die sehr leise und erhebend sind.
Spüre, wie es sich anfühlt, von den kosmischen Klängen berührt zu sein.

Neugierig streckst du jetzt deine Hände aus und berührst die Sphäre.
Ihre Energie ist kaum spürbar und dennoch fühlt sich diese Berührung vollkommen an.
Du spürst intuitiv, dass sich so der Himmel und alles Göttliche anfühlen müssen und du sicher und geborgen in ihr ruhen kannst.
Alles fühlt sich irgendwie weich an, so als ob du eine Wolke berühren würdest.

Dann tritt in die heilsame Sphäre ein und spüre, wie du schwerelos wirst.
Du entlässt dein Gewicht und gleichzeitig auch alles, was dich beschwert.
Die Schwerkraft ist an diesem einzigartigen Ort aufgehoben.
Mach dich mit diesem neuen Gefühl vertraut und nimm dir Zeit dafür.
Experimentiere ein wenig mit dieser neuen Fähigkeit, dich ohne Gewicht zu bewegen.
Beobachte diese Szenen und lass dich davon faszinieren.

Und dann lass dich in eine bequeme Position in die Mitte der Sphäre gleiten und fühle, wie es ist, ruhelos zu schweben.
Spüre, wie es sich anfühlt, zugegen zu sein.
Nimm die Weite und Geborgenheit wahr, die diese Sphäre auf dich ausstrahlt.

Erfasse mit deinen höheren Sinnen alle kosmischen Schöpfungstöne, die leise erklingen und dir einen angenehmen Frieden vermitteln.
Sei ganz gegenwärtig.

(kurze Pause)

Während du entspannt und gelöst in diesem unendlichen Raum ruhst,

lassen die Amethystkristalle dich in ihre Heilenergie eintauchen.
All deine Höhen und Tiefen werden ausgeglichen, sodass du deine emotionale Mitte findest.
Die zarten Farben der Sphäre mischen sich ständig im langsamen Rhythmus und sind doch auch einzeln wahrzunehmen.
Mal bist du in rosa/orange getaucht, mal in blau/grün oder nur in rosa oder gelb, alle Farbenergien durchtränken deine Zellen, Moleküle und Atome und harmonisieren dich auf göttliche Weise.
Nimm es genau wahr.

Du befindest dich in einer höheren Schwingungsebene und durch dein bewusstes Da-Sein geschieht Heilung auf allen Ebenen deines Seins und in allen Teilen deines Wesens.
Manchmal tauchen silbrige und goldene Tupfen auf, bilden kugelförmige Gebilde, strahlen und funkeln, berühren und durchdringen dich sanft und verlaufen schließlich in die anderen Farben, so wie Aquarellfarben mit zu viel Wasser gemischt.
Lass alle Pastelltöne mit ihren spezifischen Schwingungen auf dich wirken und fühle dich vollkommen eins mit ihnen.

Fühle, wie jede Müdigkeit dich verlässt und lebendige Impulsenergien dich durchtränken.
Alles Unheile in deinem Körper löst sich auf.
Jede Farbe hat eine besondere heilsame Wirkung und reinigt, verjüngt und energetisiert dich mit ihrer heilsamen Kraft.

Lass dich spüren, wie du wieder in Resonanz mit deinem Geist trittst und dich mit den lichtvollen Kräften verbindest, die in dieser Sphäre wirken.
Nimm wahr, wie deine ewig junge Seele jubiliert und tanzen möchte und den Mantel der Begrenzung abstreift.
Deine Seele blüht auf und kommt wieder zum Spielen heraus.

Fühle dich wieder als ewig lebendes Geistwesen und stell dir vor, wie Gottes Hände dich liebevoll tragen.
Spüre, wie du dich durch die Kraft der himmlischen Energien erhebst.
Achte auf deine geschärften Sinne, die dir Weisheiten aus deiner Größe mitteilen wollen.

Jedes Bild, das erscheint, jedes Flüstern, jede andere Art der Wahrnehmung führt dich in deine Innenwelt und schenkt dir Botschaften.
Nimm alles genau wahr.

(kurze Pause)

Du bist voller Frieden und innerer Harmonie und Ruhe.
Das ist dein wahrer göttlicher Zustand, deine wahre göttliche Natur.
Verschmilz mit diesem innigen Gefühl und spüre, was es bedeutet, heil und
ganz zu sein.
Fühle die Ausstrahlung aller göttlichen Kräfte, in denen du ruhst, und die
zutiefst verbunden sind mit den Schwingungen aller kosmischen Farben
und Klänge.
Fokussiere dich einmal auf die Klänge, die dich umgeben.
Lass dich den sphärischen Gesang, die Töne der Planeten und andere
göttliche Klänge wahrnehmen.
All diese Töne sind reinigende und stärkende Vibrationen, die einen harmonischen Wohlklang haben.

Das kann sich wie ein leichtes Summen in deinem Körper anfühlen.
Beobachte, wie sich dieses angenehme Tönen nach und nach in deinem
Körperinneren ausbreitet,
in deinem gesamten Organismus,
in jeder Zelle und jedem Atom deines Körpers,
in deinem Verstand und Unterbewusstsein,
in deinem ganzen Wesen.
Lass dich von diesem harmonischen Gefühl vollkommen in Besitz nehmen.
Spüre das befreiende Gefühl, das sich ausbreitet, und wie dein Verstand
sich wieder an sein multidimensionales Sein erinnert.
In diesem Moment bist du zu Hause angekommen.

Alle in dir ruhenden Mikrostrukturen von deiner vollkommenen, perfekten
Gesundheit werden in diesem Augenblick aktiviert.
Erlaube ihnen, in dir ihre heilsame Wirkung zu entfalten und sei ganz bei
dir.
In der heilenden Kristallmatrix der Amethystgrotte sind alle Energien und

Kräfte der Planeten, der Farben, der Klänge und der göttlichen Schwingungen verwoben.
Stell dir vor, wie das große Energiefeld dieser Heilgrotte eine Brücke zu anderen Dimensionen darstellt, wie Informationen und Heilenergien in deinem Leib integriert werden und deine Eigenschwingung mit der kosmischen Schwingung ganz leicht und sanft synchronisiert wird.
Ganz behutsam und sacht, so dass du dich in dir wohl fühlst und dir ein freier, klarer Kopf zuteilwird.
Alles geschieht vollkommen mühelos.
Die heilsamen Energien bringen dir Licht und Führung.
Im Sonnenlicht deines Geistes wirst du gebadet.
Lass dich ganz auf diesen Augenblick ein.

Die Kraft des höchsten Heiles durchströmt dich in seiner bedingungslosen Liebe,
denn dieser Ort besteht aus reiner Liebe und reinem Licht.
Fühle dich noch einmal bewusst in der Schwerelosigkeit, inmitten der kosmischen Farben und Klänge.
Spüre, wie du vom Strom des Seins getragen und genährt wirst.

Speichere dieses Gefühl ab, sodass du es mit in die Gegenwart nehmen kannst.
Dann lass dich aus der göttlichen Sphäre herausgleiten und fühle wieder die normale Schwerkraft, die auf deinen Körper wirkt.
Nimm die Treppenstufen ins Wasser und spüre seine angenehme Wärme.
Am anderen Teil des Beckens angekommen kannst du dich gerne noch einmal in aller Ruhe umschauen und alles mit geschärften Sinnen wahrnehmen.
Von diesem Moment an befindest du dich im ewigen Lebensfluss.
Von diesem Moment an verstehst du die wahre Natur deines Geistes.
Diese Erinnerung nimmst du mit in deinen Wachzustand.

(kurze Pause)

Lass deine Gedanken langsam wieder durch Raum und Zeit ins Hier und Jetzt zurückkehren.
Erinnere dich an deine Erlebnisse und Gefühle und bewahre sie in deinem

spirituellen Herzen.
Halte die Energie der Liebe ab jetzt beständig in deinem Herzen und höre hiermit nicht mehr auf.

Komm wieder zurück in den gegenwärtigen Moment und schenke deinem Körper die Bewegung, nach der er sich gerade sehnt.
Gib deinem Drang nach, dich wieder bewegen zu wollen.
Bewege einzelne Teile deines Körpers, deine Füße und deine Hände.
Streck dich ausgiebig und atme bewusst mehrmals kräftig tief ein und aus.
Atme in das Zentrum deines Atems – in deinen Mittelpunkt ein und aus.
Wenn du soweit bist, öffne deine Augen und kehre gereinigt und voller Lebensenergie bewusst in diesen Raum zurück.

Ich bin

Entdecken, wer du bist
Erkennen des eigenen Pfades
Im Sonnenlicht des Geistes baden
Deine Göttlichkeit und Einmaligkeit entdecken
Deinen Körper als kostbares Gefäß erkennen
Sein

Setz oder leg dich gemütlich hin, spür in dich hinein, wie es am angenehmsten für dich ist, und lass alle Muskeln ganz locker und gelöst sein.
Finde eine Position für dich, die sich stimmig und richtig anfühlt.
Komm ganz sanft im Hier und Jetzt an und gestatte deinem Leib, vollkommen bewegungslos zu werden.
Zieh deine Aufmerksamkeit von den Äußeren Dingen ab und sei ganz bewusst da, ruhe ganz bewusst in deinem Körper.

Wenn du soweit bist, schließ deine Augen und wende dich damit von deinen äußeren Sinnen ab und deinen inneren Sinnen zu.
Werde zum Beobachter deines Seins und sei ganz einfach nur da.
Nimm wahr, wie gut es deinen Augen tut, nichts zu sehen, und wie gut es deinem Körper tut, nichts zu machen.
Schenke dir diese wertvolle Zeit nur für dich und genieße sie.

Spüre diesen innigen und wertvollen Moment.
Atme in deinen Körper tief ein und wieder aus, sei einfach nur für dich da.
Beobachte deinen Atem, der von ganz alleine kommt und geht.
Lass alles los und fühle, wie dein gesamter Körper mit jedem Atemzug immer ruhiger und gelassener wird.

Lass alle schmerzhaften Erfahrungen und Lasten, die dich im Laufe deines Lebens geprägt haben, einfach mit einem Gefühl der Liebe los und spüre, wie warme Geborgenheit dich berührt.
Du hast vielleicht die innige Verbundenheit zu deinem wahren Selbst, zu deinem Licht und zu deiner Göttlichkeit verloren und mit der Zeit ist dir dein

einzigartiger Wert abhandengekommen.

Sei dir aber gewiss, du bist und bleibst auf ewig göttlicher, unendlicher, geliebter Geist.

Wenn du bereit bist, dir selbst und deiner wahren Größe zu begegnen, dann entschließe dich jetzt dafür, dich von deinen emotionalen Blockaden zu befreien, lass sie los und schließe Frieden mit deinem Seelenschmerz. Fühle dich frei und leicht.

Löse dich in diesem Augenblick von allen unangenehmen Situationen und Personen, die nicht mehr stimmig für dich sind, weil sie dir dein Licht entziehen.

Entscheide dich hier und jetzt dafür.

Du musst gar nichts tun, lass einfach alles Alte und Unerfreuliche los und Heilung darf geschehen.

Erlaube dir, dich diesem Augenblick hinzugeben und spüre, wie das Loslassen immer natürlicher wird.

Die Geborgenheit dieser natürlichen Atmosphäre erlaubt dir, ganz gelöst und vollkommen entspannt zu ruhen.

Fühle, wie es ist, in der heilsamen Stille zu sein.

Vielleicht ist es für dich ungewohnt, Stille zuzulassen, doch sei gewiss, dass alles jetzt und hier richtig und wichtig ist.

Erfrische dich an ein paar erholsamen und friedvollen Atemzügen und dann gewähre dir Einlass in die Wirklichkeit hinter dem Schein.

Vertraue darauf, dass all die Impulse kommen, die jetzt wichtig und richtig für dich sind, und schenke dir ein Lächeln.

(kurze Pause)

Stell dir vor, du wunderbares Menschenkind, du unternimmst an einem sonnigen Tag einen Spaziergang in unberührter Natur.

Alles um dich herum lädt dich zum Verweilen ein und du schaust dich neugierig um, während du langsam entlang eines geschwungenen, ausgetretenen Pfades schreitest.

Weich spürst du das Gras unter deinen Füßen.

Die wärmenden Sonnenstrahlen verraten, dass der Sommer nun gänzlich Einzug gehalten hat.

Die Luft, die du einatmest, wirkt belebend und mischt sich mit dem Duft von wunderschönen, farbenkräftigen Wildrosen mit gefüllten Blüten.
Atme tief ein und aus.
Ihre gelben Staubgefäße bewegen sich in einer zarten Brise und locken Bienen an, die summend von einer Blüte zur anderen schwirren.
Die Wildrosen verströmen einen angenehm süßen Duft, der sich mit betörenden Düften von wildblühenden Sträuchern mischt.
Der Wind weht leicht durch dein Haar.
Nimm es wahr.

Du lauschst dem lieblichen Vogelgesang und fühlst dich absolut wohl.
Der Weg auf dem du dich befindest, gabelt sich und du folgst dem, der unscheinbarer und schmaler wirkt.
Er scheint etwas Geheimnisvolles zu haben und du fühlst dich magisch zu ihm hingezogen.
Gras und Büsche haben den Weg fast zugewuchert, doch du kannst ihm mühelos weiter folgen.
Du genießt den Tag und bist fröhlich.
Öffne dich für die Schönheit, die dich umgibt.

Ein Wildhase hatte dich nicht bemerkt und kreuzt deinen Weg, er bleibt unvermittelt stehen und schaut dich für den Bruchteil einer Sekunde an.
Dann rennt er weiter und hüpft über einen kleinen Bach, den du in nächster Nähe sehen kannst.
Ein murmelndes Plätschern ist zu hören und du gehst näher heran, dort kannst du kleine, glitzernde Wellen sehen, die über Stock und Stein fließen.
Der gewundene Bachlauf ist auf beiden Seiten von einem blumenreichen Ufer umgeben, das mit duftenden Büschen gespickt ist.
Atme das Aroma tief ein und genieße den Wohlgeruch.
Jeder Atemzug schenkt dir neue Energie.

Lass dich den Bachlauf folgen und strecke dabei deine Sinne aus.
Nimm alles genau wahr.
Werde dir deines feinstofflichen Körpers gewahr und dem aller anderen Lebewesen.
Fühle, wie dein Bewusstsein sich ausdehnt, sich über die Grenze deines Körpers hinweg entfaltet.

Lass dich zu dir selbst erwachen und spüre die ewige Verbundenheit mit
dem einen Bewusstsein, mit dem einen Geist, der du bist.
Du bist ein ewig lebendes Geistwesen.
Tauche tief ein in Alles-was-ist.
Spüre, wie du vom Strom des ewigen Seins getragen wirst und in der
Präsenz der Gegenwart ruhst.
Fühle deine Verbundenheit mit allem, denn du bist alles und du bist überall.

(kurze Pause)

Lass dein Leben in der Gegenwart deines Geistes beginnen und verbinde
dich mit dem Bewusstsein des Schmetterlings, der sich auf eine herrlich
duftende Wildblume in deiner Nähe niedergelassen hat.
Nimm seinen Körper wahr, denn du bist der ewige Geist, der in allen
Erscheinungsformen seinen Ausdruck gefunden hat.
Du bist der ICH BIN.
Du bist der Schmetterling, fühle seine Bewegungen, seinen Saugrüssel mit
dem er flüssige Nahrung aufnimmt, seine Beine, seine Fühler, seine gro-
ßen, zarten Flügel, die sich zusammen aufgerichtet haben.
Lass dich eins werden mit ihm und spüre bewusst in diese Verbundenheit
hinein.
Nimm mit deinen höheren feinstofflichen Sinnen das Eins-Sein mit dem
Schmetterling wahr.
Konzentriere dich auf diesen kostbaren Augenblick.

Lass sich dein Bewusstsein noch weiter ausbreiten und spüre in die Natur
hinein, in ihre Lebendigkeit und Fülle.
Nimm den Überfluss wahr, der allerorts vorhanden ist.
Breite deinen Geist in alle Richtungen aus und nimm die Vielzahl der
Lebewesen wahr, alle Pflanzen und Tiere, ihre pulsierende Lebensenergie.
Nimm den köstlich reifen Apfel wahr, der so schwer geworden ist, dass er
von alleine auf den Boden fällt, und lass dich das leise Geräusch wahrneh-
men, das beim Aufprall entsteht.
Sei achtsam.
Verschmilz mit dem Apfel und dem Geräusch und lass dich das Gewicht
des Apfels auf Mutter Erde spüren.
Fühle deine Verbundenheit zur physischen und nichtphysischen Welt.

Fühle dich in das fließende Gewässer hinein,
in die Luft und ihre Strömungen und Winde,
in die Sonnenstrahlen, die alles berühren,
in den Lebensraum Erde mit seinen vielzähligen Lebensformen.
Du und alles um dich herum gehören zur selben göttlichen Familie, wenn
es ihnen gut geht, geht es auch dir gut, denn alles ist miteinander
verbunden.
Alles ist vereinigt und lebt im untrennbaren Zusammenspiel.

Öffne dich weit und fühle mit den Sinnen, die über die menschlichen fünf
Sinne hinausgehen.
Nimm in diesem Augenblick alles wahr, was du erblickst und vorhanden ist.
Nimm die Fülle wahr, die ein natürlicher Teil des Lebens ist, ein natürlicher
Bestandteil des Ganzen.
Erlebe alles ganz bewusst.
Erfülle den Augenblick und das ewige Jetzt, denn du bist reine Existenz.
Lass deinen Geist sich noch weiter öffnen und erfahre das Eins-Sein mit
Mutter Erde und allem Leben auf ihr.
Spüre ihr lebendiges Wesen und tritt ein in das göttliche Licht der
Transformation.

Du bist ein ungetrennter Teil von Gott und beginnst zu verstehen, dass das
gesamte Universum geschaffen wurde, um sich selbst aus sich selbst zu
gestalten.
Du bist eins mit dem Universum und allen Lebensformen und erschaffst
Realitäten im Hier und Jetzt.
Erlebe bewusst, wie es ist, jenseits von Raum und Zeit zu sein, in den
Strömen des Immerwährenden.

Indem du deinen schöpferischen Geist ab jetzt bewusst auf das richtest,
was du haben möchtest, erschaffst du eine liebenswertere Welt.
Mit deiner zielgenauen Aufmerksamkeit modellierst du Realitäten wie ein
Töpfer den feinen Ton.
Es ist einfach und doch so effektiv.
Genieße deine Schöpferkraft und lausche dem Zauber der verborgenen
Welt, dem Zauber, der im Alltäglichen liegen kann.

(kurze Pause)

Lass dich in diesem Sinn eine freundliche und liebevolle Beziehung zu
deinem eigenen Selbst aufbauen und eine bedingungslose Liebe zu dem
wunderbaren Menschen, der du bist.
Lass dich ab jetzt mit deinem erwachten Bewusstsein durchs Leben gehen
und beginne gemäß deinem Willen, dein Leben, deine Lebensumstände
und deinen Körper harmonisch zu gestalten, denn du bist lange genug auf
nebelverhangenen Pfaden verletzt und gezähmt umhergestreift.

Denke daran, alles, was dich verletzt hat, war nur eine Illusion.
Zeit ist nur eine Illusion.
Du kannst nicht verletzt werden, altern oder sterben, denn du bist ewig.

Du bist die schöpferische Präsenz des Allerhöchsten, darum sei
leidenschaftlich in allem, was du tust.
Liebe und lebe von ganzem Herzen, denn das Leben ist immer für dich da.
Fühle, wie unendlich wertvoll und wichtig du für diese und für andere
Welten bist, für alles was lebt und wächst.

Tanze nach der Musik, die du mit deinen inwendigen Ohren hörst, und gib
niemals auf, dich selbst zum Ausdruck zu bringen.
Ermutige auch andere dazu.
Enttarne jeden Schmerz und jeden Zweifel, jeden Glaubenssatz und jede
Verhaltensweise als Trugbild deiner irdischen Gedankenformen und
werde zum wahren Meister deines Lebens.
Stell dir vor, wie dein physischer Körper im Lichte deines erwachten
Bewusstseins geheilt wird.
Alles Dunkle und Unheile wird sofort licht- und liebevoll transformiert.
Jede Zelle, jedes Atom, alle Teile deines Wesens und alle Ebenen deines
Seins dürfen in deinem eigenen Licht heilen.
Spüre, wie die höheren Dimensionen des Universums dir durch deinen
Geist Liebe und Frieden senden und dich warm umarmen.
Spüre, wie Gott immer bei dir ist, um dich aufzufangen, wenn du fällst.
Nimm alles genau wahr.

Lass Körper, Seele und Geist wieder eine Einheit bilden und verweile in dir

ruhend in den göttlichen Transformationsströmen.
Fühle, wie ganz einfach und leicht alle verloren gegangenen Seelenanteile,
die die Frequenz deines Ursprungs in sich tragen, nach und nach gereinigt
und geheilt zu dir zurückkehren, bis das Lied deiner Seele vollkommen ist
und du wieder vollkommen ganz geworden bist.
Alles, was du wahrnimmst, geschieht zu deinem höchsten Wohle, genauso,
wie es für dich richtig und stimmig ist.
Durch die zurückgekehrten Seelenanteile kannst du dich wieder deiner zu
dir gehörenden Kraft und Stärke besinnen und hast die Fähigkeit, alle Ketten, die dich gefangen halten, zu zerreißen.
Konzentriere dich auf diesen Augenblick.
Überquere den weiten Zwischenraum der Materie.
Nimm genau wahr, wie alle Seelenteile zu dir heimkehren, bis du wieder
ganz bist.

Mit jedem Atemzug badest du mehr und mehr im heilenden Licht.
Höre, wie die Engel für dich die Klänge der ewigen Liebe singen und
genieße diesen Augenblick.

(kurze Pause)

Richte deine Aufmerksamkeit einmal auf deinen Leib, der das kostbare
Gefäß ist, mit dem deine ewige Seele Erfahrungen sammelt.
Spüre ihn liebevoll.
Denk an deinen Seelentempel mit Gedanken der Liebe und lasse ihn
entsprechend den vollkommenen Mustern, die in deinem Geist gespeichert
sind, heil und gesund werden.
Lass transformierende Schwingungen deine Aura harmonisieren und deine
Energien ausgleichen.
Stell dir vor, wie heilsame Frequenzen aus deinem Herzen deinen Körper
und dein energetisches System durchdringen.
Sie bauen einen undurchdringlichen Schutz um deine Energiekörper auf,
der alles Negative abhält und nur heilsame und wohltuende Energien für
dich durchlässt.
Dies alles geschieht in diesem einen Augenblick.

In diesem Augenblick bist du ewig, das ist dein wahrer Zustand und du

spürst, dass du stimmst in jeder Hinsicht.
Das Portal zu deinen geheimen Kammern wurde dir geöffnet.
Du kannst in deinem Leben alles erreichen, was du erreichen willst, und alles sein, was du sein willst.
Alles, was für dich nicht stimmt, kannst du in diesem Augenblick ändern.
Du kannst alles wieder in Harmonie bringen, wenn du dich selbst als die heilende Kraft erkennst, durch die alles wieder in Ordnung kommt.
Entscheide dich in diesem Moment bewusst dafür, glücklich und gesund zu sein.

Du bist das heilende Energiefeld, das mithilfe der feurigen Flamme Gottes sein spirituelles Herz aktiviert hat und das Licht deines Geistes zur Heilung in die Welten schickt.
Mithilfe der Liebe und des Lichtes deines Geistes gestattest du deinem Körper, seine ursprüngliche Gesundheit wiederzuerlangen.
Denn du bist der Schöpfer und die Schöpferkraft liegt in deiner Hand, du schreibst das Buch deines Lebens.
Du verstehst allmählich, dass diese Welt und alles Leben ein Teil von dir ist.
Dein eigenes Leben kann reicher und farbiger werden, indem du einfach bewusst in diesem Augenblick lebst und mit deinen geistigen Sinnen wahrnimmst.
Lerne mit deinen inneren Ohren zu lauschen, sei einfach nur ganz still und konzentriere dich auf deine Wahrnehmung.

Nimm den Wassertropfen wahr, der als Morgentau an dem Stängel einer Blüte hängt und schließlich leise auf die Oberfläche eines stillen Tümpels platscht.
Fühle die kaum erkennbare Veränderung, die dieses Erlebnis in dir auslöst und was es dir offenbaren möchte.
Das Göttliche lauscht dem Göttlichen.
Sei eins mit diesem Klang, mit dem Wassertropfen, dem Tümpel, der Blume, allem Sichtbaren und Unsichtbaren.
Sei ganz gegenwärtig, denn du bist von der Gegenwart erfüllt.

Du bist Gegenwart.
Du bist Gott, denn alles ist Gott.

Das Göttliche betrachtet immer das Göttliche.
Alles ist ein ungetrennter Teil desselben kosmischen Flechtwerks.
Lass diese wunderbare Erkenntnis noch eine Weile in dir wirken und spüre
diese Worte in jeder einzelnen Zelle.

(kurze Pause)

Wann immer du soweit bist, schenke dir noch einmal einige tiefe Atemzüge
und komme vollständig wieder hier an.
Lass dich sanft und behutsam in deine Dimension zurückkehren und spüre,
wie du dich in dir selbst wohl fühlst, denn du bist die Quelle deiner Heilung.
Spüre, wie du offen und empfänglich für den Fluss des Lebens bist, und
forme mit deinem Mund ein leichtes Lächeln.

Komm wieder ganz bewusst im Hier und Jetzt an, als der, der du in
Wirklichkeit bist, als du selbst.
Fühle deine Sinnlichkeit und deine Lebenskraft und vollführe ab jetzt den
Tanz deines wahren Wesens.
Wann auch immer du bereit bist, bewege deine Hände und Füße, strecke
dich ausgiebig und atme bewusst tief ein und aus.
Schenke dir einige tiefe, nährende Atemzüge.
Dann öffne deine Augen und erlaube deinem Körper, sich wieder frei
bewegen zu können.

Begegnungen im Urgrund allen Seins

Wenn du lernst, regelmäßig in dich zu gehen und alle Außenreize auf ein Mindestmaß abzuschalten, begegnest du dir selbst, deiner eigenen Stille. Du gehst mit deiner Wahrnehmung aus deinem gröbsten Gebilde, deinem Leib, heraus, betrittst deine Innenwelt und entdeckst deine wunderbare Seele. Du spürst, wie dein Körper in deiner Seele ruht und von ihr erfüllt ist, so wie ein durchtränkter Schwamm in einer Badewanne von dem Wasser durchzogen ist. Es gibt keine Stelle, die trocken bleibt. So ist auch jede Zelle und jedes Atom deines Leibes vom göttlichen Licht deiner Seele durchtränkt. Deine Seele wiederum ist ein ungetrennter Teil deines Geistes, der durch deine Intuition mit deiner Seele und damit mit dir kommuniziert. Du kannst lernen, den Mitteilungen deines Geistes zu lauschen, sie zu verstehen und ihre Botschaft zu erkennen. Deine Geisteseinblicke sind deine geistige Nahrung und haben einen unvergänglichen Wert.

Alles, was du brauchst und was du bist, ist bereits in dir.

Wenn du dich mit dir selbst beschäftigt und zur wichtigsten Person in deinem Leben wirst (gesunder Egoismus :-)), beginnst du ein achtsameres und klareres Leben zu führen. Ein Leben, das du dir vielleicht schon immer erträumt hattest. Du begreifst dann allmählich oder auch schnell, dass es nicht darauf ankommt, was eigentlich um dich herum und in der Welt passiert, sondern einzig und alleine darauf, wie du das Geschehen infolge deiner Wertvorstellungen, Überzeugungen und Glaubenssätze auslegst.

Öffne jetzt dein Herz für alle Frieden schenkende, liebevollen Energien.

Mit der Zeit lernst du, dass in allem etwas Positives vorhanden ist, und damit entsteht wiederum mehr Licht in dir und um dich herum. Erlaube, den göttlichen, violett, silbrig schimmernden Energien, in dich hineinzufließen und

deine Energieknoten zu lösen, die gelöst werden müssen, um deine Göttlichkeit zu erkennen. Lass die Energien in deinem Lichtkörper zirkulieren und
sich die spirituelle Essenz übertragen, sodass Klärung und Heilung gemäß
dem Schöpferplan geschehen darf. Die in dir ruhende Liebe darf in ihrer unendlichen Strahlkraft hervortreten und alle Heilungsprozesse aktivieren.

♥ Stell dir einfach mal vor, wie kristallines Licht dich einhüllt und ein
Kokon um dich herum entsteht. Immer mehr Licht fließt zu dir, wird in
diesem Kokon gespeichert und du wirst mit diesen gleichmäßig fließenden Energien verbunden. Jede Ebene deines Seins und jeder
Teil deines gesamten Wesens ist lichtdurchflutet. Es fließt genau so
viel göttliche Lebensenergie zu dir, dass du dich harmonisch und ausgeglichen fühlst, nicht mehr und nicht weniger. Dein eigenes, neu
entstandenes Lichtkleid schützt dich vor allem Negativen und leuchtet im strahlenden Weiß, denn deine Schwingungsfrequenz hat sich
soeben erhöht.

Stell dir jetzt deine tiefe und innige Verbundenheit zu Gaia vor, deine
tiefe Verwurzelung mit ihr und lass alle Lichtenergien aus deinem spirituellen Herzen durch deine Wirbelsäule in Mutter Erde und deine
Umgebung fließen. So erhellt sich alles in dir und um dich herum.
Bitte jetzt deinen Geist, all deine Energien auszugleichen und zu harmonisieren, sodass diese frei in dir fließen können.

Diese einfache doch sehr effektive Visualisierungsübung wird dir im Alltag
helfen, wieder in deine Mitte zu kommen.

Such in deiner ewigen Seele und nicht äußerlich nach allem Guten und der
immerwährenden Wahrheit, welche sich durch deinen göttlichen Geist in dieser wundervollen Seele offenbart. Denn die göttliche Wahrheit entsteht oder
vergeht nicht, sie ist losgelöst von allen körperlichen Empfindungen und irdischen Emotionen, von allen Zu- und Abneigungen, sie kann nicht verändert,
beschnitten oder zerstört werden, denn sie ist einfach. So wie die Liebe auch
einfach ist.

Stell dir vor, du könntest dich unter einem großflächigen Mikroskop immer
deutlicher wahrnehmen.

Du zoomst immer näher heran und kannst zunächst deine Haut und ihre Poren ganz genau erkennen, dein Blut mit seinem Blutplasma und den Blutzellen, dann vergrößerst du die Zellen und erkennst Moleküle und Atome. Du vergrößerst noch weiter diese mikroskopisch winzige Abbildung eines Elementarteilchens und befindest dich irgendwann in dem Bereich, in dem es nur noch Energie gibt. Stell es dir genau mit deinem geistigen Auge vor.

Alles an dir besteht aus einer pulsierenden Energie, die nicht erschaffen oder vernichtet werden kann. Sie ist einfach. Jetzt befindest du dich auf der natürlichen Gottes-Ebene, auf der Ebene des reinen Bewusstseins, des unsterblichen Geistes, aus dem alles aufgebaut ist, aus dem alle Materie besteht. Materie ist die am niedrigsten schwingende Erscheinungsform von Bewusstsein.

Du nimmst dich wahr als unsterblichen Geist in der Verkörperung eines Menschen, der sich innerhalb des Trugbildes von Raum und Zeit befindet. Von einem Moment auf den anderen bist du erwacht aus deinem Traum, ein irdisches Leben zu führen, welches durch Begrenzung, Mangel und Tod definiert ist. Dann bist du in der Lage, die Grenzen überschreitende Schöpferkraft zu aktivieren, um alles erreichen zu können und alles zu sein, was dein Geist nur ersinnen kann. Und deine irdische Existenz wird vielfältiger, freudiger und bunter durch dein bewusstes Da-Sein.

Im Urgrund allen Seins, manche sagen auch im Feld aller Möglichkeiten, existieren alle Schwingungszustände, die Farben der Liebe, die Töne und Klänge der Liebe, die Kräfte und Energien der Liebe und der Strom der göttlichen Wirklichkeit, aus dem die Universen gestaltet wurden. Heilende kristalline Schwingungen der Liebe und des Lichts haben alle Gegensätze in ihrer Gotteskraft wieder vereint.

Halte die Energie der Liebe beständig in deinem Herzen
und entfalte dich weiter, durch deine persönlichen Entwicklungsschritte.

Segne die Männlichkeit in dir, deine Yang-Energie und das Muster des Gebens und segne die Weiblichkeit in dir, deine Yin-Energie und das Muster des Empfangens. Segne alles, was dir begegnet und widerfährt, alles und jeden und du wirst wachsen und zur Erkenntnis kommen.

Die nun folgenden Beschreibungen geben aus einer Vielzahl von spirituellen Erlebnissen *einzelne Erfahrungen* wieder, die ich im Zusammenhang mit

151

Heilarbeit und Anderswelt- und Lichtreisen habe machen können. Jede einzelne Erlebniswelt ist ebenso real, wie die, die ich zurzeit auf der Erde erlebe, und spiegelt Zusammenhänge in anderen Welten und Dimensionen wider. Sicherlich hast auch du schon einmal Erlebnisse gehabt, die du mit deinen überirdischen Sinnen hast wahrnehmen können, dein begrenzender, irdischer Verstand dies aber vehement geleugnet hat. Ich möchte dich dazu ermutigen, diese nicht als Hirngespinste abzutun oder zu verleugnen, sondern sie als Begebenheiten in anderen Sphären und Dimensionen zu betrachten, die alle in diesem Augenblick geschehen, jenseits von unserer Zeit und unserem Raum.

Da du als multidimensionales, ewiges Sein, als unsterbliches Lichtwesen in vielen Leben innerhalb und außerhalb von Raum und Zeit verkörpert bist und schon eine ganze Weile die permanente Schwingungsanhebung von Gaia und ihren Geschöpfen stattfindet, wird der Schleier, der dich in der niedrigschwingenden, menschlichen Illusion hält, immer durchlässiger und poröser. Kontinuitäten und Entsprechungen der menschlichen Vorstellung, wie du und die Menschheit sie in ihr Glaubenssystem verflochten haben, brechen zusammen und kollabieren in den hochfrequenten Energien und Kräften der Transformation und des Aufstiegs, sodass Platz für neue Sichtweisen und Realitäten entstehen kann.

Lass dich nun von den Erlebnisinhalten begeistern und inspirieren und beziehe ruhig einige Textstellen auf dich persönlich, wenn du dich von ihnen angezogen fühlst.

Meine ersten beiden Krafttiere

Ich besuchte meinen inneren Kraftplatz, der sich in der Mitte meines Herzens befindet, und fand auf wunderbare Weise meine ersten beiden Krafttiere.

Ich befand mich auf einer wunderschönen Wiese, die sich rundherum ausdehnte, das Gras und die Wiesenblumen bewegten sich nur, wenn eine leichte Brise auffrischte. Einzelne, mächtige Laubbäume standen in Gruppen verteilt in einiger Entfernung und spendeten Schatten für jeden, der es wollte. Die stille Landschaft vereinigte Himmel und Erde und machte Ehrerbietung sichtbar. Die Sonne schien am Himmel und erwärmte mich, ich konnte den Duft von Sommer und Natur wahrnehmen und genoss diesen Augenblick. Ich breitete meine Arme aus, schloss die Augen und reckte meinen Kopf zum Himmel. Dabei dachte ich im Stillen daran, dass ich gerne wüsste, welche Krafttiere ich wohl hätte. Ich fühlte mich so unbeschreiblich wohl inmitten dieses natürlichen Lebensraumes.

Ich schaute mich aus der Ferne an und beobachtete alles um mich herum. Während mein Körper verträumt die Stille des Momentes genoss und in tiefen Atemzügen die herrliche saubere Luft einatmete, nahm ich eine Bewegung am Himmel wahr und ein zunächst noch unklarer Schemen näherte sich der Wiese, auf der ich stand. Als ich ihn mit meinem Geist erkannte, freute ich mich so sehr, dass ich meine Augen öffnete.

Etwas glänzend Weißes schwebte langsam und feierlich auf mich zu und kam einige Meter vor mir zum Stehen. Ein wunderschönes Einhorn blickte mich eindringlich mit seinen strahlend himmelblauen Augen an. Ich war so berührt, dass ich mich zunächst nicht bewegte, sondern es einfach genauer betrachten wollte.

Das Einhorn war eine Stute, das wusste ich einfach. Es hatte ein spiralförmig gedrehtes, weiß leuchtendes Horn auf der Stirn und die Ausmaße eines mittelgroßen Pferdes, sein Körperbau war aber graziler und feiner. Es strahlte eine unschuldige Reinheit und eine Christusgleiche Präsenz aus, die mich in ihren Zauber einhüllte. Diesem wunderbaren Wesen blieb nichts verborgen, denn es war und ist unmittelbar mit der geistigen Welt verbunden. Ich erfreute mich an jeder Sekunde dieser kostbaren Wahrnehmung und verweilte in diesem Augenblick.

Das Einhorn besaß eine sehr hohe Schwingung und hatte eine heilsame Energie, die mich gleichsam zu tragen schien. Ich fühlte mich leicht und befreit und mir wurde warm ums Herz. Die Atmosphäre um mich herum schien förmlich himmlisch zu werden und alle oberflächlichen Emotionen wichen vor dem Gefühl der reinen Christusgegenwart, die mein Krafttier – die Einhornstute mir zukommen ließ.

Ein Schauer der Freude erfasste mich und ich wusste, ich kann mich meinem magischen Krafttier voll und ganz anvertrauen und auf Wunder bauen, die sich in meinem Leben ereignen werden, weil sich durch mein Einhorn göttliches Licht in meiner Dunkelheit ausbreitete und sein reines Licht all meine Wunden zu heilen begann. Ich hatte das Gefühl, dass ich eine starke Verbindung zu anderen Lichtwesen aufbauen werde, weil das Einhorn meine Augen für die Wahrheit hinter dem Anschein öffnen würde.

Es kam auf mich zu und ließ sich von mir wie selbstverständlich streicheln. Ich umarmte seinen Hals, berührte sein Horn, das aus pulsierender Energie bestand, und küsste es auf das weiche, zarte Fell und sprach mit ihm. Wir kommunizierten auf telepathische Weise, denn das war einfacher und umfassender.

Nach einer Weile, die einer Ewigkeit gleichkam, setzte es sich in die Wiese neben mich und ruhte.

Am Himmel, im Licht der Sonne, nahm ich einen weiteren Schatten wahr, der sich schnell auf die Wiese zubewegte. Auch dieses Mal musste ich schmunzeln, weil ich ein weiteres Krafttier mit meinem geistigen Auge wahrnehmen konnte, noch bevor es sich zu mir gesellt hatte. Es war ein großer, brauner Adler, der ca. zwei Meter groß war und eine riesige Flügelspannweite von mehreren Metern hatte. Er flog ohne Umschweife direkt auf mich zu und landete kurz vor mir auf der Wiese.

Sein Blick war stetig auf mich gerichtet und mit seinen tiefgründigen, topasfarbenen Augen schaute er mir messerscharf direkt in meine Seele. Seine Energie war kraftvoll, furchtlos und wild, siegreich und mächtig, dennoch spürte ich in meinem Innern, wie seine liebevollen Schwingungen meine

Herzebene erreichten. Er war ein Wegbegleiter ganz anderer Art und ein männlicher Artgenosse.

Ich trat auf ihn zu und er neigte sein Haupt, sodass ich geradewegs durch seine Augen in das Fundament seiner Seele schauen durfte. Dort erkannte ich seinen Sinn für Gerechtigkeit und den Willen dies auch durchzusetzen, wenn es vonnöten wäre. Er repräsentierte Schnelligkeit, Ausdauer und die Fähigkeit, vor niedrig schwingenden Energien jeglicher Art zu schützen und sie abzuwehren.

Ich wusste, dass mir dieses majestätische Krafttier Botschaften aus den geistigen Welten eröffnen und als König der Lüfte die Freiheit schenken würde, die ich mit meinem immer greifbarer werdenden Weitblick entfalten würde. Ich fühlte mich in seiner machtvollen Aura behütet und vollkommen sicher. Eine geistige Klarheit sickerte in meinen Kopf hinein und berührte meine Seele, sodass ich mir und meinen Fähigkeiten mehr Vertrauen entgegen bringen konnte.

Ich berührte ihn sanft und sprach mit ihm auf der Ebene eines Gedankens. Sein Gefieder war geschmeidig und spiegelglatt, nichts schien sich an ihm anheften zu können, was nicht von seiner Machart war. Seine Stärke und Unerschütterlichkeit wurde fühlbar und rief intensive Gefühle in mir wach. In seiner Umgebung war es angenehm warm, denn alle Kälte entfloh seiner unmittelbaren Gegenwart. Ich spürte ein unglaubliche Kraft und Macht auch in mir und wurde immer entschlossener, sie ab heute stärker zu nutzen und freizusetzen.

Beide Krafttiere, meine Einhornstute und mein Adler, waren ab nun meine ständigen Begleiter, die mich im Alltag, bei schamanischen und Licht-Reisen, bei Heilsitzungen und im Schlafe mit ihren nährenden und inspirierenden Energien begleiteten. Ich bin dankbar für diese innige Freundschaft, die sich entwickelt hat.

Mein drittes Krafttier

<u>Während einer geistigen Reise kam unverhofft ein weiteres Krafttier zu mir.</u>

Ich wanderte in höheren Gedankenwelten und war im Begriff, meinen Ausflug alsbald zu beenden, als ich eine Gegenwart wahrnahm, die mich bisher noch nicht begleitet hatte. Ich war unterwegs mit meinen beiden Krafttieren, meinem Einhorn, das in der Nähe neben mir langsamen Schrittes ging, und meinem Adler, der hoch oben in den Lüften seine ausgiebigen Kreise drehte und alles genau beobachtete, was auf dem fremden Planeten vor sich ging. Meine drei lichtvollen Begleiter waren auch nicht weit entfernt.

Mein Schutzengel Davidel, mein Engelgefährte Vikan und meine Fee Vedelwies geleiteten mich wie eine Eskorte entlang eines unbekannten Weges, als sich vor mir eine schneeweiße Wolke bewegte, die eine fröhliche Energie aussandte. Ich musste lachen, denn sie hüpfte von einer Stelle zur nächsten, ganz so wie ein Wattebällchen, das von einer Hand in die andere geworfen wurde. Ihre Kontur verschmolz weich mit der Umgebung, aber ich hatte das Gefühl, dass sie etwas Besonderes in ihrem Inneren verbarg.

Ich schaute zu meinen Begleitern, doch die versuchten mich auf keinen Fall anzublicken, weil sie angeblich etwas anderes unbedingt anschauen mussten. Ich spürte, dass sie schmunzelten, und fragte mich, warum sie mir nicht sagten, was so lustig wäre.

In der Zwischenzeit schien die Wolke mit einem hellblauen Band umwickelt zu sein, das verräterisch nach einem Geschenk aussah. Immer, wenn ich es greifen wollte, wich es aus, ging nach hinten oder zur Seite, sodass ich bei meinen Bemühungen, es zu greifen, wieder und wieder ins Leere griff. Einer Eingebung folgend, tat ich so, als wolle ich nach links greifen und langte aber nach rechts und Schwups, hatte ich etwas in der Hand.

Es war ein Lebewesen, das warm und weich war, und als ich es aus der Wolke zog, sah ich einen kleinen Elefanten, der mich mit treuen, braunen Augen anlächelte. Mein Herz machte einen Satz und ich nahm ihn in den Arm, denn er war nur ungefähr 50 cm groß. Das Lächeln, welches sich in diesem Augenblick über mein ganzes Gesicht und in mir ausbreitete, trage ich seit dieser ersten Begegnung in meinem ganzen Wesen.

Als ich ihn festhielt, spürte ich seine Sanftmut, seine Warmherzigkeit, seine innere Gelassenheit und sein fröhliches Gemüt. Ich hatte das Gefühl, ständig vor mich hin lächeln zu müssen, weil ich gar nicht anders konnte.

Er verbreitete feine, lebenslustige Schwingungen, die jede negative Vibration sofort mit heilsamen, spaßigen und glücklichen Frequenzen übergoss, sodass diese sich unmittelbar transformierten. Sofort kam mir ein Name für ihn in den Sinn und ich nannte ihn, besiegelt mit einem feierlichen Kuss auf seinen Rüssel „Kleiner Ganesha".

Er besaß wirklich die Fähigkeit, andere mit seiner inneren Gelassenheit und seinem freudigen Naturell anzustecken, und schien meine Begleiter und mich als seine Familie beschützen zu wollen. Auch wenn er jung war, hatte er große, magische Kräfte, die er auch einem ausgewachsenen Wesen entgegenstellte, sobald es erforderlich wurde. Er posaunte einfach die harmonisierenden Glücksenergien aus sich hinaus und duschte jeden in seinen heilsamen Strömen, die alles durchzogen und durchtränkten, bis nichts mehr an Übellaunigkeit, Aggression oder anderen niederen Gefühlen mehr vorhanden war.

Er war ein wirklich spaßiges Kerlchen, mein kleiner männlicher Elefant, der auch meine anderen Krafttiere mit seiner Energie der Freude überhäufte, wenn sie es brauchten. Sogar mein Adler, der meistens etwas abseits für sich blieb und nur gelegentlich körperlichen Kontakt mit meinen anderen Seelengefährten zuließ, gestattete, dass der Kleine Ganesha sich an ihn schmiegte, wenn er ruhen wollte.

Ich habe so viele wunderbare Erlebnisse mit meinen Krafttieren erlebt, über die ich berichten könnte, aber das würde den Rahmen dieses Buches sprengen. Aber eins ist gewiss, jedes Mal, wenn ich mich im täglichen Leben ertappe, dass ich nicht in meiner Mitte bin oder ich mich in die Schwingungen der dritten und vierten Dimension verheddert habe, denke ich an meinen kleinen Elefanten und seine heilsame, göttliche, lustige Präsenz lässt mich sofort wieder glücklich werden und ein Lächeln auf dem Gesicht tragen. So ist es auch jetzt, während ich dies niederschreibe.

Ein Paralleluniversum

Während einer Meditation machte ich diese fesselnde Erfahrung in einer parallelen Welt, die der Wirklichkeit entspringt.

Vor meinen geistigen Augen entfaltete sich eine ausladende Wendeltreppe aus Stein, die in einer Rechtsdrehung abwärts verlief. Alle Wände und die Decken waren ebenfalls aus grauem, unbearbeitetem Felsen erbaut. Es war erstaunlicherweise genügend Licht vorhanden, obwohl keine richtige Leuchtquelle zu erkennen war. Ich begann, die ersten Stufen langsam und bedächtig hinabzugehen. Als ich die nächste Stufe betrat, bewegte sich diese rasant abwärts, dennoch fühlte ich mich sicher und geborgen, ich wusste ja, meine kosmischen Begleiter waren bei mir. In der gleichen Art und Weise erging es mir mit den nächsten Stufen. Sobald ich diese betrat, fielen sie in die Tiefe, doch ich stand fest verbunden auf ihnen, bis ich nach einer gefühlten Ewigkeit auf der vorletzten Treppe ankam, die sich langsam vor mir ausbreitete, sodass ich einige Schritte gehen musste, um das tiefe Fundament meines Unterbewusstsein betreten zu können.

Auf dem Weg nach unten hatte ich mich verändert, es war zwar immer noch mein physischer Körper aus dieser Inkarnation, aber ich war jünger, hatte andere Kleidung an, nämlich weiße Turnschuhe, eine weiße, weite Hose, ein weißes T-Shirt und einen kurzen Pferdeschwanz. Ich konnte es erkennen, da ich meine Perspektive ändern konnte, so wie ich es wollte. Ich konnte aus meinen physischen Augen schauen und alles sehen oder aus der Beobachterperspektive wahrnehmen, was alles vorhanden ist. Es war eine wunderbare Fähigkeit.

Ein großer Gang wurde sichtbar, auf dem beidseitig viele Türen vorhanden waren. Da ich mich den Türen auf der linken Seite noch nicht zuwenden wollte, beschloss ich mich, die auf der rechten Seite zu begutachten. Die Türen waren von ihrem Aufbau her ähnlich, sie waren aus braunem Holz geschnitzt und oben halbrund geformt, sie hatten jedoch unterschiedliche Verzierungen und Größen.

Eine der Türen zog mich an und ich beschloss, diese zuerst zu öffnen und den Raum dahinter zu betreten. Vor meinen Augen formte sich eine wunderschöne Landschaft, der Himmel war hellblau und wolkenlos, die Sonne schien in ihrer Pracht und erwärmte alles aufs angenehmste. Ich schaute mich genauer um und erkannte, dass ich auf einem länglichen Plateau auf einem hohen Berg war. Vor mir war ein großes Tal, umsäumt von Laub- und Nadelwäldern, in der Mitte floss ein kleiner Flusslauf friedlich daher. Über mir flog mein Adler, eines meiner Krafttiere.

Ich stand in der Mitte des Plateaus und genoss die frische Luft und die Brise, die meinen Körper streichelte. Um alles besser wahrnehmen zu können, sah ich mich aus der Entfernung auf der Plattform stehen. Zu meiner großen Überraschung stand mein Schutzengel vor mir, er war viel größer als ich, in weiß gekleidet, mit einem Gewand, seine Flügel waren meistens an seinen Körper angelegt. Er schaute mich liebevoll an und ich konnte seine wunderbare Energie spüren, die mich durchdrang. Ich war gleichzeitig in meinem Körper und nahm ihn durch meine Augen wahr und außerhalb meines Köpers und beobachtete das Geschehen aus der Ferne.

Ich fragte ihn nach seinem Namen, bekam aber nicht direkt eine Antwort; er schien mich zu necken und flog etwas höher, er hatte eine lustige Art an sich und lachte, er sagte, ich wisse seinen Namen, deswegen bräuchte er ihn mir nicht zu sagen. Ich würde mich bald wieder daran erinnern können.

Mein Engelbegleiter Vikan, der übrigens ein Elohim ist und sich für mich nur mit anderen Flügeln darstellt als mein Schutzengel, und meine Fee Vedelwies, die mit mir schon mehrmals als Fee inkarniert war und jetzt in ihrer Feengestalt meine Begleiterin ist, erschienen und begaben sich hinter mich, Vikan auf meine rechte Seite und Vedelwies auf meine linke Seite. Mein Schutzengel legte seine Hände von vorne auf meine Schulter und die anderen beiden jeweils von hinten auf eine meiner Schultern und es durchströmte mich eine Energie, die bis in jedes kleinste Atom meines Körpers drang. Ich hatte das Gefühl vollkommen lichtdurchflutet zu sein, selbst meine Kleidung strahlte in reinstem Weiß und glitzerte wie Sternenstaub.

Meine Fee Vedelwies begann, quirlig um uns herumzufliegen, auch sie war strahlend weiß gekleidet mit einem wallenden, langen Gewand. Sie schien die Luft um uns herum mit glitzerndem Licht zu umgeben, umkreiste uns immer mehr und flog dabei spiralförmig in die Höhe, ihre Kreise wurden immer enger, bis sie schließlich an der Spitze über uns verharrte. Ich war umgeben von einer trichterförmigen energetischen Lichtsäule, die nach oben spitz zulief.

Wir verweilten in diesem Zustand, niemand sprach, es war auch nicht nötig. Ich genoss die energetische Behandlung, die Reinigung meines Körpers und meines ganzen Seins. Ich ruhte in meiner Mitte und spürte, dass alles in Ordnung war. Ich war genau dort, wo ich sein sollte.

Nach einer Weile verließ ich die Plattform, ging zurück zur Tür und schloss diese. Nun stand ich wieder im Flur mit den vielen Türen und ich fragte mich, welche Türe ich als nächstes öffnen würde. Ich drehte mich spontan zur allerersten Tür auf der linken Seite, die ich zu Beginn gemieden hatte, und suchte mir diese aus. Ich wusste, meine kosmischen Begleiter Vikan und Vedelwies waren bei mir und mein Schutzengel, ich spürte auch meine Krafttiere.

Also öffnete ich die Tür und erkannte, dass alles in tiefste Dunkelheit getaucht war. Ich konnte nichts erkennen. Als ich zaghaft in den Raum ging, schloss sich die Tür von alleine und es war stockdunkel, aber ich hatte keine Angst. Ich konnte zwar meine Begleiter nicht sehen, aber ich wusste dennoch sie waren bei mir.

Ich versuchte zu ertasten, was mich umgab, konnte aber nichts berühren, weder mit den Händen noch mit den Füßen und da wusste ich, dass kein Boden unter meinen Füßen vorhanden war. Es war auf der einen Seite ein vertrautes Gefühl und auf der andren Seite doch eigenartig, denn ich befand mich im Zentrum eines großen Raumes, das spürte ich. Als ich an mir herabschaute, wurde es etwas heller und ich konnte erkennen, dass ich inmitten einer riesigen Höhle schwebte.

Ich hatte keine Schuhe an, statt der Hose ein weißes Leinenkleid, das mir bis an die Knöchel und bis unterhalb meiner Ellbogen reichte. Ich schaute auf meine Hände und bemerkte, dass ich jünger war, etwa Mitte 20, ich hatte dunkelbraunes Haar zu einem langen Pferdeschwanz zusammengebunden. Ich hatte keine Flügel, sondern schwebte lediglich durch Gedankenkraft in der Luft. Allmählich konnte ich besser in der Dunkelheit sehen und erkannte, dass es sich um ein riesiges Höhlensystem handelte, aus Sandstein, mit vielen Gängen und dem einen oder anderen Durchschlupf.

Ich bekam das Gefühl, dass ich mich erstens nach einer Lichtquelle umschauen sollte und zweitens, dass mir meine kosmischen Begleiter nicht mehr weiter folgen würden, aus welchem Grund konnte ich zu diesem Zeitpunkt noch nicht sagen. Dennoch fühlte ich mich wohl und war von einer positiven Grundstimmung durchzogen. Also machte ich mich auf die Suche nach einer Lichtquelle, die ich in weiter Entfernung schließlich auch fand.

Als ich meines Weges durch enge Felswände schwebte, sah ich mich innerhalb kurzer Zeit zwischen 2 Felsblöcken eingeschlossen, die sich von oben und unten immer enger aufeinander zubewegten, bis ich schließlich gänzlich zwischen ihnen war und plattgedrückt wurde, wie eine Flunder. Ich konnte mich nicht mehr bewegen und hing fest. Ich war schließlich dünn wie Papier, dennoch hatte ich keine Angst. Der einzige Ausweg schien darin zu bestehen, mich in meine Atome aufzulösen, wie man es sich beim Beamen vorstellt, und dann durch die Ritze zu gleiten. Ich spürte, wie ich mich in meine Moleküle auflöste und durch die schmalen Spalten im Felsmassiv hindurch bewegte, bis ich auf der anderen Seite ankam und wieder durch bewusste Entscheidung meine menschliche Form annehmen konnte.

Ich war der Meinung, eine andere Höhle vorzufinden, stattdessen war ich mitten im Universum und sah vor mir eine fremde Galaxis, es war nicht unsere Milchstraße. Sie war wunderschön, ihr Licht strahlte hell weiß und sie war riesengroß. Ich nahm Kurs auf die Ansammlung der Millionen von Sonnensystemen, eilte schnell an ihnen vorbei, um einige Blicke auf sie werfen zu können, es war ein berauschendes und einmaliges Erlebnis.

Mit der Kraft eines Gedankens kam ich schnurstracks an einem Planeten an, der größer als unsere Erde war; ich schwebte in der Atmosphäre und setzte langsam zur Landung an. Ich konnte atmen. Es gab Bäume und andere Pflanzen, hohes Gras, alles hatte eine gelb-bräunliche Farbe, alles erschien sepiafarben.

Als ich mich umsah, erkannte ich Wesen, die menschenähnlich waren, sie hatten eine bräunliche Haut, waren schlank und groß und schwebten auf mich zu. Ihre Augen leuchteten hellblau, sie schienen förmlich aus sich selbst heraus zu strahlen. Sie sammelten sich kreisförmig um mich herum und begrüßten mich; ich verstand zunächst nicht, was sie sagten, aber es hatte den Anschein etwas Gutes zu sein; es machte den Eindruck, als würden sie mich kennen.

Nach einiger Zeit antwortete ein unbewusster Teil von mir auch, als wäre es das Natürlichste der Welt. Der andere, ich denke mal „menschliche" Teil in mir, wusste aber nicht, was ich sagte, es sprudelte einfach so aus mir heraus. Aber je länger ich dort war, desto besser konnte ich mich auf sie und die ganze Situation einlassen und bemerkte, dass sich ihre Sprache aus Musik und Tönen zusammensetzte, die ich bisher gar nicht bemerkt hatte. Ihre Kommunikation bestand aus Melodien und Lauten, die sich harmonisch zusammenfügten. Je länger ich dort war, desto besser verstand ich ihre Ausdrucksweise. In den Klängen schwangen Informationen mit, die telepathisch gesendet und empfangen wurden. Dieses Sternenvolk befand sich in einem anderen Daseinszustand als wir Menschen auf der Erde.

Was mir widerfuhr, was ich erlebte, passierte zeitgleich in einer anderen Galaxis, in einem anderen Paralleluniversum. Mein Körper war erfüllt von Energie, ich spürte, dass hier Nichts unmöglich war. Ich konnte mich an meine menschliche Inkarnation erinnern, an meinen tief entspannten Körper, der auf der Erde in einem Sessel saß. Aber das war völlig bedeutungslos, mein Alter war bedeutungslos, es gab keine Zeit und ich wusste auch nicht, wie lange ich schon in dieser wunderbaren Parallelwelt war, denn auch dies war bedeutungslos. Ich wusste einfach, dass ich bin. Ich war und bin reines Sein.

Ich war zeitlos, alterslos und körperlos, wenn ich es so entschied und wenn ich etwas anderes wollte, musste ich nur meine Aufmerksamkeit darauf richten und es geschah.

Ich hatte das Gefühl, mich ein wenig vom Planeten entfernen zu müssen, um einen besseren Überblick erhalten zu können, und tat dies. Ich konnte meine geistige Wahrnehmung mit reiner Willenskraft weit weg zoomen und sah erneut diese Galaxis. Ich erblickte auch weitere Galaxien und erkannte, dass sie alle miteinander verbunden waren, es glich einem unregelmäßigen Molekülraster oder einem Wabenmuster mit unterschiedlich großen Abständen. Je weiter ich zurückschwebte, desto größer offenbarte sich mir das Universum. Alles schien einer Ordnung, einer harmonischen Komposition zu unterliegen, die mit dem linearen Verstand nicht erfasst werden konnte. Dies alles konnte nur mit dem Geist erfasst werden, der die höheren Ebenen außerhalb der Materie wahrnehmen kann.

Um mich aber nicht in der Weite des Kosmos zu verlieren, hatte ich wohl an der Vorstellung meines mir bekannten physischen Körpers festgehalten, und so hatte ich noch ein menschliches Aussehen, aber ich fühlte, dass ich mich jenseits von Raum und Zeit und Dimension befand und reine Energie war.

Von weitem konnte ich unsere Milchstraße erkennen und flog auf sie zu. Sie leuchtete sehr hell, ich näherte mich ihr, sah ihre abgeflachte Form und erkannte weiße Energie, die alles erfüllte und aus der alles bestand. Diese Energie verdichtete sich je nach Bedarf und so entstand Materie.

Ich musste an mein Leben auf der Erde denken, sah meine angeblichen Probleme aus einem ganz anderen Blickwinkel. Alles war gut, so wie es war, denn zu diesem Zeitpunkt hätte ich nicht anders denken und handeln können. Ich erkannte, dass ich mir selbst eine dünne Papiertüte über den Kopf gezogen hatte, die mein Blickfeld einschränkte und mich hemmte. Dem irdischen Gefühl nach war es ein dicker Topf gewesen, den ich nicht so einfach entfernen konnte und wollte, denn diese übergestülpte Papiertüte schien mir auch Sicherheit zu geben, zu mindestens bis jetzt.

Plötzlich wollte ich wieder zurück zu diesem sepiafarbenen Planeten, um die Bewohner um Rat zu fragen. Ich gelangte in einem Wimpernschlag dorthin. Sie standen immer noch im Kreis und ich erzählte ihnen von meiner „Papiertüte" auf dem Kopf, die mich daran hinderte, auf der Erde Einblicke in die universellen Gesetzmäßigkeiten zu bekommen. Sie sagten, ich solle sie einfach abnehmen, was mir fast zu einfach vorkam, aber es gelang.

Ich nahm diese Abdeckung von meinem Kopf und hielt sie in meiner Hand. Daraufhin kamen die ersten Wesen zu mir und legten ihre Hände an meinen Körper, die hinter ihnen standen, legten ihre Hände an deren Körper, usw. so dass ein großes Netzwerk entstand. Schließlich löste sich die Tüte wie Wasserdampf auf und ging in eine andere Energieform über. Mein drittes Auge im Hier und Jetzt auf der Erde fühlte sich heiß an.

Die Wesen veränderten langsam ihre Form und wurden zum Teil des Planeten, zu der Energie, die sich zu allem manifestieren kann, wenn Bedarf besteht. So wie bei meinem Besuch. Ihr Aussehen wurde menschenähnlich, da es so für meinen irdischen Verstand fassbarer war. Ich wusste mit allen Fasern meines Seins, dass wir auf der Erde in der Vorstellung leben, von Gott getrennt zu sein, dass die Einblicke in Gottes Schöpfung auf ein Minimum reduziert waren, wir Raum und Zeit unterlegen waren und es so viel schwerer war als auf vielen anderen Planeten.

In der Materie, in der physischen Täuschung zu leben, durch unseren Körper beschränkt zu sein, würde uns aber auch Vieles lehren, was wir sonst nicht erreichen könnten. Ich wusste wir sind Lichtwesen in verschiedenen Manifestationen, die überall in den göttlichen Universen auf mannigfaltigen Ebenen verteilt sind.

Es ist nicht einfach, das wiederzugeben, was ich erlebt habe. Was ich gesehen habe, ist einfach schwer in Worte zu fassen. Die Ausmaße, die Dimensionen und die Weite der Universen sind schlicht und einfach so außergewöhnlich, dass es so schwer ist, sie in eine irdische Sprache zu überführen.

Nun fiel mir auch der Name meines Schutzengels wieder ein, so leicht wie eine herabschwebende Feder, sein Name ist Davidel. Und er entstammt der Ebene der Erzengel, welche sich in der Dimension befindet, die unmittelbarer mit der Quelle verbunden ist, dort, wo sich die reinste Leidenschaft des Geistes fortwährend ausdrückt und widerspiegelt. Er hatte mich schon in so vielen Leben begleitet und über mich gewacht, als Schutzengel und bester Freund, diese Erinnerung war nur für eine Weile verdeckt. Ich bin froh, ihn jetzt wieder bewusst bei mir zu spüren und dass ich ihn als liebevollen Begleiter in meinem Alltag wahrnehmen kann. Keiner kennt mich so gut und bringt die Herrlichkeit in mir wieder zum Klingen, wie er. Ich danke dir Davidel.

Nun war es an der Zeit, die Heimreise anzutreten.

Planet der Elfen (Teil 1)

Ich fragte mich, welche außerirdische Inkarnation mich mit meiner ersten Inkarnationen auf der Erde verband und erlebte diese Realitäten.

Ich sah mich auf einer ausladenden Wendeltreppe aus braunem Stein abwärts gehen, dies geschah sehr schnell, ich lief quasi hinunter. Die Treppe hatte kein Geländer oder sonstige Brüstung und befand sich mitten in einer riesigen Höhle, alles schien aus gräulich-braunem Stein gehauen zu sein. Ich raste förmlich die Treppe hinab und fühlte eine angenehme, frische Luft, die mir entgegenkam und mich aufs angenehmste überraschte. Als ich schließlich nach einiger Zeit, die sich für mich recht lange hinzog, auf dem Treppenfundament ankam, erkannte ich, dass ich auf einem nahezu runden Plateau stand, das lediglich einige Meter groß war. Ich ging an den Rand und konnte nur erahnen, dass es noch viel weiter hinabging, denn ich konnte nicht bis auf den Grund schauen. Mit einem Mal merkte ich, dass das Plateau abschüssig und kleiner wurde, es schien sich von den Rändern her aufzulösen, so auch die Treppe, die ich zuvor heruntergestiegen bin. Sie verblasste vor meinen Augen, war immer schlechter wahrzunehmen, bis sie schließlich gänzlich verschwunden war.

Ich stand auf dem schwindenden Plateau und sah an der Wand zu meiner linken Seite einen schmalen Pfad, der kaum breiter als ein Meter war, er schlängelte sich um die Höhleninnenwand herum und stieg leicht an, alles war in ein hellblaues Licht getaucht. Auch wenn ich die Lichtquelle noch nicht genau ausmachen konnte, war der blaue Lichtschimmer gleichmäßig in der Höhle verteilt.

Ich schaute mich schließlich aus der Beobachtungsperspektive an, um mich genauer in Augenschein nehmen zu können. Ich war weiblich, hatte erdfarbene, unauffällige Kleidung, die zweckmäßig für Wanderungen in der Natur zu sein schien; sie bestand aus Naturstoffen. Dazu trug ich braune Lederschuhe, die am Knöchel geschnürt wurden. Ich hatte das Gefühl, noch jung zu sein – ein älterer Teenager vielleicht. Ich konnte zwar meinen schlanken, großen Körper erkennen, aber nicht meinen Kopf, denn dieser hatte noch unscharfe Konturen.

Ich ging weiter und bemerkte, dass es etwas heller wurde. Der Weg vor mir wurde mit jedem Schritt schmaler, bis ich schließlich nicht mehr weitergehen konnte. Also entschloss ich mich spontan hinunterzuspringen. Ich hatte das Gefühl, als falle ich langsam in ein dichtes Energiefeld, aber es war mir nicht unangenehm, im Gegenteil, ich fühlte mich dabei wohl und hatte auch keine Angst. Es schien, als wäre mir dieses Gefühl wohlbekannt und ich hätte alles unter Kontrolle. Der Raum, durch den ich stetig langsamer herabglitt, war mittlerweile in helles, aquamarinblaues Licht getaucht, sodass ich mehr erkennen konnte.

Schließlich verharrte ich in der Luft, denn der Einflussbereich der Energie ließ kein weiteres Fallen mehr zu und hielt alles auf dieser Ebene, auf der ich mich gerade befand. Ich fühlte mich schwerelos und es war schön. Unter mir sah ich ein hellblaues Kraftfeld mit züngelnden Energiefäden, die mich sanft berührten. Ich spürte in meinem Inneren, dass es mir vertraut und sehr wertvoll war und genoss diesen Zustand eine Weile. Die Energien hüllten mich ein und durchflossen meinen gesamten Körper und Organismus. Ich fühlte mich zusehends gestärkt, je länger ich verweilte.

Ich sah mich wieder aus der Beobachtungsperspektive und erkannte, dass ich nun durchsichtige, längliche Flügel hatte, die an den Enden abgerundet waren. Ich konnte in die Höhe fliegen und in der Luft verharren, wenn ich es wollte. Ich war erstaunt und freute mich zugleich darüber, dass ich fliegen konnte. Meine Flügel waren energetischen Ursprungs und bestanden aus leichter Materie, sie glichen auch nicht der festen Struktur meines Körpers, sondern waren für das Auge fast unsichtbar, nachgiebig und geschmeidig. So beschloss ich, hinauf zu fliegen, um zu wissen, was sich oberhalb der großen, sehr hohen Höhle befand. Das flirrende eiswasserblaue Licht war immer noch zu erkennen und erhellte den schachtartigen Höhlengang, der nach oben führte. Es ging eine ganze Weile unvermindert höher und es wurde dabei auch unentwegt heller. Also musste es oben eine Öffnung geben. Der bläuliche Farbton der Höhle wich einem zunehmenden, helleren Licht, bis ich schließlich den Himmel über mir war nahm. Er war ebenfalls strahlend hellblau, jedoch mit anderen Pastellfarben durchzogen.

Ich befand mich auf dem Gipfel eines sehr hohen Felsmassivs, welches umgeben war von vielen weiteren spitz zulaufenden, braunen und gräulichen Bergen, die alle zerklüftet und zu Fuß unpassierbar schienen. Soweit das

Auge reichte, konnte ich nur Berggipfel inmitten dieses Hochgebirgssystems erkennen, die, obwohl hoch gelegen, schneefrei und warm waren. Ich flog einfach in irgendeine Richtung geradeaus und schaute mir die Landschaft dabei an, die sich zunächst nicht veränderte, während warme Sonnenwinde meine Haut umspielten. Wie die Einschnitte im zusammengefalteten Papier durchzogen tief gehende Furchen die entblößten Felswände, was diesem wunderschönen, natürlichen Kunstwerk Gestalt gab.

Vielerorts sickerte kristallklares Wasser aus dem Steinmassiv heraus, sammelte sich nach und nach in größeren Becken auf Felsvorsprüngen, um dann imposant in die Tiefe zu stürzen. Es lag in diesen Bereichen ein feiner Sprühnebel in der Luft. Die unberührte Natur ruhte in sich. Es schien so, als ob die hiesigen Bewohner, egal von welcher Art sie stammten, sich abseits meiner Wahrnehmung versteckt aufhielten. An den Stellen, an denen sich das Wasser sammelte, gab es eine üppige und artenreiche Vegetation. Ich flog, fasziniert von dieser andersartigen Welt und ihrem Charme, übermütig weiter, mal im Konturenflug und mal hoch über den Gebirgsketten, einfach nur so zum Spaß. Schließlich entdeckte ich am Horizont eine Stelle, an der keine Berge mehr zu sehen waren. Dort wollte ich hin.

Die Berge wurden allmählich flacher und endeten abrupt an einem Felsabhang, der sich um eine kreisrunde, bewaldete Tiefebene herumzog. Die landschaftsprägende Felsenregion umgab die Ebene unterhalb wie einen schützenden Wall. Über dieser Welt hoch oben am Firmament formten sich kaum sichtbar kristalline Strukturen und geometrische pastellfarbene Formen, die wie einzelne, glitzernde, große Schneekristalle aussahen. Sie bildeten einen feinstofflichen Verbund und dieser stülpte sich wie eine schützende Kuppel um diesen gesamten Planeten herum.

Die Niederung schien riesig zu sein und je weiter ich hinunterflog, desto größer wurde sie. Ich erkannte übergroße Mammutbäume, die wie gewaltige Weiden ihre weiträumig verzweigten, stämmigen Äste zum Ende hin herunterhingen ließen. Sie wirkten würdevoll und geradezu königlich. Jeder einzelne Baumriese benötigte sehr viel Platz, sie alle standen für sich, nur die äußersten Äste berührten einander. Ihr Baumgeist war zu spüren, er war erhaben und verehrungswürdig. In ihrem Schatten gab es weitläufige Grasflächen, auf denen unbekannte, verschiedenfarbige Blumen blühten.

Diese vollkommene Landschaft zog mich in ihren Bann und ich spürte die andächtige Stille dieses Ortes.

Während meines Fluges berührte ich sanft einige der großen Blätter und ertastete dabei ihre angenehm kühle Blattoberfläche. Die Blätter waren dick und schwer. Als ich meinen Fokus auf einen einzelnen Baum richtete, bemerkte ich eine Bewegung und verharrte in der Luft. Erst jetzt nahm ich wahr, dass es Elfenwesen wie mich gab, die in einem Familienverband in den Bäumen lebten, diese waren jedoch abgeschirmt vor den Augen der anderen. Da es in dieser Reise aber nicht darum ging, mehr über das dortige Volk zu erfahren, entschloss ich mich weiterzuziehen.

Dabei sah ich auf meine Finger. Ich hatte drei Finger und einen Daumen, alle waren sehr lang und schmal, auch meine Füße waren länger und schmaler als bei einem Menschen, meine Haut war gebräunt. Ich schaute mich wieder aus der Ferne an und sah, dass ich helle, goldene Haare hatte, die über dem Kopf wie bei einem Hahnenkamm mit einer Spange hochgesteckt waren und am Hinterkopf bis zu den Knien wehten. Mein Gesicht hatte nicht so runde und weiche Züge, sondern es erschien kantiger und schmaler, die Wangenknochen waren gut sichtbar. Meine Ohren waren größer und liefen am oberen Ende spitz zu. Mein gesamter Körperbau war der eines Athleten und ich war mindestens 2,5 Meter groß. Ich wirkte kämpferisch und entschlossen.

Während ich mein Tempo aus einem Impuls heraus erhöhte und mit wahnsinnig schneller Geschwindigkeit weiterflog, manifestierte sich in meiner rechten Hand ein magischer Kristallstab, der so groß war wie ich. Ich spürte mit einer inneren Gewissheit, dass es ein Elfenstab war. An einem Ende war ein runder, großer Kristall, der durchsichtig wie Glas war, am anderen Ende befand sich ein messerartiger Kristall, der beidseitig scharf geschliffen war. Eine Schneide war länglich oval gebogen, die andere verlief eher sinuskurvenartig. Eine leichte eiswasserblaue Ausstrahlung umhüllte alles und erinnerte mich an das hellblaue Kraftfeld in der Höhle.

Diese beiden transparenten, vollkommen klaren Enden sowie der Stab waren aus einem sehr festen, unzerstörbaren Material. Eine eigenartig machtvolle Aura umgab jedes Ende, sobald man versuchte es anzufassen. Es wirkte fast so, als fasse man etwas Gallertartiges an, dessen Mittelpunkt hart wie Stein war. Ich hielt den Kristallstab in der Mitte, er fühlte sich gut an in meiner Hand.

Ich konnte außer dem weitläufigen Waldgebiet immer noch nichts anderes sehen, aber ich spürte innerlich, dass ich bald zu einem Ort käme, an dem sich mir etwas Wunderbares offenbaren würde. Je näher ich kam, desto genauer wusste ich, dass ich bald da sein würde. Ein mir bekanntes Energiefeld berührte mich immer eindringlicher, je weiter ich flog.

Vor mir machte ich einen wabernden, bläulich-weißen Nebelschleier aus, der ebenfalls eine Runde Fläche bedeckte, er hatte die Ausmaße eines kleinen Dorfes und wirkte wie fehl am Platzt, da er sich gar nicht in das harmonische Landschaftsbild einfügte. Ich spürte und wusste zugleich, unter dem Nebel werde ich Antworten auf meine Fragen erhalten. Ab und zu konnte ich elfen-ähnliche Konturen in den dünneren Nebelschwaden erkennen, doch sie schienen in diesem Augenblick unerreichbar für mich zu sein. Sie waren auch nicht der Grund für meine Reise und so fragte ich mich, wie ich eine Verbindung zu einer meiner ersten menschlichen Inkarnation auf der Erde herstellen konnte.

Ich hielt instinktiv die Kugel meines Stabes vor mich und zeigte damit auf den eigenartig zuckenden Nebel, unverzüglich wurde sie von seiner Energie berührt. Während die Dunstschwaden sogleich anfingen, zu rotieren und aufbrausend zu werden, hüllte mich die Kugel in einen geheimnisvollen und mächtigen Schutzschild ein, der genauso durchsichtig und stark war wie die Kugel an meinem Stab. Ich schwebte in der Luft und schaute auf die züngelnden, hellblauen Nebelmassen. Noch in diesem Moment wusste ich, dass ich die andere Seite meines Stabes, die, welche mit dem Messer bestückt war, benutzen musste, um den trüben Nebelschleier zu öffnen und hindurchgelangen zu können. Der Nebel wehrte sich zunächst und wollte mich nicht durchlassen. Spitze, bedrohlich wirkende Nebelflammen wollten mich am Zugang hindern und griffen nach mir, doch ich konnte sie mit meinem Messer wegstoßen, bis ich das Gefühl bekam, in den Nebel gezogen zu werden.

Doch es war nicht der Nebel, in dem ich mich befand, sondern ich fiel in eine röhrenartige Sphäre, durch die ich zusammen mit meinem Stab in der Hand rutsche. Sie schien von einer zähflüssigen, energetischen Dichte umgeben zu sein, die sich in ständig wechselnden Farbnuancen darstellte. Diese bunte

Erscheinung war aber beinahe so transparent, dass sie fast nicht als äußere Membran der Röhre wahrzunehmen war. Alles an mir fühlte sich eigenartig, fremd und etwas verzerrt an, während ich ganz offenkundig, wie ein Pfeil so schnell vorwärts raste. Ich benötigte einige Momente, um mich sammeln und konzentrieren zu können. Erst nach einer Weile bemerkte ich, dass es sich um eine Art „Wurmloch" handelte. Ich befand mich mitten im Universum. Es wirkte so, als sei dieses für mich jetzt erkennbare Universum ein Universum innerhalb meines Planeten, der erstaunliche Ausmaße haben musste. Ein Mikrokosmos für meinen Heimatplaneten, aber ein riesengroßes Universum für menschliche Maßstäbe, denn es war ja unser Universum, so wie wir Menschen es kennen.

Ich sah endlos viele Sternen- und Planetensysteme an mir vorbeiziehen, während ich durch das röhrenartige Wurmloch schoss. Seine Wände waren nicht starr, sondern beweglich und sie schienen sich immer wieder leicht zu verformen. Dennoch konnte ich hindurchsehen und in der Ferne andersartige Sternenkonstellationen wahrnehmen. Mir wurde klar, dass alles mit allem verbunden ist, aber auf eine Weise, die sich dem menschlichen Verstand und seinem rationalen Denken in der dichten Schwingung der Materie völlig entzieht. Ich schoss durch diesen Tunnel und war im Begriff, einen sehr weit entfernten Raumbereich innerhalb kürzester Zeit zu erreichen. Ich wusste instinktiv, dass ich nun im Begriff war, zu einer meiner ersten Inkarnationen auf der Erde zu reisen.

Schließlich erkannte ich unseren blauen, wunderschönen Planeten und rutsche praktisch auf die Erde. Ich bemerkte sofort, dass ich ein Mensch war. Meinen Stab trug ich nicht mehr in der Hand, aber ich spürte, er war in mir drin und ich konnte ihn mit Gedankenkraft aktivieren, ihn visualisieren und so seine Kräfte, Mächte und Energien mir zu eigen machen. Ich schaute mich um, ich stand in einer urwüchsigen Landschaft, die vor langer, langer Zeit existierte. Alles wirkte noch roh, naturbelassen, nichts war kultiviert.

Es war sehr trocken wie in Afrika oder Australien; es gab nur Grasbüschel und Steine. Die Ebene um mich herum war endlos weit. Ich hatte das Gefühl, weitergehen zu müssen. Ich war ganz alleine an diesem Ort, aber ich hatte keine Angst, denn ich wusste, ich konnte zu jeder Zeit meinen Stab aktivieren.

Ein urzeitlich, fliegendes Wesen, das viel größer war als ich, kam vom Himmel auf mich herabgestürzt und griff an. Es hatte lange, stachelbesetze Flügel, ein großes, aufgerissenes Maul mit vielen, spitzen Zähnen und einen lauernden Blick. Es war angriffslustig und wütend, fixierte mich mit seinen schlitzartigen Augen. Ich hatte sofort meine abschirmende Kugel aktiviert, die mich vollkommen umhüllte und schützte. Seine spitzen Krallen kamen nicht an mich heran, mein Schild war zu stark, aber das Wesen probierte es immer wieder und wollte nicht nachlassen. So benutzte ich meinen gedanklichen Speer und stach dem Wesen in die Flügel – mehrmals, bis dieses endlich mit seinem Angriff aufhörte und wegflog.

Ich verstand, dass mein Stab das Prinzip von Ying und Yang darstellte. Beide Seiten waren gleichwichtig; die Kugel schützte, verteidigte, ließ göttliche Energien fließen zu dem Zwecke, wie ich es bestimmte. Die Messerspitze, konnte zwar auch verteidigen und Energien hervorbringen, aber ich konnte damit auch etwas trennen oder öffnen. Kugel und Messer gehörten dem einen Ganzen an. Ich verstand, dass ich jede Aktivierung der Kräfte und Mächte sorgsam abwägen müsse.

Ich betrachtete mich selbst und war einmal ein Mann und dann eine Frau, ich konnte meine Gestalt verändern, so wie ich es wollte. Ich hätte auch eine andere Gestalt annehmen können, aber es schien mir in diesem Moment nicht von großem Interesse zu sein. Ich hatte Lederstoffe als Schuhwerk um meine Füße gebunden und um meinen Körper. Meine Haut war durch die Sonne bräunlich gefärbt. Ich entschied mich, weiterzugehen und rannte sehr schnell in irgendeine Richtung.

Nach einer Weile erkannte ich Berge am Horizont und grüne Flecken, die Baumkronen zu sein schienen, also war auch Wasser nicht weit entfernt. Je näher ich kam, desto besser konnte ich die Landschaft wahrnehmen. Ich erkannte schließlich große, dinosaurierähnliche Landtiere in der Ferne und hatte eine innere Gewissheit, dass die Kontinente noch zu einem Urkontinent zusammengesetzt waren. Nach einiger Zeit sah ich das Meer; als ich dort ankam, sprang ich sofort hinein, nur um feststellen zu müssen, dass ich als Mensch unter Wasser nicht atmen konnte. Ich hätte meine Gestalt verändern und entsprechend den Gegebenheiten umgestalten können, doch diese Erfahrung wollte ich dieses Mal nicht machen. Also schwamm ich wieder an Land und hielt einen Moment inne.

Mir wurde mit einem Mal meine eigene Aufgabe bewusst, und zwar, dass ich in meinen menschlichen Leben und Körpern immer die Waagschale halten soll zwischen Gut und Böse (so wie Menschen es in der 3. und 4. Dimension als ihre Realität wahrnehmen), zwischen hell und dunkel, prinzipiell zwischen allen Gegensätzen in der grobstofflichen Welt. Ich sollte in der Welt der Dualität in meiner Mitte bleiben, in der göttlichen Führung meines höchsten Selbst und meines spirituellen Herzens. Alle Seiten sollten dabei respektiert werden. Dann und nur dann funktioniert mein Stab richtig und ich kann ihn benutzten, wohl wissend, dass ich beide Seiten des Stabes sowohl für Gutes als auch für Schlechtes einsetzen könnte.

Ich konnte klar und deutlich vor meinem geistigen Auge erkennen, dass alle Welten miteinander verbunden waren, für mich offenbarte sich dies in Form von „Wurmlöchern", die die Raumzeit falteten und durch die ich von einem Planeten zum anderen reisen konnte. Ich wusste, es war meine freie Entscheidung auf dem Planeten Erde zu inkarnieren. In einigen Leben hatte ich die Seite mit der Messerspitze bevorzugt benutzt, mich also mehr für die dunklere, männliche Seite entschieden, um hier bestimmte Erfahrungen machen zu können, die nirgendwo anders hätten erlebt werden können, und in anderen Leben habe ich überwiegend liebevollere Erlebnisse sammeln können. Durch das Erkennen, Erleben und Verstehen der Gegensätze, die sich durch meine menschlichen Gedanken, Worte und Taten in die Welten geprägt haben, bewahrt meine Seele Schätze für meinen ewigen Geist auf, der sich dadurch seiner gewahr wird. Dadurch wird sich auch Gott seiner gewahr.

Ich setze mich in diesem Leben für Licht und Liebe, für Wahres und Gutes ein, um harmonische Präsenz zu sein und meine karmischen Verstrickungen auflösen zu können, die mir durch meine eigenen Gedanken, Worte und Taten zuteilwurden. Ich weiß nun, wenn ich in meiner Herzmitte ruhe und mich neutral in der Liebe zwischen den Polen bewege, ist Gott spürbar direkt in mir und er kann durch mich am besten wirken. Denn ich lebe dann in seinem Licht und das Ewige wird mir zuteil. So kann ich in göttlicher Harmonie meine Kugel aber auch das Messer aktivieren, um meine Aufgaben zu erfüllen.

Planet der Elfen (Teil 2)

Während mehrerer Anderweltreisen betrat ich erneut den Planeten der Elfen, um mich und die anderen Elfen besser kennenzulernen. Ich atmete kosmisches Licht in die Tiefen meiner Lungen hinein und betrat den Grund meines Geistes.

Dies ist ein Zusammenschnitt mehrerer Begegnungen.

Ich befand mich hoch oben in den Lüften, in der Nähe des höchsten Berges, der sichtbar war, am Rande der Schlucht und betrachtete die wunderschöne Landschaft im Tal. Die kreisrunde Fläche hatte einen gewinnenden Reiz und zog meine Blicke auf sich. Ich fühlte mich in meiner Elfengestalt frei und ungebunden und hielt meinen magischen Kristallstab in der Hand. Ich spürte sein Gewicht kaum, da er sich wie ein Magnet in meiner Aura hielt. Um einen bessere Klar- und Weitsicht zu erhalten, streckte ich mein Bewusstsein in alle Richtungen aus und spürte, dass es Elfen in den höchsten Bergkuppen sowie in den Tälern gab.

Ich flog direkt auf einen der nächsten, höchsten Gipfel zu und erkannte eine Kristallhöhle, deren Eingang weitläufig und einladend auf der Gipfelfläche lag und deren Kuppel den Gipfel des Berges bildete. Alles war in brillantblaues Licht getaucht, was mich an meinen Elfenstab erinnerte. Mein magischer Kristallstab und die Kristallhöhle waren aus dem gleichen Material, beide umgab diese geheimnisvolle, mächtige Aura.

Ein Elf, der in einem hellen Priestergewand gekleidet war, kam aus dem Höhleneingang heraus, hielt den gleichen Stab, wie ich einen hatte, in seiner Hand und begrüßte mich freundlich. Ich fühlte mich sofort umfassend und intensiv mit ihm verbunden. Er wirkte nicht erstaunt über mein Erscheinen, im Gegenteil, es schien so, als kenne er mich sehr gut.

Ich teilte ihm mit, was mein Anliegen wäre, und er bat mich in seine faszinierende, funkelnde Behausung hinein, die ich in meinem Innersten zu kennen schien. Etwas in mir erkannte diesen Ort, da war ich mir ganz sicher. Unvermittelt formten sich zwei Sitzgelegenheiten und ein Tablett, das in der Luft verweilte, und auf dem viele, große Tropfen mit einer durchsichtigen Flüssigkeit schwebten, die den Priestern als alleinige Nahrungsquelle diente.

Die Tropfen waren eine Art flüssig/gasförmige Substanz aus der Kristallhöhle, die zur heilenden, körpereigenen Energieversorgung genutzt wurde. Ich nahm einen davon in den Mund, er löste sich sofort auf, ohne dass ich schlucken musste, und sogleich empfand ich ein köstlich prickelndes Gefühl und war in jeglicher Weise gesättigt.

Ich konnte seine schöpferischen und Gestalt gebenden Gedanken ganz klar und deutlich wahrnehmen. Er manifestierte alles mit Gedankenkraft und war sich ständig bewusst, dass er eins mit der Quelle war, er wusste genau, er war alles und alles war er. Er fühlte sich auch als das planetare Bewusstsein und so formte er mit seiner Absicht, was in Erscheinung treten sollte, und konnte durch Raum und Zeit und Dimensionen reisen, wenn er sich dafür entschied. Seine Gedanken waren auch meine Gedanken, so konnte ich auch seine Gefühle erkennen und wahrnehmen und ich spürte wieder dieses innige Gefühl der Zusammengehörigkeit.

Als wir still dasaßen und uns anschauten, verschmolz mein Geist mit seinem und ich erkannte mich in ihm, er war eine weitere Inkarnation meines Geistes, die zeitgleich mit meinen irdischen und anderen Leben existierte. Ich war dieser Priester in einer anderen Realität, in einer anderen Welt und ich sah ihn/mich mit meinen geistigen Augen an. Ich spürte innerlich diese Wahrheit und wurde von einer wundervollen Ruhe durchströmt. Nun konnte ich alles über diesen Planeten erfahren.

Der gesamte Elfenplanet bestand aus tausend riesigen, runden Tiefebenen, die von einer steil aufsteigenden Bruchkannte umgeben waren, auf denen ausgedehnte Tafelgebirge und auch vielfältige Gebirgskämme mit und ohne Vegetation ihre eigene Schönheit und Artenvielfalt entwickelt hatten. Nur selten begaben sich Tieflandelfen in diese Bereiche, da sie der heilige Sitz der Priester waren und als solche respektiert und verehrt wurden.

Alle Talsohlen waren mittels schmaler Durchgänge miteinander verbunden, und jede Tiefebene sah anders aus. Einige waren mit Flüssen und Bächen bespickt, in andern gab es viele Seen, manche davon waren noch sehr tief, sodass sich ein Tierreichtum ganz anderer Art entwickeln konnte als in den anderen Tiefebenen. So manche Landschaft war geprägt durch bewaldete Hügel und riesige Felsen, die auf- oder aneinander lagen, und Durchgänge,

Unterführungen und Stollen entstehen ließen. Teilweise war das Gebirgsmassiv am Rande der Schlucht von innen ausgehöhlt und ließ wunderschöne Höhlen entstehen, die auf unterschiedlichste Weise von den Elfen genutzt wurden. Jede der tausend Ebenen hatte ihre eigene Schönheit. Es war aber nicht meine Absicht, jede einzelne genauer zu betrachten und ihrer Vielfalt gewahr zu werden. Deshalb beschloss ich, meinen Geist auf das zu richten, was mich am meisten faszinierte.

Jede einzelne Elfengemeinschaft war in der Lage, sich selbst zu versorgen, da alles, was zum Leben benötigt wurde, im Überfluss vorhanden war. Da in den unterschiedlichen Tiefebenen nach und nach ausgefallene Künste mannigfaltiger Art entstanden sind, war es üblich, dass die Elfen in regelmäßigen Abständen in andere Gemeinschaften gehen, um sie mit den eigenen Erzeugnissen zu beschenken. Es gab keine Währung und kein Geld, denn alles wurde freiwillig und aus dem Herzen heraus gegeben. Es handelte sich um eine spirituell hochentwickelte Kultur, die sich lediglich für ein naturverbundenes und umweltbewusstes Leben entschieden hatte.

Die meisten Bewohner lebten ein einfaches, doch gesundes und glückliches Leben. Sie zogen es zum Beispiel vor, Behausungen in den riesigen Bäumen zu errichten, die mittels Brücken miteinander verbunden waren, lebten in symmetrisch angelegten Dörfern, in denen alles für jeden frei zugänglich war, oder hatten ausgefallene, individuelle Unterkünfte, Wohnkomplexe oder Gebäude errichtet, die jedoch alle im Einklang mit der Natur waren. Einfache Magie war überall verbreitet, die Elfen konnten schweben, einfache Dinge bewegen und auch telepathisch miteinander kommunizieren.

Diejenigen, welche sich überwiegend für neue Technologien und Fortschritt interessierten, bewohnten die einzige und größte Tiefebene, in deren Randbereich der Durchgang bzw. das Wurmloch anzufinden war, durch das ich zuvor gereist bin. Es diente als einzige Transport- und Fortbewegungsmöglichkeit zu anderen Planeten und Sternenvölkern und wurde doppelt abgesichert.

Erstens öffnete der weiß-blaue, undurchdringliche Nebel nur mithilfe der Priester und ihres Stabes einen Zugang zum Wurmloch und zweitens war der Nebel direkt mit dem planetenumspannenden Schutzschild des eisblauen Kraftfeldes verwoben, sodass niemand unbefugt kommen und gehen konnte, der sich nicht zuvor angemeldet hatte und durch den Zugang kam oder ging.

Hier wohnten die Erfindungsgeister, welche durch ihre kreative Art eine ganz neue Talebene haben entstehen lassen, die durch bedeutungsvolle und unvergleichliche Bauwerke, Paläste und Konstruktionen hervorstach. Alles schimmerte in bunten Farben, die von dezent und stilvoll bis protzig und auffällig das Auge in seinen Bann zog. Diese Ebene wurde im besonderen Maße geschützt und gesichert, da fremde Zivilisationen Zugang zu bestimmten Bereichen erhielten.

In der Nähe einer jeden Kristallhöhle auf den Gipfeln der höchsten Berge gab es einen weiteren Berg, in dem es das lichtblaue, nährende Kraftfeld gab, welches ununterbrochen seine heilsamen Energieströme in die Welt fließen ließ. Jeder Priester meditierte dort mehrere Stunden pro Tag, um energetisch erfüllt, gereinigt und genährt zu werden. Es gab tausende von Priestern, die über den Elfenplaneten verteilt Wache hielten. Deren Aufgabe war es erstens, kraft ihrer Gedanken einen sehr mächtigen, magischen Schutzschild um den Planeten herum zu errichten und aufgebaut zu halten, und zweitens, heilende Energieströme für diese und alle anderen Welten zu kanalisieren.

Sie hielten auch in regelmäßigen, zyklischen Abständen Festtage der Begegnung und der Harmonie in jeder einzelnen Niederungen ab, damit sie sich mit dem Elfenvolk austauschen und beraten konnten. So vertiefte sich die Beziehung zwischen den Priestern und dem hiesigen Elfenvolk. Diese Begegnungen wurden zeremoniell in heiligen Steinkreisen abgehalten, die jeder Priester zu Beginn seiner Einführung als solcher für sich entwickelt und gestaltet hatte. Diese heiligen Orte durften von den Elfen auch während der restlichen Zeit für besondere Ereignisse benutzt werden.

Die Priester hatten etwas Bemerkenswertes in ihren Schöpfungen ersonnen, um Heilung für alles und jeden geschehen lassen zu können, ohne jedes Mal persönlich eingreifen zu müssen. Sie hatten energetische, regenerierende Sphären in regelmäßigen Abständen in den Niederungen verteilt, die in den Boden eingelassen waren und einige Meter im Durchmesser besaßen. In ihnen herrschte wohltuende Schwerelosigkeit, so wie auch in den Höhlen oberhalb des hellblauen Kraftfeldes, denn sie bestanden aus den gleichen, heilsamen Energien lediglich in etwas abgeschwächter Form. Sobald ein Elf ermüdet, verletzt oder entkräftet war, legte er sich in diese eismeerblaue Oase hinein, bis er sich wieder wohlauf fühlte.

Ich wollte mir diese Erscheinung genauer anschauen und verabschiedete mich von meiner Verkörperungen als Priester. Ich hätte mir für diese Erfahrung keinen eigenen Körper aussuchen müssen, dennoch gefiel es mir, in der Erscheinung einer Elfe diese Wirklichkeit zu erleben.

Als ich losflog bemerkte ich sofort einen großen Unterschied zu meiner Ankunft zuvor, meine Flügel hatten sich aufgelöst und ich bewegte mich mit reiner Willenskraft. Ich schwebte über allem und flog in Richtung des nächsten Tales. Ich registrierte auf dem Weg Tiere, die anders aussahen als auf der Erde, einige lebten in den zerklüfteten Bergkämmen, in der Luft, in den Seen der Hochplateaus, in den Höhlengängen und andere in den Tiefebenen, in denen die Elfen lebten. Elfen und Tiere jeglicher Art lebten friedlich nebeneinander, denn alle Geschöpfe verzehrten lediglich heimische Pflanzen, die im Überfluss vorhanden waren.

In der Nähe eines der vielen Wasserläufe fand ich die erste heilende Sphäre, die unmittelbar neben einem riesigen Baum in der Erde zu sehen war. Eine Elfenfamilie hatte sich dort niedergelassen. Ich entschied mich, gestalt- und körperlos zu werden, um sie in ihrer natürlichen Umgebung nicht durch meine Anwesenheit zu beeinflussen. Und so zog ich als unsichtbarer Gast umher. Ich verweilte in ihrer Nähe und sah, wie die Kinder nur zum Spaß in die heilsame Oase sprangen. Dort schwebten sie ruhevoll oder spielten mit den eismeerblauen Energiebändern, die farbenprächtig leuchteten und sie förmlich belebten. Sie fühlten sich wohl und lachten, eines der Kinder nahm auch ein kleines, dickes mausähnliches Tier mit hinein, das sich auch sehr wohl zu fühlen schien.

Ich kam näher heran und tauchte in meiner geistigen Gestalt ebenfalls in diese gehaltvolle Oase ein, wurde erfüllt von den heilsamen Strömen und eins mit ihr. Das war der Seinszustand meiner eigenen Wahrheit, ich spürte mich in allem und wusste, dass ich noch einiges zu erkunden und zu erfahren habe. Alles auf diesem Planeten wurde von dieser einzigartigen, hellblauen Energie durchzogen, sie heilte alles und war zu jeder Zeit präsent. Die Kristallhöhlen, die Oasen und das funkelnde Energiefeld waren eins.

Ich spürte ihre heilsamen Frequenzen und genoss es, in ihnen zu baden und mich zu erfrischen. Ich war froh, mich in dem kosmischen Gefüge als körperlos und zeitlos wahrnehmen zu können, und aus dem Kreislauf der unbewussten, isolierten und nur konsumierenden Wesenheit herausgelöst zu wissen. Ich trat in Resonanz mit den geometrischen, pastellfarbenen Formen und kristallinen Strukturen der heilsamen Kuppel, die über jeder Ebene ruhte, und wurde auch eins mit ihnen.

Ich weiß nicht, wie lange meine einzelnen Reisen gedauert hatten, aber als ich wieder in meinem menschlichen Körper mit meiner Aufmerksamkeit eintraf, kam es mir jedes Mal vor, als hätte ich eine kurze Lebensspanne dort verbracht.

Heilgrotte

Ich lag auf dem Sofa und dachte darüber nach, wie ich einem Mitglied meiner engeren Familie helfen könne, körperlich und seelisch zu heilen, da es mich darum gebeten hatte. Es setzte sich plötzlich vor meinem geistigen Auge eine Szene in Bewegung, die sich immer weiterentwickelte.

Wir beide (Familienmitglied und ich) standen in unberührter Natur, umgeben von wunderschönen Pflanzen und Bäumen, die einen herrlichen Duft verströmten, als sich vor uns ein großer Berg auftat, kaum 20 Meter entfernt. Er wuchs und wuchs, bis nichts mehr dahinter zu erkennen war und er in seiner vollendeten Pracht vor uns thronte. Eine vielversprechende Pforte wurde an seinem unteren Rand sichtbar, die einladend aussah und uns willkommen zu heißen schien. In ihrem Inneren öffnete sich ein weiträumiger Tunnel, der in den Berg hinein führte. Ich nahm die Person an die Hand und wir betraten gemeinsam den lang gestreckten Gang, der anmutig beleuchtet war. Beim genaueren Hinsehen konnte man glitzernde Kristalle aus den Wänden herausragen sehen, die von innen leuchteten und die Umgebung in gedämmtes Licht tauchten.

Unsere Kleidung änderte sich spontan und wir trugen einen violetten Umhang, der bis zum Boden reichte, eine große Kapuze bedeckte den hinteren Teil unserer Köpfe. Je näher wir dem Ende des Tunnels kamen, desto farbenfroher wurde das Licht, das uns entgegenstrahlte.

Dort angekommen, sah ich eine riesige Grotte; sie sah aus wie eine gigantische Kristall–Druse von innen. In der Mitte des Mineralgefüllten Hohlraumes war in der Decke eine runde, lichterfüllte Öffnung, durch die eine Lichtsäule von einigen Metern im Durchmesser bis zum Boden reichte. Wir betraten beide voller Erstaunen diese Höhle, zogen die Kapuze runter und gingen auf die Mitte zu. Das Licht der Höhle änderte sich und vom Boden aus bis ca. vier Meter in die Höhe wurden Chakrenfarben sichtbar. Neben dem Höhleneingang funkelten rote Kristalle, etwas weiter orangefarbene, gelbe, rosafarbene, hellblaue, dunkelblaue und lilafarbene Kristalle. Wir genossen die Energien, die uns umströmten und durchdrangen und jede Zelle mit Licht erfüllten. Als wir in der Mitte ankamen, manifestierten sich zwei Relaxliegen aus Holz vor der Lichtsäule, die weich gepolstert waren. Ich bat die Person, sich darauf hinzulegen und auszuruhen, was sie auch sofort tat.

Ich fragte mich, was passieren würde, wenn ich in die Lichtsäule betrete. Also ging ich langsam darauf zu, bis ich vor ihr stand. Ich war sehr neugierig und hielt einen Finger hinein – es war ein wunderbares, leicht kribbelndes Gefühl, sodass ich schließlich mit dem ganzen Körper in die Lichtsäule treten wollte. Es war als würden Gottes heilende Energien sofort alles Negative und Unerlöste, jede Unstimmigkeit und jeden Unfrieden aus dem Körper lösen und in der Lichtsäule hinauftragen, um sie dort im Licht zu transformieren. Ein geruhsamer Frieden breitete sich in mir aus, der mir meine lang ersehnte innere Freiheit zurückgab. Ich stand eine Weile dort und genoss den Augenblick, bis ich das Gefühl hatte, vollständig gereinigt worden zu sein. Als ich aus der Lichtsäule heraustrat, ging ich zu der Person und legte mich eine Weile auf die andere Liege nebendran und beobachtete sie.

Sie hatte ihre Augen geschlossen, schien eine Art Tagtraum zu haben; mal lächelte sie zaghaft, mal schien ihr etwas nicht zu gefallen, denn sie zog die Augenbrauen zusammen. In dieser Zeit erschienen in der Grotte viele, unterschiedliche Lichtwesen, einige von ihnen waren Engel und Feen. Sie schwebten in der Luft oder flogen langsam umher. Eine wunderbare, heilsame Energie ging von ihnen aus, erfüllte unsere Körper und unsere Seelen. Als die Person schließlich ihre Augen öffnete, war sie vollkommen berührt von dem Anblick, der sich ihr bot, schaute sich um und blickte dann zu mir.

Ich bat sie, mir zur Lichtsäule zu folgen, was sie zaghaft tat; sie schien sich noch nicht sicher zu sein, was sie tun sollte. Doch dann waren wir beide bei der Lichtsäule und betraten sie gemeinsam. Ein Lächeln trat auf ihr Gesicht, sie wurde vom Licht erfüllt, alles Niedrigschwingende und Dunkle zerfiel zu Staub, löste sich von ihr, flog die Säule hinauf und wurde zu Licht. Ich verließ die Lichtsäule, um sie alleine ihre Reinigung und Heilung erleben zu lassen.

Von draußen betrachtet sah man nur ihre Kontur und die Schatten, die sich lösten und hinaufflogen. Als ich mich umsah war ich überrascht, denn es gab weitere Relaxliegen, hinter denen meine Töchter, ihre Partner, mein Mann und meine Familie standen. Sie betrachteten die Person in der Lichtsäule und waren andächtig, in vollkommener Ergebenheit versunken. Ich nahm jeden einzelnen in den Arm, hieß ihn willkommen und bat alle, sich auf ihre Liegen zu legen.

Als die Person herauskam, strahlte sie über das ganze Gesicht und hatte eine lichtdurchflutete, weite und reine Aura. Wir beide standen zusammen und beobachteten unsere Familie auf den Liegen, bis sie sich schließlich zu ihrem Partner gesellte. Ich blieb stehen, um alles überschauen zu können. Da öffnete sich die Lichtsäule, wurde größer und größer und erhellte den gesamten Raum. Jeglicher Schatten und alles Dunkle, jeder Seelenschmerz und jedes Trauma, jede Verletzung und jedes Leid, das sich im tiefen Grund der Seelen und der Körper eingenistet hatte, wurde von den Heilenergien durchtränkt, löste sich, stob in die Höhe und wurde zu Licht transformiert. Lichtwesen unterstützten die Heilung mit ihren leuchtenden Energien.

Immer mehr Freunde, bekannte und unbekannte Menschen erschienen in der Höhle und legten sich auf neue Relaxstühle, die entsprechend der Menschenzahl entstanden. Sie alle wurden vom Licht durchflutet und zu ihrem höchsten Wohle geheilt. Als es schließlich keinen Platz mehr gab, öffneten sich die Höhlenwände und das heilende Licht überzog unsere ganze Erde. Alle Menschen auf der Welt lagen auf Liegestühlen, wurden von Licht und Liebe erfüllt und konnten in den nährenden Fluten der Heilgrotte gesund werden und zu ihrer derzeitigen Bestform auflaufen. Sie hatten ein wunderbares Schmunzeln im Gesicht, denn es gab in ihnen keinen Raum für Negatives mehr. Die Menschheit durfte heilen.

Doch das war noch nicht genug, denn eine riesige, sich immer weiter ausbreitende Lichtsäule strahlte von der Erde ab und teilte sich in vielzählige weitere, heilkräftige Lichtsäulen, die sich in alle Galaxien und Dimensionen verteilten, um dort den gleichen segensreichen Vorgang einzuleiten, wie auf der Erde. Heilung des Kosmos mit seinen mannigfaltigen Spezies geschah. Ich gab mich diesem wunderbaren Erlebnis hin und genoss das vollkommene Wohlbefinden in meinem Körper und meinem Geist.

Nach einer Weile lösten sich die Bilder auf und ich war wieder auf meinem Sofa, strahlte vor Glück und Liebe und dankte von Herzen für die Vision meiner Heilgrotte, mit der ich seitdem immer wieder energetisch arbeite.

Himmel und Unterwelt

Im Verlauf einer Geistreise hatte ich die Vision von polaren, gegensätzlichen Kräften, die sich folgendermaßen mir zeigten.

Ich ging in einem hellen Gewand gekleidet gleichzeitig Stufen aufwärts und abwärts. Ich sah mich aus der Perspektive eines entfernten Beobachters, konnte aber auch unterdessen in meine körperliche Wahrnehmung hineingehen, als Mensch alles spüren und erleben.

Beide Erlebnisse passierten zeitgleich.

Erstens.

Je höher ich die flauschig wiegenden und Ruhe verströmenden Stufen hinaufstieg, desto heller und friedlicher wurde es – bis ich schließlich im Himmel war. Ich brauchte eine Weile, um mich an die Helligkeit des Gottesreiches zu gewöhnen, doch schließlich konnte ich alles mit meinen geistigen Augen erkennen. Ich nahm unendlich viele Lichtwesen, alle lichtvollen Hüter des Seins und den Thron Gottes wahr, auf dem die Urquelle und schöpferische Allmacht, Gott selbst liebevoll mit seiner mächtigen, kristallweißen Strahlung saß und mich anschaute. Die Lichtwesen legten ihre heilsamen Schwingen der göttlichen Kraft um meine Seele und alle Ebenen meines Seins und ich fühlte mich unendlich geborgen, umhüllt von sanften, weichen Farben und himmlischen, sphärischen Gesängen. Ich fühlte mich zuhause und zärtlich umarmt von der Quelle und spürte, dass ein absoluter, immerwährender Schutz sich um mich gelegt hatte, der aus reinstem Licht bestand. Ich spürte meinen Lichtkörper. Mein irdischer Seelentempel wurde zudem von Grund auf gereinigt und mit heilsamen Energien aufgefüllt.

Zweitens.

Je weiter ich die bröckelig holperigen Stufen in die Tiefe nahm, desto dunkler und kälter wurde es, bis ich schließlich in der feucht kühlen Unterwelt angekommen war. Dort umfing mich eine beißende, trostlose Dunkelheit, die nur durch den rötlichen Schein einer weit entfernten, flackernden Fackel durchbrochen wurde. Ein von mir innerlich gewitterter Gestank nach Abfall und Müll war überall vorhanden und Missklänge lagen in der Luft. Eigenartige Wesenheiten näherten sich, die alle einen unterschiedlichen Anblick boten.

Meistens wirkten sie schauderhaft auf mich, da Gefühllosigkeit, Kälte und unausgesprochene Feindseligkeit aus ihren fixierenden Augen und ihrem feinstofflichen Leib hinausgespritzt wurden. Sie versuchten einer nach dem anderen mich, meinen Körper und meine Aura zu besetzten, was ihnen aber nicht gelang.

Da ich gleichzeitig im Himmel war und meine unvergängliche Präsenz dort mit jeder Faser fühlen konnte, verspürte ich die reine Energie der absoluten Gnade, die immer tiefer in mir und allen Ebenen und Aspekten meines Seins verankert wurde und aus bedingungsloser, göttlicher Liebe bestand. Die göttlichen Lichtwesen aus den höchsten Dimensionen ließen das innige Gefühl der Barmherzigkeit und Herzensgüte zu Allem-was-ist in meine Herzebene einfließen und ich konnte mit den Augen der Liebe wahrnehmen.

Ein beträchtlich großes Wesen erschien plötzlich in der Dunkelheit vor mir und ergriff mich. Es ließ nicht mehr los und hielt mich ganz fest umklammert.

Zunächst konnte ich nicht erkennen, wer oder was es war, doch dann von einem Moment auf den anderen schien auch die Unterwelt immer heller zu werden, so als ob sich dieser niedrig schwingende Abgrund mit dem Reich der göttlichen Gegenwart zusammenschieben und ineinanderfließen würde. Es gab keine Ränder, an dem das eine anfing und das andere aufhörte, sondern alles hatte einen fließenden Übergang, es fühlte sich wie überlagert an. Niemand sonst schien es zu bemerken. Ich erkannte Lucifer vor mir, der mich festhielt, er hatte sich zu einem stattlichen, dunklen Engel gewandelt. Ich schaute ihn eine Weile bloß an und empfand Gnade für ihn. Sogleich ließ er mich los und entfernte sich etwas.

Alsbald manifestierte sich Satan in der Art und Weise, wie ich ihn erkennen konnte, und wollte mich wegzerren, tiefer in die Dunkelheit hinein, aus der er gekommen war, aber es gelang ihm nicht. Er konnte mich nicht berühren, weil die göttliche Herrlichkeit in mir zu klingen gebracht wurde und ich nur dem Ruf des Einen folgte.

Ich sagte ihm, er könne mir nichts anhaben und mir in keinerlei Weise Schaden zufügen, weil ich mich für das Licht und die Liebe entschieden habe, aber auch ich würde ihn nicht zwingen, von der ewigen Liebe und der süßen Gnade zu kosten, die ich ihm anzubieten hätte. Denn Gnade beinhalte auch die Entscheidungsfreiheit, die jedem Wesen gegeben ist und die unantastbar für alle Zeiten gilt.

Er schien dies nicht akzeptieren zu wollen und versuchte, mit seinem Willen und seinem Wesen in meine Aura und meinen Körper einzudringen. Dabei schossen wütende Laute aus ihm heraus, die in den Niederungen einem Echo gleich widerhallten. Er versuchte, mich zu ängstigen, zu erschrecken und mich in seinem Schlund zu verschlucken. Er wartete nur darauf, dass ich zu zweifeln beginnen würde und sich das Licht meiner Seele verdunkelte, um sich dann an meinen niedrig schwingenden Energien nähren und sich meiner bemächtigen zu können.

Ich schaute ihn einfach stumm an, umgab mich bewusst mit jeder Faser meines Seins mit der Energie der Liebe und der Gnade und spürte, wie meine Herzenergie sich immer weiter und dichter ausdehnte.

Einige Wesen ergriffen die Flucht oder suchten mehr Abstand zu mir, andere schienen fasziniert zu sein von den Lichtenergien, die wie ein Lebensquell aus mir herausströmten und sich überall hin verteilten, und beobachteten das Geschehen mit neugierigem Blick. Er aber lachte hämisch weiter und versuchte, mich aufzustacheln und aus der Reserve zu locken, war jedoch nicht in der Lage, etwas auszurichten, und wurde immer tosender. Er versuchte, mir unsichtbare Fesseln anzulegen, die mich binden sollten, doch sie lösten sich immer weiter auf, je näher sie zu mir vordringen wollten.

Da ich in der Energie meiner Herzmitte ruhte und mich von allem Göttlichen geliebt und beschützt fühle, hatten diese widrigen Umstände keinen Einfluss und keinerlei Macht über mich. Ich beobachtete mich, wie ich umgeben von niedrigschwingenden Geschöpfen der Dunkelheit in meinem göttlichen Geist und damit der heilsamen Präsenz des Einen ruhte. Ich hatte das Gefühl, dass sich mit meiner Entscheidung für das Verweilen in der fruchtbringenden Energie der kosmischen Liebe der Sieg über mein niederes Selbst eingestellt hatte. Ich drehte mich einfach nur um, dankend für diese Erfahrung, die ich habe machen können, und ging die Treppen langsam wieder nach oben und gleichzeitig vom Himmel aus gesehen wieder nach unten. Diesmal begleiteten mich auch einige dunkle Wesenheiten, die meine Entscheidung respektierten und mir sicheres Geleit zurück ins Erdenleben gaben.

Manche wollten sogar mit mir kommen und aus ihrem elenden Dasein erlöst werden, denn sie hatten von der Energie der Gnade und der Liebe gekostet und ihre Ängste überwinden können. Gemäß ihrer freien Entscheidung gelang es ihnen letztendlich auch, liebevoll transformiert zu werden. Dies alles geschah in einem Augenblick. Es schien mir ebenso, als akzeptierten einige andere dunkle Wesen ebenfalls meine Worte, die zuvor gesagt wurden, so als ob sie bereit wären, sich in eine neutrale Zone zu begeben und keinen Zwang mehr ausüben zu wollen; wie ein hilfreicher Verbündeter in einem Spiel, der dennoch auf der dunklen Seite blieb.

Zum Ende der Stufen hin verschmolzen die, die himmelwärts gingen und die, die zur Unterwelt führten, zu einer und ich war wieder im Hier und Jetzt. Ich habe gelernt, einen zuvor verborgen und vergessenen Teil meiner Selbst auszudrücken, und das ließ mich ein Stück heiler werden. Der stille Platz in der Mitte meines spirituellen Herzens ist zu einem mächtigen Schutzwall geworden, denn mein Licht scheint unauslöschlich in der Finsternis, solange ich mich dafür entscheide.

Raum zur Weltenschöpfung

Ich erkundete die kosmische Weite und hatte ein faszinierendes Erlebnis, in dem Symbole und Formen, Farben und sphärische Musik neue Realitäten erschaffen.

Zu Beginn konnte ich nur einen grauen Schleier erkennen, der mich umgab und undurchdringlich war. Daraus schienen Wolkengebilde zu entstehen, die unterschiedlichste Konturen annahmen. Ich betrachtete das Geschehen aus der Ferne und sah mich mit 17 Jahren, hatte lange, braune Haare und kletterte eine sehr, sehr lange Leiter hinauf Richtung Himmelreich. Ich trug ein weißes, langes Kleid und war barfuß. Die Leiter war an einem riesigen Berg befestigt, der sturmumtost war, der Wind zerrte an mir und der Leiter, dennoch ging ich weiter hinauf. Ich fühlte weder Kälte noch irgendeine Art von Angst, alles in mir schien sich in diesem Moment genau am richtigen Platz zu fühlen, ein wunderschönes Wohlgefühl hatte sich eingestellt. Da dichte Dunstschwaden den Blick auf die gesamte Umgebung verbargen, konnte ich nur mich auf der Leiter erkennen und den riesigen Berg vor mir.

Nach einer längeren Etappe des Kletterns bemerkte ich, dass die Leiter nur symbolisch für mich entstanden war, denn ich konnte auch einfach durch Gedankenkraft weiter hinauf schweben, was ich letztendlich auch tat. Am Gipfel angekommen stellte ich mich aufrecht mit abgespreizten Armen hin, der starke Wind umfing mich wohlwollend und meine Haare wehten in alle Richtungen. Ich atmete erfrischende, kühle Luft ein, die einen Hauch von unbekannten Düften enthielt, die ich zuvor noch nie wahrgenommen hatte. In mir breitete sich das Gefühl aus, dass die Schätze des Göttlichen von hier aus zu erblicken wären.

Ich hatte jetzt endlich die Gelegenheit, meine Kleidung genauer betrachten zu können. Die Ärmel meines Kleides hingen am Ärmelende lang herunter, am Oberarm und im oberen Bereich war das Kleid mit aufwändigen goldenen und silbernen Stickereien geschmückt, der Rest war schlicht und genau deswegen schön anzusehen. Ich stand reglos und fest verankert inmitten stürmischer Winde, die mir aber gut vertraut und zugetan schienen. Ich weidete mich an der Höhe und der Freiheit, die sich auf dem Dach der Welt genießen ließ, und trug ein Lächeln auf meinem Gesicht.

Ich betrachtete das endlose Grau mit all seinen Nuancen und Konturen, das zerrend meine Aufmerksamkeit suchte. Es schien sich vor mir aufzubäumen, um Beachtung zu erhaschen. Als ich mich genauer beobachtete, besaß ich das eine Mal Flügel, die sich in ihrer Form und Farbe immer wieder zu verändern schienen, ein anderes Mal war ich für kurze Zeit einfach ein weißer Energiewirbel, der durchscheinend und geisterhaft wirkte, meistens jedoch zeigte ich mich in der Gestalt von mir mit 17 Jahren.

Ein großer Wirbelsturm entwickelte sich inmitten des Nebels. Ich schwebte zunächst um ihn herum, nahm das Element Luft mit all meinen Sinnen wahr und dann flog ich langsam hinein. Der Nebel schien mir nichts anhaben zu wollen. Alles wirkte zwar roh und wild, aber mich konnte nichts berühren oder erschüttern, es war so, als gleite alles einfach an mir ab.

Ich entschied mich, einen Herzstrahl auf alles um mich herum zu schicken. So flog ich durch diese unüberschaubare, chaotische Umgebung, um allem näher sein zu können. Die Herzenergie zeigte ihre Wirkung und nach einiger Zeit wurde es lichter und heller um mich herum und ich konnte eine Sphäre erkennen, die eine mir völlig unbekannte Landschaft umschloss.

In dieser anmutig aussehenden Sphäre ragte ein Berg über alles hinaus und ich beschloss, auf dessen Gipfel zu fliegen. Als ich in den Wirkungsbereich dieses Ortes flog, spürte ich ein leichtes Kribbeln auf meiner Haut, so als würde ich von unsichtbaren Federn gestreichelt. Nur wenige Meter trennten mich jetzt von der geschlossenen Wolkendecke, die unter dem Berggipfel entstanden war. Die Wolken waren dicht und hellgrau, weiß schattiert. Ich war alleine hoch oben über einer Welt, die ich noch nicht kannte, und wusste intuitiv dennoch, dass meine göttliche Familie bei mir war und mich alleine gewähren und erkunden ließ.

Ich blickte in die Ferne und sah das Himmelsgewölbe über mir, das in zarten Pastelltönen schimmerte und sonnendurchflutet strahlte. Die Pastellfarben verliefen ineinander und blieben nicht starr, sondern waren immer wieder mal in Bewegung oder ruhten für eine Weile. Sie sandten eine belebende und heilsame Energie aus, die stetig in den Raum sickerte und ihn gänzlich erfüllte. Ich dachte an die 5 Elemente, Feuer, Wasser, Luft, Erde und Geist und sie erschienen in Symbolen, die ich in meinem Innersten erkannte, die ich aber im Jetzt nicht mehr wiederzugeben vermag.

Sphärische, stimulierende Klänge verwoben sich mit den Farben, den Elementen und allem, was ich mit meinem Wesen spüren konnte. Sie waren kaum wahrnehmbar, so zart und leise, dass sie nur vernommen werden konnten, wenn ich genau hinhörte. Auch jeder Erscheinungsform schien die sphärische Musik zu entspringen, was meinem Erleben eine besondere Bedeutung zukommen ließ.

Ich wollte weitersinken und schickte mehr Energie aus meinem Herzen auf die Welt, dann tauchte ich in Zeitlupe in die Wolkendecke ein und durchbrach sie nach einiger Zeit. Sofort löste sie sich komplett auf und ich konnte ein wunderschönes Eiland erkennen, das eine kreisrunde Form hatte. Auf den ersten Blick gab es überall zerklüftete Bergkegel mit unzähligen Schluchten und natürlichen Plateaus. Alles war unberührt und idyllisch.

Um einen besseren Überblick zu bekommen, erhob ich mich in die Lüfte und konnte erkennen, dass es insgesamt fünf solcher Gebirgsinseln gab, die zusammen kreisförmig aufgestellt und durch Steinbrücken oder Landzungen miteinander verbunden waren. Jede einzelne Insel war von einer Art Kuppel umgeben, diese bestand aus einer halbkugelförmigen, zarten Membran, die durchsichtig war. Ich konnte sie wahrnehmen, weil ich meinen Blick auf die feinstoffliche Ebene scharfstellte.

Zwischen den Inseln gab es eine sich langsam bewegende Substanz, die schwer zu beschreiben war. Sie war an manchen Stellen durchscheinend und kristallklar, an anderen Stellen wiederum matt und etwas milchig. Ihre besondere Wirkung erzielte sie durch rotierende Farbschattierungen, die sich spiralförmig aus ihr herausbildeten, und die Inseln zu beleben schienen. Mir wurde intuitiv klar, dass es ein Meer der Möglichkeiten war, welches die Inseln mit seinen unendlichen Impulsen schöpferischer Genialität versorgte.

Diese Inseln waren Ruheplätze der Elemente Feuer, Wasser, Luft, Erde und Geist, die nur zusammen existieren konnten.

Auf dem Eiland des Elementes Feuers glühten die Blätter an den Bäumen und hinterließen bei Bewegung orangefarbene Abdrücke im Äther. Manche Blumen hatten große, feurige Blüten, die fast lebendig aussahen und sofort ins Auge sprangen. Aus dem Schlot eines Vulkans sprühte glühendes Magma in Lavafontänen aus dem Erdinneren heraus. Entweder schoss es in feinen Partikeln umher, um einzigartige, pulsierende Muster entstehen zu lassen, die eine Zeit lang innerhalb der Kuppel verweilten und sich dann auflösten, oder es floss in wunderschönen, verzweigten Lavaströmen zum Meer, die ruhig und behäbig an der Küste vom kühlen Nass ausgebremst wurden. Licht und Wärme entstanden durch die flammenbildenden Kräfte und dienten als Energiespender für das Leben.

Auf der Insel des Elementes Wassers gab es in der Landesmitte einen wunderbaren, großen See, der viele Plateaus mit seinem kristallklarem Nass auffüllte. Ich konnte bis auf den Grund schauen, so sauber und rein war er. Seine Oberfläche war spiegelglatt, nur an manchen Stellen kräuselte eine leichte Brise das Wasser. An anderen Stellen ergoss es sich in Kaskaden auf die nächste Ebene und ich konnte viele Regenbogen, die durch die Gischt erzeugt wurden, erkennen. Der weißliche, feine Sprühnebel aus Wasser und Luft entstand aber auch, wenn die schnell strömenden Quellbäche an der felsigen Küstenregion aufprallten und sich aufbäumten. Dort entstanden räumliche Motive, die eine regelmäßige Struktur wie Kristalle hatten, und sich innerhalb der Kuppel ausbreiteten und einer ständigen Veränderung unterlagen.

Auf dem Eiland des Elementes Luft wuchsen hohe, bunte Gräser, die sich wellenförmig zum Rhythmus der Fallwinde bewegten, bunte Blätter schwebten durch die Luft und gestalteten die schönsten Formen. Wenn die Luftströmung sehr stark wurde, erwuchs ein Wirbelwind, der sich schnell und weit ausdehnte, seine Rotationsgeschwindigkeit erhöhte und bis an den Rand des feinstofflichen Gewölbes traf. Sein Strudel erzeugte spielerisch Variationen aus bunter Färbung, die mal gewaltig und mal sanft anmuteten, bis sie völlig verebbten. Alles erschuf sich im gleichbleibenden Rhythmus neu und änderte seine Gestalt unaufhörlich.

Die Oase des Elementes Erde war über und über mit Blumen in den eindrucksvollsten Farben und seltsamsten Gestaltungsweisen überzogen, die teilweise sogar am Felsen entlang wuchsen. Bewaldete Hügel, grüne Landzungen und lichterfüllte Eingänge zu Felshöhlen und Grotten formten ein abwechslungsreiches Bild. Der feinsandige Untergrund im Küstenbereich lud zum Verweilen ein, denn aus ihm schien eine Ruhe und Andacht zu strömen, die ihresgleichen suchte. Die Erdmasse hatte aber keine stete Form, sondern gestaltete sich langsam immer wieder um, so als wolle sie ihre Möglichkeiten erfahren.

Die Insel des Geistes drückte in jeder Hinsicht Vollkommenheit aus. Die sinnliche Wahrnehmung wurde auf jede Art angesprochen, in dem Rauschen der Bäche, dem Farbenspiel der Pflanzen, in der Ästhetik der belebten Natur und den engelsgleichen Klängen, die zu erfahren waren. Nichts war jedoch von fester Struktur, sondern alles war geistiger Art. Die bloße Anwesenheit in der Nähe der Insel des Geistes belebte jedes Atom, jeden körperlichen und übersinnlichen Ausdruck mit ihren höchsten Schwingungen. Konturen innerhalb der feinstofflichen Kuppel wechselten ihre Form in schier endlosen Varianten, die ihren Ausdruck in den unzähligen Welten, die erschaffen werden sollten, finden würden.

Nach einiger Zeit konnte ich breite Energiebahnen erkennen, die jede Insel und den äußeren Kreis pentagrammförmig miteinander verbanden. Sie strahlten von innen heraus und verbreiteten heilsames Licht, das überall zu spüren war. Sie charakterisierten das Netzwerk des Lebens, das alles miteinander verband. Es war unbeschreiblich schön anzusehen, alles wirkte kunstvoll und wohl gestaltet, den Gesetzen der Harmonie entsprechend.

Die Mitte des Landschaftskreises öffnete sich und ich wusste einfach, dass hier ein Areal entsteht, um eine neue Welt erschaffen zu können. Der Raum zur Weltenschöpfung entstand durch seine einzigartige Vollkommenheit, er war transdimensional und für mich erschien er kugelförmig. Gemäß dem göttlichen Plan wurden Hologramme von Welten erschaffen, die als Wohnstätte für sich ständig verändernden Bedürfnisse planetarer Inkarnationen der verschiedenen Spezies dienten, um die Illusion der Getrenntheit von der Quelle erfahren zu können.

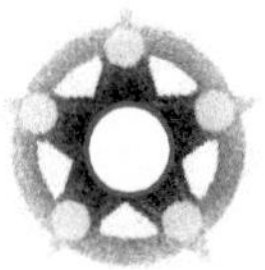

Um die Kugel herum manifestierten sich unzählige geometrische Formen, die ihn ihrer Vielfalt nicht aufzuzählen waren und eine Masse von Symbolen wie z.B. das Ankh-Symbol. Dessen oberer runder Teil umgab den Raum zur Weltenschöpfung, durchflutete mit seinen mächtigen Energien alles Innere und regte zum Neubeginn an. Ich sah heilige Strukturen und Muster, die Geometrie des Lebens, runde und eckige Formen und Symbole von jeder Hochkultur, selbst Zahlen und Buchstaben, die ich nur teilweise erkannte, formten sich. Sie alle waren in bunten Lichtschwingungen gekleidet, jedes nach seiner eigenen Art. Ihre gewaltigen und substanziellen Lebensenergien durchdrangen jeden noch so kleinen Bereich und waren bereit, eine neue Welt zu gestalten. Durch ein kosmisches Summen, einer sanften Sinfonie gleich, wurde die Atmosphäre um mich herum in Einklang mit der göttlichen Liebe gebracht.

Ich nahm erneut etwas mehr Abstand zu diesem lebensformenden Gebilde und erkannte, dass sich oberhalb des Ringes aus den 5 Inseln ein großes Kreuz entwickelte. Es war ebenfalls transdimensional und ruhte flach zur Oberfläche des Inselkreises.

Es manifestierte sich ein neuer Globus in dem Raum zur Weltenschöpfung, der von vielen multidimensionalen Geistwesen besiedelt werden würde. Er war rund geformt und enthielt alles Lebensnotwendige, um neuen Seelen als Ausdrucksform Gottes eine Grundlage zum Leben geben zu können. Die neue Welt wanderte langsam weiter aufwärts, verließ das Ankh, durchflog den fünfsternigen Ring und passierte das flach liegende Kreuz genau in der Mitte. Die Energien und Kräfte aller Formen und Symbole jeglicher Art hatten sich bereits mit der neuen Welt untrennbar verwoben.

Nun war die neue Welt, die ein eigenständiges Lichtwesen war, bereit, sich dem Inkarnationsprozess für planetares Leben darzubieten. Ich löste meine menschliche Form gänzlich auf und blieb auf der Bewusstseinsebene, dort erkannte ich unermesslich viele Lichtwesen, die dies alles steuerten und bewirkten, und viele weitere Formen und Symbole der heiligen Geometrie, die benutzt wurden. Von einfachen Mustern und Formeln bis hin zu komplizierten Gliederungen war alles vorhanden. Ich war überwältigt von dem perfekten Zusammenspiel der geistigen Welt und kehrte schließlich in die Gegenwart meiner menschlichen Existenz zurück.

Der Heilige Tod –
Heiliges Lichtwesen der Befreiung

Ich fragte mich, warum mich bei allen kosmischen Reisen und energetischen Behandlungen der Heilige Tod als Seelenführer begleitete und so vollzog sich eine Begegnung mit meinem ewigen Seelenteil.

Während einer Meditation suchte ich in meiner Seele nach der göttlichen Wahrheit und wollte die Geheimnisse des Universums und des Todes, ihre Tragweiten und Besonderheiten erkunden.

Nach einiger Zeit manifestierte sich vor mir der Heilige Tod höchstselbst.

Ich war überrascht, dass es so schnell geschah, aber ich fühlte mich zugleich unsagbar wohl. Ich konnte ihn immer besser erkennen, je länger ich mich auf ihn konzentrierte. Ich saß tiefenentspannt auf dem Sofa und er stand vor mir. Er war groß und reichte bis unter meine Zimmerdecke und war in einen dunklen Umhang gehüllt, eine große Kapuze ruhte auf seinem Haupt. In einer Hand hielt er einen Stab, der ungefähr seine Körpergröße hatte, aus welchem Material dieser bestand, ließ sich schwerlich sagen, denn seine Beschaffenheit war jenseits von allem, was ich bisher auf Erden gesehen habe. Ich konnte sein Skelett an beiden Händen sehen und sein knöcherner Kopf schaute mich interessiert an. Seine Augen konnte ich nicht direkt erkennen, denn sie lagen im Schatten seines Umhangs verborgen, dennoch war es ein schönes Gefühl, da ich wusste, dass er ein Heiliges Lichtwesen in Gottes ewigem Plan ist, von dem ich lernen wollte.

Er strahlte eine erhabene Gelassenheit aus und schien so viel Wissen in sich zu tragen. Alle Ebenen des Lichtes stellten sich eigenartigerweise in seiner für mich noch dunklen Erscheinung dar, ich wusste es aber instinktiv und fühlte es auch in meiner Seele. Das Göttliche in ihm ließ einen silbrig-weißen Strahlenkranz aus seinen feinstofflichen Körpern hervorbrechen und ich spürte Liebe. Ich konnte seine strahlungskräftige Aura sehen und fühlen, die mich konstant durchströmte und das Zimmer, in dem ich verweilte, bis in die kleinste Ecke ausfüllte.

Eine Weile stand er einfach nur vor mir und schien in mich hineinsehen zu können. Es kam mir vor, als wäre ich ein aufgeschlagenes Buch, in dem er alles lesen konnte, was er wollte, und ich konnte und wollte auch nichts vor ihm verbergen. Ich war fasziniert von dieser Situation, auf der einen Seite schien es so abwegig zu sein, dem Heiligen Tod begegnen zu wollen, und auf der anderen Seite fühlte ich mich von ihm und seinem göttlichen Energiefeld schon immer magisch angezogen. Denn der tiefste Teil meiner Seele, so wurde mir jetzt bewusst, war schon immer in Resonanz mit seiner lichterfüllten, liebevollen, einzigartigen Schwingung. All meine Atome und Körperzellen schienen im Rhythmus seiner Heiligen Ausstrahlung zu vibrieren.

In diesem Augenblick blieb die Zeit stehen.

Ein Teil von mir löste sich aus meinem irdischen Körper und ich sah mich auf der Couch sitzen. Mein Körper ruhte und ein Teil von mir war sich dessen auch bewusst. Der andere Teil, der weitaus größer war, stand nun vor ihm und betrachtete den Heiligen Tod aus der Nähe. Seine heilige Gegenwart umhüllte mich, durchzog mein Wesen und ließ mich der Außenwelt in einer höheren Art offenbar werden. Er brachte sich selbst in seiner lichtvollen Absicht für mich ein und es war bereichernd und wohltuend.

Wir verweilten und ruhten in uns, außerhalb von Raum und Zeit, ich fühlte mich körperlos und alles war zum Stillstand gekommen. Ich konnte mich an seine Schwingungsebene anpassen und war reine Existenz. Ich erschuf mich in seiner heilsamen Gegenwart neu.

Dann legte er den Stab an die Seite und hielt mir beide Hände mit der Handinnenfläche nach unten entgegen. Ich ging auf ihn zu, schaute auf seine Hände und legte meine mit der Innenseite nach oben an seine Hände, die mich dann fest, dennoch fürsorglich umfassten. Gegen meine Erwartungen fühlte ich nicht seine kühlen Knochen, sondern eine warme Energieschicht, die seine Hände umgab und mich auf angenehmste Art in Sicherheit wog. Ich war überrascht über die Seelengüte, die mich umfing, im Angesicht seiner außergewöhnlichen Persönlichkeit und machtvollen Präsenz. Ich hatte das Gefühl, einen engsten Vertrauten wiedergefunden zu haben, nach dem ich unbewusst mein Leben lang gesucht habe.

Ich weiß gar nicht mehr, wie lange wir so dastanden, aber er ließ schließlich eine Hand los, öffnete seinen großen Umhang und zog mich mit der anderen

Hand langsam darunter und schloss den Umhang wieder. Wortlos verstand ich seine kristallklaren Gedanken aus den höheren Welten. Ich wusste zwar nicht, was mich erwartete, aber ich fühlte ein uraltes Wohlbehagen, das sich in meinem ganzen Körper ausbreitete. Eine klärende Ausgeglichenheit bemächtigte sich lächelnd meiner. Aus den Innenseiten seines Mantels wurde zusehends die Unendlichkeit des Kosmos. Dann erkannte ich, dass ich im Universum war. Er war das Universum und ich war ein Teil davon. Ich war sogar noch viel mehr, ich war auch das Universum und mit ihm untrennbar verbunden.

Er zeigte mir die Unendlichkeit, andere Planetensysteme, andere Galaxien. Ich bekam ein Gefühl für Gottes Schöpfung, seine Ausdehnungen und Dimensionen und seine Unermesslichkeit. Immer, wenn ich dachte, dort muss das Ende sein, ging es weiter.

Ein Gedanke reichte und wir kamen dort an, wo ich hingelangen wollte. Ich fühlte Respekt und Ehrerbietung, alles schien zeitlos und unvergänglich zu sein, dennoch schien sich alles langsam zu bewegen und zu verändern. Es war ein Farbenspiel ohnegleichen und wir kommunizierten mit der Energie eines Gedankens, dessen Schwingung Töne erzeugte, die nicht irdischen Ursprungs waren. Ich war ein Teil des Ganzen, fühlte mich in meiner wahren Größe und verweilte in diesem Zustand. Ich begann einen kleinen Teil der Wirklichkeit zu erfassen, obwohl es sehr schwierig ist, menschliche Worte dafür zu finden.

Wenn ich es so wollte, konnte ich Ereignisse beschleunigt anschauen und ich nahm den fortwährenden Zyklus von Entstehen und Vergehen wahr. Ein Stern explodierte, wurde heller als eine ganze Galaxie und entwickelte sich zu einem schwarzen Loch. Oder ich konnte ein Sonnensystem aus der Ferne betrachten und gleichzeitig jeden einzelnen Planeten aus der Nähe sehen. Mit den menschlichen Sinnesorganen wäre dies nicht möglich, aber den übersinnlichen Fähigkeiten sind keine Grenzen gesetzt. Ich staunte über all die Möglichkeiten, über die Fülle und die Harmonie in allem. Ich spürte den Geist Gottes in allem und wurde des ewig Unvergänglichen teilhaftig.

Ich spürte mich als Alles-was-ist, fühlte das Eins-Sein mit allem und brauchte keine Verkörperung anzunehmen, denn auf dieser lichten Ebene, war es völlig unwichtig, sich in eine begrenzende Körperform zu zwängen. Ich brauchte für meinen Geist keine Umhüllung jeglicher Art, die ihn umschließt, sondern wollte einfach nur die Freiheit von jeglicher Begrenzung spüren. Ich sog diese geistige Nahrung auf wie ein Dürstender das Wasser. Meine Gedanken wurden vollkommener, denn mein Geist offenbarte sich mir in seiner vollkommenen Form.

Ich erinnerte mich an längst vergangene Zeiten, obgleich diese genau jetzt geschahen. An all die Leben und Existenzen in den Welten, in denen ich meiner persönlichen, natürlichen Spur gefolgt bin, mich selbst immer wieder erprobt, erfahren und gelebt habe, um letztendlich herauszubekommen, wer ich in Wirklichkeit bin. Dies alles war in meinem multidimensionalen, unermesslichen Sein gespeichert, ich bekam Zugang zu mir selbst und war geistorientiert.

Außerhalb der Zeit zu sein und doch zu wissen, dass eine meiner Seelen in der linearen Zeit auf der Erde verweilt, scheint vielleicht abstrakt zu sein, doch alles existiert wirklich simultan. Ich nahm viele Zyklen von Leben und Tod auf unterschiedlichen Planeten wahr, ohne eine Spezies genauer zu betrachten, und konnte die Seelen beim Eintritt in eine Verkörperung, der Empfängnis, wahrnehmen und beim Austritt aus ihrer Inkarnation, ihrem Tode. Alles geschah gemäß göttlichem Plan. Jeder einzelne Körper stellte eine Verdichtung von Licht dar und ich hatte das Gefühl, als ewig lebendes Geistwesen mitten dabei zu sein, hautnah.

Und es war nicht das erste Mal. Mein Geist offenbarte mir, dass ich bereits unzählige Seelen in ihrem, während ihres und aus ihrem Leben begleitet und spirituell unterstützt habe. Egal um welche Spezies es sich handelte, ich sah so viele unterschiedliche Lebensformen, denen ich keinen Namen geben konnte, weil sie auf dem Planeten Erde in den unteren Schwingungsebenen in physischer Form nicht vorkamen. Ich sah so viele Planeten, die bewusste, lebendige Wesen waren und in die Dichte der Materie eintraten, um sich in den göttlichen Plan einbringen zu können.

Etwas hatte sich in mir verändert. Ich nahm die wunderbare Energie des Heiligen Todes als etwas Erlösendes, Befreiendes und wundervoll Helles wahr, etwas Göttliches. Der Heilige Tod hätte viel treffender „<u>Gefährte des Lichts und Heiliges Lichtwesen der Befreiung</u>" genannt werden sollen, denn er unterweist, unterstützt und befreit jede Seele in ihrer spezifischen Verkörperung mit seiner heilenden Präsenz, ob sie nun geplagt und leidgeprüft oder harmonisch und zufrieden auf den Welten existiert, und führt sie zur gegebenen Zeit wieder zu ihrem göttlichen Ursprung zurück.

Einem Lichtblick gleich erkannte ich mich in dem Heiligen Tod; ich nahm ihn wahr als Teil meines Höchsten Selbst, als Teil meines ewigen Geistes, der als Gefährte des Lichts Seelen in jeglicher Hinsicht befreit und Frieden schenkt. Die vielen einschneidenden und schwerwiegenden Erlebnisse auf Erden in dieser Inkarnation als Patrizia, die mit dem Tod und einem Weiterleben zu tun hatten, liefen alle gleichzeitig und doch einzeln erkennbar vor meinem geistigen Auge ab. Die Fragen nach dem Sinn des Lebens und meine sehnsüchtigen Blicke zu den Sternen ergaben nun einen Sinn. Die ewigen Gesetzmäßigkeiten der Urquelle durchdrangen mein Sein wie ein starkes, komprimiertes Kraftfeld, das geräuschlos und sanft explodiert.

Ich wusste, auch wenn das Leben und der Körper in der Materie beschmutzt, beschädigt und geschändet werden kann, bleibt doch die unsichtbare, feinstoffliche Welt und der lebendige Geist Gottes, der in allem und in jeder Seele wohnt und sie ausmacht, unberührt, vollkommen und rein. Alle Lebenserfahrungen werden gebraucht. Wir betreten die einsichtsreiche Kinderstube des Lebens und verkörpern uns in unseren kosmischen Linien wieder und wieder, gemäß unseres selbst gestalteten, persönlichen Lebensplanes. Alles gehört zusammen und ist eins, innen und außen, Mikro- und Makrokosmos. Alles schwingt und ist Energie.

Eine Gewissheit ist in dieser Zeit des Entrückt-Seins aufgekeimt und ich wusste mit absoluter Sicherheit, dass der Gefährte des Lichts, das Heilige Lichtwesen der Befreiung ein ungetrennter Teil von mir ist und ich ein ungetrennter Teil von Ihm. Er und ich sind verbunden. Dann nahm ich wahr, wie der Heilige Tod, ein Teil meines wahren Selbst, wieder seinen Umhang öffnete, und mich ins Hier und Jetzt auf die Erde zurückbrachte. Ich stand erneut vor ihm (und einem Teil von mir) und bedankte mich wortlos von ganzem Herzen für diese spektakuläre Erfahrung.

Als ich ihn, oder besser gesagt einen göttlichen Teil von mir, vor mir sah, erkannte ich in seinen/meinen Augen das Universum, das wahre Gute und die göttliche Wahrheit. Ich wurde der Wirklichkeit gewahr. Alles, was ich zuvor dunkel wahrgenommen habe, erschien jetzt als helles, kosmisches Energiefeld. Sein Gesicht und seine Hände hatten zwar eine menschliche Form,

sodass ich ihn erkennen konnte, aber er selbst war reine, göttliche Lebensenergie. Ich nahm keine Knochen mehr wahr, denn an ihrer statt gab es nun
pulsierende, helle Energien, die die kosmischen Weiten mit all ihren Mysterien widerspiegelten.

Der Heilige Tod ist ein Heiliges Lichtwesen, voller Mitgefühl und unendlicher
Liebe für die Schöpfungen Gottes und führt die Seelen der Verstorbenen
nach Hause ins Licht, zurück zur Quelle. Gnade und Barmherzigkeit sind die
heiligen Gottesgaben, die ihm geschenkt wurden und so arbeitet er auch eng
zusammen mit dem Elohim der Gnade. Er begleitet die von einem Planeten
scheidenden Seelen mit seiner lichterfüllten und mächtigen Präsenz, die
ihnen Mut und Einsichten schenkt und jenen noch nicht erwachten Seelen
Trost verleiht, um den Schmerz des Entschwindens stillen zu können, soweit
sie es zulassen.

Er befreit verlorene Seelen, erdgebundene Geister und astrale, niedrig
schwingende Fragmente aus ihrer Knechtschaft und unterstützt Erzengel Michael, der das Schwert der Wahrheit führt, und seine Legionen bei der Ausübung von göttlicher Gerechtigkeit. Er schützt und befreit mit seinen heilsamen, erlösenden Lichtenergien alles und jeden, der ihn darum bittet.

Das Heilige Lichtwesen der Befreiung, der Heilige Tod, ist ein Gefährte des
Lichts und ich bin ein ungetrennter Teil von ihm.

Ich bin die Gefährtin des Lichts
und bin dankbar dafür.

Dann hellte sich die lichtvolle Erscheinung eines Teiles von mir gänzlich auf
und war verschwunden.

Heilige Worte

Ich bat darum, in die Kräfte und Energien der „Heiligen Worte" durch meine Lichtfamilie und die göttlichen Lichtkräfte eingeweiht zu werden und mein Körper wurde sogleich kochend heiß, während mein Kopf immer freier und kühler wurde.

Ich konnte meine Umgebung deutlich erkennen und befand mich in einer steppenartigen Landschaft, in der vereinzelt große Bäume wuchsen, die viele sandfarbene Blätter hatten. Um sie herum war alles wildwüchsig und teilweise durch die Vielzahl der umgebenden Büsche unzugänglich. In dem Tal vor mir konnte ich ein Naturparadies in seiner ursprünglichsten Form erblicken; einzelne Bäume, Büsche und Gras. Die goldgelbe Sonne strahlte am Horizont. Ich saß auf einer Anhöhe auf einem großen Stein, der angenehm warm war, und hatte einen guten Ausblick auf die Umgebung. Vor mir in weiter Ferne erhoben sich zwei große Berge nebeneinander, von denen der Linke größer war als der Rechte.

Meine Krafttiere waren alle bei mir. Links von mir auf der Anhöhe war ein mächtiger Baum mit starken Ästen auf dem mein Krafttier, ein großer, brauner Adler saß und zu mir blickte, und darunter befand sich mein anderes Krafttier, ein weißes Einhorn, das auch in meine Richtung schaute. Mein kleiner Elefant Ganesha befand sich hinter mir und hüllte mich in seine Glückseligkeit ein. Ich fühlte, dass auch meine beiden Engel und meine Fee nicht weit entfernt waren.

Auf einem dicken, abgebrochenen Ast, der ganz in der Nähe auf einem Stein lag, saß eine weiße Eule, die ich noch nie zuvor gesehen hatte. Sie hatte wunderschöne, tiefgrüne Augen, durch die ihre alte, ehrfurchtsvolle Seele sichtbar wurde, und auch sie schaute mich genau an, ohne sich auch nur einen Millimeter zu bewegen. Ich war fasziniert von ihrer erhabenen Schönheit und Anmut und hörte mit einem Mal ihre leise Stimme, die in meinem Wesen zu mir sprach und bekanntgab, dass sie ein weiteres Krafttier von mir sei. Ich freute mich über dieses wundervolle Geschenk und ging langsam auf sie zu.

Kurz bevor ich sie erreichen konnte, bewegte sie ihre Flügel, öffnete sie in ihrer Pracht, stieß sich ab und flog auf meine Schulter. Sie fand festen Halt, obwohl sie sich nur locker auf mir niederließ, ohne sich in irgendeiner Art festzukrallen. Sie war groß und schwer, doch eigenartigerweise verspürte ich kaum ihr Gewicht. Als Wächterin der Nacht wollte sie mir dabei helfen, in den dunklen Stunden niedrig schwingende Energien und Wesen von mir fernzuhalten. Durch ihre uralte Weisheit, die aus langen vergangenen Zeiten stammt, und ihr klares Denkvermögen war sie ein mächtiges Krafttier, dass mich in die Tiefen und Abgründe meiner Seele führen wollte, um sie mit ihrer hochfrequenten Magie beleuchten, erkennen und auflösen zu können.

Ich hatte das Gefühl, dass ihre mächtigen Heilenergien sofort anfingen, Wirkung zu zeigen, denn eine Urangst, die ich schon lange mit mir herumtrug, löste sich sogleich auf und all meine Sinne wurden dadurch geschärft. Denn sie war verbunden mit dem Totenreich und zeigte mir, wie ich aus einer Schwäche eine Stärke machen und die Wirklichkeit hinter der äußeren Erscheinungsform erfahren konnte.

Vor mir brannte eine Feuerstelle, die mich an die Hitze in meinem Körper erinnerte. Es war ein besonderes Feuer, das wusste ich. Die brennenden Zweige knisterten fast so, als würden sie flüstern, und die Wärme des Feuers trug einen lebendigen Funkenschwarm durch die Lüfte, immer höher und höher. Die Flammen züngelten mit einem Mal recht hoch, wurden sehr hell, ihre glühenden Funken stoben hinauf ins Firmament und aus meinen Händen flossen gleichzeitig Energien, die sich mit den Flammen zu einem Wirbel Richtung Himmel bewegten. Es war ein imposantes Farbenspiel.

Ich fing unvermittelt an, bestimmte Sätze zu sprechen, deren Inhalt ich aber nicht verstehen konnte, obwohl ich mir sicher war, dass es sich um Worte der Heilung und des Friedens handelte. Als diese heiligen Worte meinen Mund verließen, formte sich jedes Wort zu weißem, goldglitzernden Nebel und verband sich mit dem flammenden Energiewirbel aus meinen Händen, der auch sogleich weiß und goldglitzernd wurde. Als der Wirbel den Himmel erreichte, entstand eine riesige Wolke, die sich langsam im Kreis drehte und die Sonne verdeckte, so dass es dunkel wurde.

Nach einer Weile schossen aus dem Himmel weiße, blitzartige Energien auf die Erde hinab und ich fragte mich, was wohl passierte.

Sogleich sah ich den ersten Menschen, es schien ein Ureinwohner dieser Gegend zu sein. Er rannte umher und wurde von dem weißen Energieblitz getroffen und umhüllt. Er schien es gar nicht wahrzunehmen und rannte weiter, aber aus seinem Körper lösten sich kleine, schwarze Punkte, die in Richtung Himmel zogen und sich allmählich auflösten. Ich konnte weitere Einheimische erkennen, denen das Gleiche geschah; sie alle liefen durcheinander, als wüssten sie nicht, was passiere. Dann sah ich einen Medizinmann in hellen Gewändern, der in der Dorfmitte stand, seine Arme zur Seite ausgestreckt hielt und seine Dorfgemeinschaft aufforderte, sich um ihn zu versammeln. Es kehrte Ruhe ein und jeder begann, sich um ihn herum auf den Boden zu setzen.

Die Blitze, die Richtung Erde gingen, verweilten auf jedem einzelnen Dorfbewohner, auch der Medizinmann war eingehüllt, er schien zu wissen, was vor sich ging. Diese Szene war sehr friedlich. Viel Dunkles löste sich von den Menschen, sodass nach einiger Zeit die Gemeinschaft von einer kuppelartigen Blase umgeben war, die rein und weiß erstrahlte.

Ich blickte in die Umgebung und sah in dem vor mir liegenden Tal mehrere dieser reinweiß leuchtenden Kuppeln und wusste, dass auch andere Dorfgemeinschaften durch die klärenden Energien gereinigt und geheilt wurden. Es war ein wunderbares Gefühl, dies beobachten zu können.

Mit einem Mal löste sich die riesige, weiße Wolke auf, es wurde wieder hell und ihre Energie sprang in Sekundenschnelle in meine Hände. Ich schaute auf diese und wusste, dass alles vollbracht war, wusste es war an der Zeit, weiterzuziehen.

Ich sah mich selbst schließlich von hinten, wie ich aufstand und Richtung Tal hinabging.

Mein Einhorn ging voran, sein spiralförmig gewundenes Horn mit seiner himmlischen Urkraft strahlte geheimnisvolle, wandelnde Energien aus. Mein Adler, der Bote des großen Geistes, kreiste über uns und ich erhielt durch ihn einen klaren Blick auf alles. Mein kleiner Elefant schwebte neben mir und posaunte leichte Glücksenergien aus seinem Rüssel in die Welt. Und mein neues Krafttier, die weiße Eule, welche ein Inbegriff für Weisheit und Klugheit ist, saß auf meiner rechten Schulter. Sie offenbarte mir Wissen aus dem Totenreich, das mir zur Verfügung stehen würde. Hinter mir nahm ich in leuchtendem Weiß meinen Schutzengel Davidel wahr, der durch eine innere Stimme zu mir sprach, und segens- und hilfreiche Gedanken zukommen ließ.

Mein Engel Vikan, einer der Elohim des weißen Strahls und mein Seelenbegleiter, hatte seine lichterfüllte Rüstung Gottes an und schwebte erhobenen Hauptes neben mir auf der einen Seite, während meine Fee Vedelwies tänzelnd auf der anderen Seite schwebte und eine leise Melodie summte, wobei ihre lichtdurchlässige Erscheinung überwältigend glitzerte.

Ich wusste mit absoluter Gewissheit, dass ich schon immer die Macht besessen habe, mit Worten gezielte Energien zu erzeugen, die von mir zu einem bestimmten Zweck in die Außenwelt entlassen wurden, um sich mit dem Dasein eines Wesens/Sache/Situation zu verbinden. In manchen Verkörperungen waren die Worte ungezügelt und bedrohlich, weil auch dieser Aspekt von mir erfahren und erlebt werden wollte. In anderen Inkarnationen habe ich meine Worte allerdings sorgsam ausgewählt, sodass diese heilbringend, erlösend und Licht bringend waren; so auch in dieser Inkarnation.

Seit dieser Weihe fällt es mir sehr leicht, bewusst heilkräftige Schwingungen mit jedem Heiligen Wort in den Weltenraum und zu jedem Geschöpf hinströmen zu lassen.

Melchizedekisches Priestertum

Während der Einweihung in die Energien des Melchizedekischen Priestertums – das Priestertum Christi (Melchizedek war König und Priester Gottes des Höchsten von Salem) erlebte ich Folgendes:

Ich sah ein großes, weißes, rechteckiges Tor, das von Stürmen umtost wurde, die rechte Seite des Tores schien schon fast nicht mehr stabil zu sein und fing langsam an, sich in einer Ecke in Luft aufzulösen. Es schritten mehrere Priester in weißen Gewändern durch das marode Tor, sie hatten eine Kapuze auf und ein großer Stock, beim Gehen in den Boden gerammt, half ihnen, sich gegen das boshafte und übellaunige Unwetter behaupten zu können. Der Wind hatte ein eigenes Leben und es kamen immer mehr graue, negative Mächte zum Vorschein, die umherwirbelten und an allem rissen.

Als sämtliche Priester und Meister auf dieser Seite des Tores ankamen, stellten sie sich in einen Kreis auf; als dieser formvollendet war, entstand sofort eine milchig weiße, energetische Spitzkuppel, die alle Anfeindungen, hasserfüllte Mächte und Niedertracht draußen behielt. Ein Priester trat in die Mitte des Kreises – es war Melchizedek höchstselbst. Alle nahmen ihre Kapuzen ab.

In der Mitte des Raumes entstand ein Kreis aus Stühlen, der einen Zugang zur Mitte offen ließ. Ich erkannte zwölf Stühle, auf denen Männer und Frauen unterschiedlichen Alters Platz nahmen. Sie kamen durch eine Öffnung in der Kuppel geschwebt, alle trugen weiße Leinenumhänge und eine große Kapuze, so dass ich die Gesichter nicht genau erkennen konnte. Sie schritten ehrfurchtsvoll auf den Stuhlkreis zu und setzten sich einer nach dem anderen nieder. Dort blieben sie ruhig und mit geradem Oberkörper sitzen.

Meister Melchizedek stand würdevoll in der Mitte und schien jeden einzelnen im Stillen zu begrüßen. Ich erkannte, dass durch die nach oben hin geöffnete Spitzkuppel eine breite, spiralnebelartige Lichtsäule hinauf zu Gott führte. Mächtige, göttliche Energien zirkulierten in ihr und auch innerhalb des Raumes. Alles war erfüllt von Licht und der Herrlichkeit Gottes, jede Zelle von ihr durchdrungen, sodass nichts im Lichte des Wahren bestehen konnte, das nicht dorthin gehörte.

Dann ging Meister Melchizedek langsam aus der Mitte des Raumes durch den Durchgang im Stuhlkreis heraus und stellte sich hinter die erste Person, die am Anfang saß. Er legte ihr die Hände zuerst auf die Schultern, dann schob die Person ihre Kapuze zurück, so dass Melchizedek seine Hände auf den Kopf legen konnte, um mit der Weihe anfangen zu können.

Jetzt erst erkannte ich, dass ich es war, die auf dem Stuhl saß und von dem Lichtwesen und Aufgestiegenen Meister Melchizedek als Priesterin nach Melchizedek eingeweiht wurde.

Ich war ungefähr achtzehn Jahre und hatte lange, braune Haare, die kunstvoll mit geflochtenen kleinen Zöpfen zu einem großen Zopf am Kopf zusammengeflochten waren und im Nacken schließlich mit einer filigranen Spange zusammengehalten wurden. Ich saß ruhig und andächtig auf dem Stuhl und empfing die Weihe. Obwohl ich mich aus der Ferne beobachtete, konnte ich zugleich auch in meinem Körper sein und alles auf physischer Ebene empfinden.

Ich fühlte und sah wunderbare, regenbogenfarbene Heilstrahlen und die höchst lichtvolle Schwingung der göttlichen Ordnung, die meinen Körper reinigten und heilten, und hörte leise Worte in meinem Inneren flüstern:

„KODOISH KODOISH KODOISH ADONAI ZEBAOTH"
„HEILIG HEILIG HEILIG IST DER HERR DER HEERSCHAREN".

Diese heiligen Klänge – die Urmatrix unseres Seins – lösten in meinem Körper und energetischen System viele Schatten aus meinen vergangenen Leben, finstere Begleiter und negative Energien auf und stiegen, immer heller werdend, die Lichtsäule hinauf. Ich war durchflutet mit weißer Energie, die sich in jedem Bereich meines Seins verankerte. Mit jedem Atemzug badete ich mehr im göttlichen Licht, in den Strömen der göttlichen Liebe und eine tiefgreifende Reinigung in allen Ebenen meines Wesens fand statt.

Dekodierungen wurden vorgenommen und eine große Dichte durfte sich liebevoll transformieren. Alle Energien und Kräfte wurden in meinen Zellen und dem gesamten Organismus versiegelt und verankert. Meine beiden Gehirnhälften wurden angeglichen und synchronisiert und Schutzenergien mit meinem Sein verwebt. Mein bewusstes Sein öffnete sich, durch die Einweihung in das Licht und in die Klarheit.

Meine Mutter kam durch die Lichtsäule hinunter in den Raum geschwebt; sie war um die zwanzig Jahre alt und hatte ein silbernes, langes Kleid an. Ich erkannte sie sofort, obschon ich sie auf irdischer Ebene in diesem Alter noch nicht als Mutter kennengelernt hatte. Sie war glücklich und schaute mich an; ich bemerkte es, obwohl ich die Augen geschlossen hatte. Ihre liebevolle Mutter-Energie berührte meine Herzebene und ließ das Licht in meiner Mitte im Sonnenglanz des Göttlichen vollständig erblühen.

Als meine Weihe beendet war, hieß mich Meister Melchizedek als neue Priesterin nach Melchizedek in seinen Orden willkommen und trat zum nächsten Schüler.

Ich verneigte mich, stand auf und ging auf meine Mutter zu, wir umarmten uns herzlich. Sie sagte, sie habe ein Geschenk für mich und wolle es mir nun geben. Neben ihr manifestierte sich ein weißer Wolf mit Amethyst-Augen. Er kam langsam auf mich zu und blieb an meiner Seite stehen, schaute mich liebevoll mit seinem allesdurchdringenden Blick an, der in jede Dunkelheit vorstoßen, sie betrachten und transformieren konnte.

Ich streichelte sein dichtes, helles Fell und durch die bloße Berührung seiner klärenden Aura erkannte ich in diesem Moment meine seelisch-geistigen Kräfte. Er war ein Wächter der verborgenen Welten mit göttlichen Instinkten und wurde zu meinem heiligen Schutzgeist, der tiefgehende Schmerzen und Leid aus der Vergangenheit lösen konnte. Ich hatte das Gefühl, dass immer, wenn er mich mit seinen Amethyst-Augen ansah, sein innerer Heilbrunnen die nährenden Energien heraussprudelte, um mich vollständig zu erfüllen. Die Kraft seiner violetten Augen verbindet mich auch heute noch mit meiner übersinnlichen Wahrnehmung, mit ihrem warmen Rot und ihrem kühlen Blau, verbindet sie meinen Körper und meinen Geist.

Mein fünftes Krafttier hatte sich mir offenbart und es war ein Geschenk meiner geliebten Mutter, die in dieser irdischen Verkörperung als Patrizia schon seit vielen Jahren von mir gegangen war. Es war ein so wundersamer und schöner Moment, da ich meine Mutter und mein neues, mächtiges Seelentier an meiner Seite wusste und ihre reinste Liebe mit allen Sinnen wahrnehmen konnte.

In diesem Moment machten sich meine vier anderen Tierseelengefährten sichtbar und ließen sich in meiner Nähe nieder. Meine Mutter lächelte und zwinkerte mir mit strahlendem Gesicht zu. Alle spirituellen Wegbegleiter waren um mich herum versammelt und schenkten mir Zuversicht, Stärke und Mut.

Meine vier geliebten Töchter erschienen, eine nach der anderen, alle hatten wunderschöne, lange Kleider an. Sie waren so alt wie ich. Viviane hatte ein hellblaues Kleid, Merian ein violettes, Cindy ein rotes und Sophie ein weißes Kleid an. Wir sechs Frauen aus unserer Ahnenlinie umarmten einander inständig und fühlten uns unbeschreiblich wohl.

Es war auf der einen Seite komisch, dass wir alle gleich alt waren, auf der anderen Seite schien es völlig normal und richtig zu sein. Da ich die weiteren Einweihungen im Raum durch unser aller Anwesenheit nicht beeinträchtigen wollte, entschied ich mich, den Raum zu verlassen und öffnete mit meinen neuen Kräften einen Spalt in der energiegeladenen Spitzkuppel und ließ eine kleinere Kuppel entstehen, in der wir sechs uns ungestört aufhalten konnten.

Hinter meiner Mutter kam ein brauner Wolf hervor, der bernsteinfarbene, gütige Augen hatte und mithilfe seiner seelisch-geistigen Kräfte auch die der anderen zum Entfalten anregte. Er gesellte sich zu meinem. Ich fragte mich, welche Gefährten meine Töchter wohl hätten und konzentrierte mich eine Weile auf jede einzelne Tochter.

Zuerst wurde ein schwarzer Panther, voll zauberhafter Anmut und Grazie, neben Viviane sichtbar; er wirkte selbstbewusst und unerschrocken. Als verborgener Wächter und Herrscher der Nacht hatte er silbrig graue Augen, die wie das Mondlicht glühten und gleichzeitig sanftmütig und ungestüm die Blicke eines jeden Anwesenden auf sich zogen. Mit seiner Kraft zur Transformation wollte er dunkle Ebenen des Seins sowie alle blockierenden Stellen aufdecken, um sie liebevoll aufzulösen, damit diese Bereiche mit Erkenntnis und Wahrheit aufgefüllt werden können.

Neben Merian sah ich sofort eine kleine Fee herumschwirren, die schließlich auf ihrer Schulter landete und ihr Wahrnehmungsempfinden sowie Weisheit verstärken wollte. Neben ihr manifestierte sich ein Leopard mit hellbraunen Augen, der barmherzig und doch ungebändigt zu sein schien. Er war umsichtig und registrierte alles sofort in seiner Vollkommenheit, um den Lebensweg meiner Tochter schützend zu begleiten, sodass sie mutig, auf eigenen Beinen stehend, ihren individuellen Lebensweg einschlägt.

Neben meiner jüngsten Tochter Sophie erschien allmählich ein brauner Bär, mit braunen Augen, die Stärke und Mut aber auch Mitgefühl und Herzlichkeit erkennen ließen. Er war noch ein recht junges Tier, machte sich für einen Moment ganz groß, um zu zeigen, wozu er fähig war, und wurde sofort wieder etwas kleiner. Er wollte sie dabei unterstützen, sich ein dickeres Fell zuzulegen und an sich selbst zu glauben, um ihre ureigenen Ziele erreichen zu können. Er wollte sie auf ihrem sanften Weg zur inneren Stille begleiten, um sich vom Weltlichen immer wieder zurückziehen zu können, damit sie danach gestärkt und voller Erkenntnis durchs Leben schreiten kann.

Schließlich erkannte ich, dass um meine Tochter Cindy etwas herumflog. Zunächst war es nicht genau zu erkennen, doch dann trat der Umriss eines Drachen in Erscheinung. Er war etwa 1 Meter groß und noch sehr jung. Seine Farbe war violett und er hatte ebenso violette, durchdringende, aber dennoch sehr liebenswerte, hilfsbereite Augen. Er war ein Gefährte, der die inneren Kräfte mobilisiert und entfesselt, um sich selbst in einzigartiger Weise entfalten zu können und ein mächtiger Beschützer und Glücksbote.

Wir wurden von ihrer Anwesenheit völlig überwältigt, lächelten, weil wir uns einfach gut fühlten, und dankten für diese offenbarende Erkenntnis. Dann entschied ich mich, wieder die Außenwelt zu betreten, löste mit einer Handbewegung unsere kleine Kuppel auf und die negativen Energien versuchten sogleich, uns zu überrennen. Jede Einzelne von uns hatte jedoch einen mächtigen Schutz um sich herum aufgebaut, der in dem Grau strahlend weiß aufleuchtete.

Ich rief ganz laut im Getöse des Sturmes aus: „Lasst uns jetzt den Menschen helfen!"

Erzengel Michael

Ich wollte mehr über Erzengel Michael, dem Engel des ersten Strahls, und seinen Legionen von Engeln erfahren und er zeigte mir Visionen aus einer anderen Welt.

Sanftes Licht erschien vor meinem geistigen Auge, das ein wunderschönes Farbenspiel sichtbar machte; es gab den Farben Bedeutung und ließ sie zart aus ihrem Schlafe erwachen. Verschiedene blaue Farbtöne traten immer deutlicher hervor, die sich in ihrem Muster ständig veränderten. Ich erkannte jede Nuance, schien sie auch noch so unmaßgeblich.

Mandala ähnliche Gebilde wechselten sich in Form und blauen Farbtönen ab, bis sich schließlich ein Kirchenfenster aus Buntglas manifestierte, auf dem Erzengel Michael – der Engelsfürst – mit blauem, fließendem Gewand, großen, weißen Flügeln und seinem Lichtschwert der Wahrheit in der Hand erschien. Er war groß, wunderschön und erhaben; sein Blick war auf mich gerichtet. Ich war so fasziniert und konnte nirgendwo anders hinschauen, denn alles wirkte so real und plastisch.

Die lichterfüllte Kraft seines saphirblauen Strahls breite sich allmählich über das Kirchenfenster hinaus aus, ließ Szenen aus der Ursprungszeit sichtbar werden und durchflutete den Gottesraum, in dem ich mich nun wahrnahm, mit seinem göttlichen Licht.

Das Bild begann sich zu bewegen und ich sah, wie Erzengel Michael, das Oberhaupt der gesamten Engelsschar, zusammen mit seinen Legionen Luzifer, den einst strahlendsten unter den Engeln, und viele zuvor helle Lichtwesen, die ihm folgten, aus dem Himmelsreich vertrieb. Er führte dabei meisterhaft und in höchster Präzision sein Lichtschwert und war stark und unbeugsam, dennoch voller Liebe und von Licht erfüllt. Er wurde dabei vom göttlichen Willen geleitet und setzte diesen tatkräftig und unerschrocken um. Legionen von Engeln kämpften an seiner Seite, sie waren allesamt stark und mutig.

Als diese Wesen letztendlich auf die Erde fielen, wurden sie zu Engeln der Finsternis und anderen dunklen Kräften und Erscheinungen. Die unendliche Liebe und Gnade Gottes ließ es zu, dass diese Kräfte auf der Erde würden walten können, denn dort wären sie ein Mittel zur Vervollkommnung der menschlichen Seelen. Damit wurden sie unfreiwillig in den Heilungsplan der Menschen mit einbezogen, denn sie hatten immer wieder aufs Neue die Wahl, sich für die eine oder andere Seite in ihren Leben zu entscheiden und dadurch die unterschiedlichsten Erfahrungen sammeln zu können.

Auf der Erde angekommen, liefen sie herum und verteilten sich in jede Himmelsrichtung. Viele schienen sehr zornig und wütend zu sein, in ihrer Art sehr angriffslustig und unruhig, sie begannen zu rebellieren und Menschen zu beeinflussen, oftmals auch ihren Körper und ihr feinstoffliches System zu besetzen, um sich in ihnen schmarotzend einzunisten. Bei einigen saugten sie Lebensenergie ab, bis sie außer Stande waren, länger auf dieser Welt zu verweilen und an körperlicher Erschöpfung starben. Je mehr feinstoffliche Lebensenergien ein Mensch freisetzte, insbesondere bei starker emotionaler und psychischer Erregung, umso stärker und lebensfähiger wurden sie. Sobald sich das Licht einer Seele verdunkelte, wurden sie angezogen und nahmen den Zugang, der sich ihnen öffnete, um ihr übles Spiel zu beginnen.

Manch andere Dunkelwesen wirkten eher erstaunt und unentschlossen, so als wüssten sie nicht, was mit ihnen geschehen war und was sie nun zu tun hätten. Sie gingen ziellos umher, unentschieden, was als nächstes zu tun wäre und blieben in der Nähe von Menschen oder Orten, die ihnen feinstoffliche Energien geben konnten. Sie nahmen aber nur eine bestimmte Menge an Lebenskraft von ihrer Nahrungsquelle und harrten in ihrem geschundenen Dasein aus, bis sie erneut hungrig nach einer Odem-Mahlzeit wurden. Sie versuchten, ihrem unnatürlichen Dasein und Schmarotzerleben zu entfliehen und zerrten an ihren Ketten, die sie an diese körperlose Existenz mit seinem übermächtigen und unstillbaren Verlangen nach Lebenskraft anderer Wesen gebunden hatten.

Andere suchten ihren Ausdruck in der Gestalt der Täuschung, Eitelkeit und Überheblichkeit, um des Menschen Herz zu verführen. Sie manipulierten all jene, die sich von äußeren Anreizen verlocken ließen, sich der Gefallsucht hingaben und im Zwielicht ihrer irdischen Gedanken umherdümpelten. Diese Menschen jagten der Strömung im Außen hinterher und verloren dabei das Wissen um ihre göttliche Natur.

Manche Wesen offenbarten sich durch Hass, Machtstreben und Kälte, weitere durch Zerstörung, Krieg und Katastrophen. Sie säten Zweifel in die Welt und arbeiteten mit aller Macht gegen das Wissen um die unendliche Größe und Liebe Gottes. Einige Menschen erlebten dadurch sogar die Hölle auf Erden, nämlich die Illusion der absoluten Trennung von der Urquelle und seinem Licht.

Ich war zu diesem Zeitpunkt empfänglich für den Schmerz und die niedrig schwingenden Gefühlsenergien, die sich bei allen betroffenen Lebewesen auf unserem Planeten eingestellt hatten, sodass ich miterleben konnte, wie es war, ohne Licht und Liebe zu leben. Ein übermächtiges Gefühl von Gnade, Barmherzigkeit und Vergebung für alles Geschehene auf Erden stob wie eine Fontäne aus meinem Herzen heraus und ließ mich Liebe empfinden für Alles-was-ist, auch für jede Erscheinungsform von schwarzen und weißen Mächten.

Viele von diesen niedrig schwingenden Wesen wussten nicht, dass die Glieder ihrer fesselnden Kette sich nur durch das bewusste Entscheiden in die Rückkehr zum Licht und zur Liebe öffnen ließen. Das Karma-Gesetz, das Gesetz von Ursache und Wirkung, war auch für diese verlorenen Wesen gültig. Sie haben gemäß ihren eigenen, selbstsüchtigen Neigungen ihr Urteil gesprochen und haben dabei teilweise vergessen, dass sie aus der gleichen Kraft, nämlich des ewig Göttlichen entstanden sind.

Gebannt von meinen Erlebnissen hatte ich nicht bemerkt, dass Erzengel Michael unvermittelt wirklich vor mir stand, groß und herrschaftlich. Sein Antlitz leuchtete heller als die strahlende Sonne und doch konnte ich in seine wunderbaren Augen sehen. Er teilte mir mit, dass er mir die Szenen gezeigt habe, damit ich verstehe, dass jede Art von dunklen und zerstörenden Geschöpfen zur gegebenen Zeit ein Ende finden und sich im Lichte des ewig Göttlichen selbst vernichten würden, wenn sie nicht durch Selbstbesinnung freiwillig den Weg zurück ins Licht beschreiten würden.

Ich nahm ihn spontan in den Arm, gerührt von all meinen tiefen Empfindungen, und trat dann einen Schritt zurück. Er beugte sich über mich und hing mir eine Kette mit einem hellblauen Edelstein um den Hals. Ich war überrascht und freute mich sehr, bedankte mich von ganzem Herzen für seine Anwesenheit und das Geschenk, das ich seitdem als ätherischen Schmuck und Zeichen seiner Stärke um meinen Hals trage.

Eine andere Inkarnation

Ich meditierte und äußerte meinen großen Wunsch, Kenntnisse zu erhalten über weitere Inkarnationen jenseits vom irdischen Raum und irdischer Zeit. Erzengel Metatron zeigte mir ein anderes Leben als Geistführerin, dem Feengeschlecht entstammend

Erzengel Metatron, der Engel des Ursprungs, aus dem alles hervorgeht, öffnete mein geistiges Auge, sodass es mir möglich war, ihn wahrzunehmen. Er, der die gewaltigen Schöpferkräfte des Universums verwaltet und Gott direkt ins Antlitz schaut, stand vor mir, mal mit großen weißen Flügeln, mal ohne Flügel und mit einem weißen Umhang. Ich konnte sein Gesicht nicht genau erkennen, denn seine strahlende von Gott durchdrungene Präsenz und sein pures, gleißendes Licht entströmten seinem Haupt.

Er veränderte sein Aussehen mehrere Male, bis sich das Bild mit den Flügeln manifestierte. Es schien so, als habe er mir eine Erscheinungsform anbieten wollen, mit der ich mich vertraut machen konnte. Er war viel größer als ich und schaute mich Vertrauen erweckend und offenherzig an. Er sprach nicht, aber ich konnte spüren, dass er lächelte, und ich gab mich voller Vertrauen seinen himmlischen Lichtenergien hin.

Ich fühlte mit jeder Faser meines Wesens sein göttliches Sein. Er schaute mich eine Weile durchdringend an und ich fühlte mich verbunden mit der strahlenden Gegenwart Gottes. Schier endlose Ströme der ewigen Heiligkeit ergriffen mich und ich bekam eine Ahnung von der Kraft meines eigenen Schöpfergeistes. Er öffnete dann seine riesigen Flügel einmal sehr weit und legte sie an seinen Körper an; als sie wieder zusammen waren, lösten sie sich auf, bis sie gänzlich verschwunden waren. Mein Herz war weit geöffnet für die kosmische Schönheit seiner Erscheinung.

Er nahm mich an der linken Hand und führte mich durch einen spitzbogigen Gang hindurch, der aus dem Nichts vor einem großen Berg entstanden war. Seine Berührung war seidig zart und doch ging sie in Mark und Knochen über, es schien als würde jede Zelle in einen Jungbrunnen fallen und sich vollsaugen, so wie ein Brotkrümel in warmer Milch.

Dieser Gang war sehr lang und hoch, die Wände waren nicht klar zu erkennen, da ein sanfter, weißer Nebel sie verbarg. Es war ein schönes Gefühl, mit Erzengel Metatron, der eins ist mit dem allwissendem Auge Gottes, aus dem das Urlicht entspringt, diesen majestätischen Gang entlang zu gehen. Ich fragte mich, was er mir zeigen wolle. Als das Ende des Ganges sichtbar wurde, erblickte ich eine große, hell erleuchtete, runde, kuppelartige Höhle, die ich in ähnlicher Weise bereits bei meiner ersten Andersweltreise gesehen hatte.

Diese riesige Felshöhle war wunderschön und mit Pflanzen in artenreicher Vielfalt geschmückt, es duftete nach einer frischen Frühlingsbrise, die aus den vielen kleinen Lichtöffnungen an der imposanten Gewölbedecke herzukommen schien. Der Raum war voller Feen, die herumflogen, in den Lüften tanzten oder sich unterhielten. Ich konnte mit einem Mal ihre Gegenwart, ihre Gedanken und Gefühle wahrnehmen. Sie sangen und lobpreisten Gott, denn sie wussten einfach, dass Gott in allem ist, und ich öffnete mich für neue Inspirationen.

Wenn sie etwas berührten, wussten sie, dass etwas Göttliches das Göttliche berührt. Sie schienen diese Wahrheit in jedem Augenblick zu fühlen und die göttliche Energie sogar in den Felswänden des Palastes zu erkennen. Sie liebten und lebten von ganzem Herzen und waren leidenschaftlich, bei allem, was sie taten. Sie trugen farbenprächtige, leichte Gewänder und bemerkten uns zunächst gar nicht. Erzengel Metatron blieb im Eingang stehen und schaute mich aufmunternd an, als wolle er mich auffordern, hineinzugehen.

Als ich den Entschluss gefasst hatte, den Feensaal im verborgenen, für das menschliche Auge unsichtbare Königreich zu betreten, hatte auch ich plötzlich lichtdurchlässige Flügel und ein wunderschönes, pastellfarbenes Kleid an. Flügel zu haben und fliegen zu können, schien mir das normalste auf der Welt zu sein. Ich spürte die feinen Schwingungen meiner Flügel, die mich durch die Halle trugen, und fühlte mich wie ein Schmetterling so leicht. Mein Herz hüpfte vor Entzückung.

Ich tanzte nach meiner eigenen Musik, die ich mit meiner Stimme formte, war ganz diesem Augenblick zugetan und nahm sogar das Klatschen eines Tautropfens auf der Oberfläche eines glasklaren Wasserbeckens wahr. Ich war beseelt von purer Lebensfreude und mein inneres Gleichgewicht wurde wieder hergestellt.

Als die Feen mich erblickten, wurde es schlagartig ruhig und alle schauten mich liebevoll berührt und voller Respekt an. Sie hoben ihre Hand ans Herz und neigten leicht ihren Kopf mir entgegen. Ich flog durch die Ansammlung von Feen hindurch und unbewusst geradewegs auf einen hölzernen, großen Sessel zu, der in der Mitte der Rückwand etwas erhöht aufgestellt war. Ich zog meine Flügel an meinen Körper heran und setzte mich auf den weich gepolsterten, großen Sitz, der wie angegossen zu mir passte.

Die Feen, die noch in der Luft verweilten, ließen sich langsam herabgleiten und gesellten sich zu den andern, die sich bereits vor mir versammelt hatten. Sie brachten mir ihre Anerkennung mit einem Gruß des Friedens entgegen. In der unbeschreiblich angenehmen Ruhe, die dann folgte, hatte ich das Gefühl, mich langsam wieder daran zu erinnern, wer ich ursprünglich war und bin. Ich schaute mich um und betrachtete jedes einzelne Feenwesen mit einem wunderbaren Lächeln im Gesicht, das sich in jeden Bereich meines Wesens ausbreitete.

Ich spürte reinste Liebe, die mich empfing und Licht, das mich durchflutete. Alles war hell und rein, es gab keinen Platz für etwas Anderes als Liebe und Licht. Mir kamen die Tränen vor Ehrfurcht und Wertschätzung und das nicht nur in diesen höheren Dimensionen, sondern auch auf dem Sofa, während ich das erlebte. Geistführerin dieses Feenvolkes sein zu dürfen, bedeutete mir sehr viel, und ich verneigte mich vor ihnen. Ich konnte mich wieder an meine Mission auf Erden erinnern, aus dem Blickwinkel einer Fee betrachtet.

Ich sprach einige Worte zu dem Feenvolk und wir konnten uns eine Weile unterhalten. Worüber es im Einzelnen ging, ist mir im Hier und Jetzt nicht mehr bewusst, ich habe es schlicht vergessen. Ich war für eine Weile mit meinem Bewusstsein in eines meiner anderen Leben hineingegangen und nahm war, was die Geistführerin der Feen, eine meiner anderen nicht irdischen Verkörperungen erlebte.

Schließlich verabschiedete ich mich und zog mein Bewusstsein zurück, ich sprach gedanklich folgende Worte:

„Es fällt mir schwer, das Feenvolk wieder zu verlassen, denn bisher konnte ich mich in der irdischen Inkarnation nicht an dieses wunderbare Feen-Leben erinnern, ein Schleier des Vergessens hatte sich über mich gelegt. Ich bin dankbar, dass ich mich ab jetzt wieder daran erinnern kann."

Dann schaute ich zu Erzengel Metatron, der gütig lächelte, auch wenn ich sein Gesicht nur unscharf erkennen konnte, und ich wusste, es war an der Zeit, wieder mit ihm zurückzukehren. Ich flog zum Ausgang des Feensaals, meine Flügel waren verschwunden und ich war wieder in meiner menschlichen Hülle und ging mit Erzengel Metatron den Gang zurück.

Als diese Szene sich allmählich auflöste, kehrte ich wieder in dieses Leben zurück und wusste, dass Licht und Liebe die stärksten Kräfte im Universum sind, die alles heilen, erlösen und umwandeln können, und ich die Macht der Heilung in mir trage, so wie auch jeder andere Mensch. Manche können sich nur nicht mehr daran erinnern.

Ein weiteres Leben in einer anderen Realität

Ich bat die geistige Welt darum, mir ein weiteres Leben in der Feendimension zu eröffnen und Erzengel Raphael zeigte es mir.

Ein grüner Farbenwirbel ist vor meinem geistigen Auge entstanden; es war so, als ob ein übergroßes, in grünes Papier eingepacktes Bonbon sich vor mir um seine Längsachse drehte. Der Strudel nahm an Fahrt auf und drehte sich mit höchster Geschwindigkeit zwischen zwei Bergen, die links und rechts von mir in imposanter Höhe aufragten. Die Mitte des Wirbels wurde allmählich durchsichtig, so dass ich einen leeren Raum erkennen konnte. Dieser näherte sich mir langsam. Ich beobachtete mich selbst, wie ich vor dieser Sphäre stand und schließlich ins Innere dieses runden Raumes schwebte. Ich war umgeben von einem grünen rotierenden Wirbel, der alles von mir abschnitt, dessen Zeit gekommen war, sich von mir zu lösen. Ich sah, dass um den Lichtwirbel herum ein sonnenartiges Gebilde entstanden war.

Ich glitt auf die Erde und dort stand Erzengel Raphael, der Heiler Gottes, im taufrischen Gewand mit großen, leuchtenden Flügeln und umgeben von heilsamen Strömungen des smaragdgrünen Lichtes. Er hatte schimmerndes goldenes, langes Haar, das sich wie eine Kaskade um seinen Oberkörper ergoss. Es war ein wunderbares Gefühl, in seinem sonnigen Gemüt baden zu können. Er lächelte mich die ganze Zeit über an und ich konnte nicht anders, als auch permanent ein Lächeln in meinem Gesicht zu tragen.

Es schien mir, als würde er all meine beschränkenden Überzeugungen, veralteten Verhaltensweisen und Denkstrukturen in lebensfördernde Kräfte umwandeln. All mein angelernter Unsinn, trat an die Oberfläche meines Bewusstseins und ich erkannte, dass ich diese Verfälschung der Wahrheit auch wieder verlernen kann, um nur noch meiner eigenen Intuition zu folgen. Ich kam zu stehen und konnte förmlich spüren, wie meine begrenzende Meinung und Weltanschauung auch begrenzende Energien in die Welten schickten, um meine Wirklichkeit zu erzeugen.

Als alleiniger Schöpfer meiner Gedanken und Glaubenssätze war nur ich verantwortlich für alles, was mir widerfährt. Denn nur ich denke in meinem Kopf und nur ich habe die Macht über meine Gedanken. Ich spürte, dass in meinem tiefen Seelengrund die wahrhaftige, heilende Kraft und Macht steckt, um mich von allem zu befreien, was nicht mehr zu mir gehört, und in mein wahres Wesen hineinwachsen zu können. Die innere Kraft meines Glaubens stieg als Fundament empor und trat an die Oberfläche meiner Bewusstheit.

Die smaragdgrüne Lichtfülle von Erzengel Raphael vermischte sich mit den Sonnenstrahlen und ich fühlte, wie göttliche Ordnung und himmlische Ausgeglichenheit mich mit einem Jubeln eroberten. Ich wusste, wenn etwas dem Willen des ewig Göttlichen entspräche, so wäre ich jetzt und für immer dafür bereit.

Wir setzten uns einander gegenüber auf die moosbewachste Erde, seine Flügel verschwanden und er wirkte sehr menschlich. Grüne Lichtstrahlen gingen von ihm aus und er hüllte uns damit ein. Dann berührte er mein drittes Auge und ließ einen heilenden Strahl durch meinen Körper und mein gesamtes Wesen fließen. Die Energie durchströmte mich durch und durch und floss durch mein ganzes Sein auf allen Ebenen. Heilsame Klänge und Lichtenergien, sowie nährende Schwingungen betteten meine Seele liebevoll ein. Schimmerndes, strahlendes Licht verankerte sich für immer in meiner Herzebene.

Mein Körper wurde von den Lichtenergien in meinem Inneren ausgestrahlt und ich wurde immer höher in die kosmischen Ebenen allen Seins getragen, in die Vollkommenheit des göttlichen Lichtes, in die ewige Vollkommenheit des Einen, des Ganzen.

Erzengel Raphael hatte sich geistig mit mir verbunden und sprach folgende Worte:

- ♥ „Hab Vertrauen und glaube an dich und deine eigene Kraft. Höre auf deine eigene Stimme und dem Impuls, der aus deinem Herzen kommt. Du bist bereits das, wonach du suchst. Sobald du deine Aufmerksamkeit vom „werden wollen" abziehst und zum „sein" umkehrst, wirst du deine eigene Kraft erfahren. Denn alles im Leben ist einfach. Richte deine Aufmerksamkeit fortan auf diese Einfachheit in allem und ein neues Verständnis, wahre Kraft und Kreativität werden in dir erwachsen. Liebe das Leben, denn das Leben liebt dich. Liebe deinen Körper, denn dein Körper liebt dich. Liebe deine göttliche Familie, denn deine göttliche Familie liebt dich. Wenn du dies tust, werden die himmlischen Kräfte dich auf ihren Schwingen des Lichtes sanft und liebevoll zur niemals versiegenden Quelle tragen.

Hab Vertrauen zu dir selbst und in all das Wunderschöne in deinem Leben und deine Fähigkeiten, die Kräfte und Mächte zu nutzen, vor denen du dich immer gefürchtet hast, werden sich entwickeln. Dein Wesen ist ewig vollkommen und alles ist dir möglich. Öffne deine geistigen Tore und tritt mit ganzem Herzen und aller Macht ins Neue und dein Leben wird auf ungeahnte Weise erblühen. Besinne dich auf diese Stärken."

Ich fühlte mich von seiner himmlischen Weisheit tief berührt, die nicht nur mich, sondern auch jede Zelle im pulsierenden Universum zu durchdringen schien. Alles Belebte und Unbelebte, alle unbegrenzten Formen des Seins wurde durch das ewige Licht in seinen Worten, das aus der Quelle der Wahrheit stammte, verfeinert und verschönert. Jedes Element schien durchlichtet zu werden.

Ich fragte ihn, ob er mir mehr über die Feenwelt zeigen könne. Er erhob sich, hatte wieder Flügel und auch ich stand auf und hatte Flügel; er nahm mich an der Hand und wir flogen schweigend übers Land. Seine pulsierenden Energien nahmen mich auf eine magische Reise in höhere Welten mit. Irgendwann blieb er in der Luft stehen, öffnete weit seine Flügel und gebot mir, weiterzufliegen, was ich auch tat. Ich flog immer weiter und weiter, über eine wunderschöne Landschaft hinweg. Ihr mächtiger Energiestrom vibrierte in Harmonie mit dem nährenden Herzschlag von Gaia.

Ich bemerkte einen silbrigen, halbmondförmigen Stirnreif auf meinem Kopf und ich hatte ein leichtes Gewand an, in dem sich die Farben der Sonne widerspiegelten. In der Ferne erblickte ich eine große, sandsteinfarbene Burg, die auf einem Hügel erbaut war, und unzählige kleinere Gebäude, die mit einigem Abstand das Gebiet um die Burganlage herum umsäumten und auf rustikalen Stelzen oder in Bäumen errichtet waren. Teilweise sehr hoch, aber das war unerheblich, weil sich jeder in der Luft fortbewegen konnte.

Ich flog über die einladend wirkende Siedlung und erblickte ein reges und buntes Treiben unter mir. Die Kräfte des Lebendigen wirkten hier sehr stark und so arbeiteten alle, so gut es ging, mit ihrer reinen, kristallklaren Schöpferkraft. Ich konzentrierte mich auf das hiesige Volk und nahm die Ruhe in ihrer Betriebsamkeit mit meiner ganzen Aufmerksamkeit wahr. Jeder erfüllte mit Hingabe seine Aufgabe im großen Lebensnetz. Ich war in der Lage, ihre Energiefelder zu erspüren, und ließ es einfach geschehen, frei von Bewertung und Urteil.

Von diesen Erlebnissen war ich so hingerissen, dass ich den Feen-Mann erst in letzter Sekunde wahrnahm, der auf mich zugeflogen kam. Wir verharrten in der Luft und schauten einander an. Ich wechselte in die Sicht eines Beobachters und bemerkte, dass die Zeit beinahe stehen geblieben war. Jede Art von Bewegung war zum Stillstand gekommen, in den Gassen unter mir und auch in weiterer Ferne.

Ich fokussierte meinen Blick auf unsere Augen, die sich liebevoll anschauten. Er wusste sofort, wer ich war. In meinen Augen breitete sich langsam, ganz langsam Wiedererkennen aus. Ich konnte jede kleinste Veränderung in der Gesichtsmuskulatur erkennen. Er war mein Lebenspartner und hatte auch einen Reif auf seinem Haupt, der ihm etwas Anmutiges verlieh. Seine Haare waren dick, lang und hell, sie hingen offen über seine Schultern. Er trug ein stattliches Gewand, das von der Machart schwerer und robuster war als meins und in dem vorwiegend erdfarbene Töne vorherrschten. Seine spitz zulaufenden Ohren ragten unter der Haarpracht hervor und ein schelmisches Lächeln lag auf seinem Gesicht.

Ich hätte uns noch stundenlang betrachten können, wie wir voreinander in der Luft schwebten und sich die Veränderung unserer Gestik und Mimik zeitlupenhaft in die Länge zog. Ein leidenschaftliches Knistern lag in der Luft und die Strahlung der tätigen Liebe versetzte uns in Euphorie, während die Sonne uns streichelte. Doch ich wollte wieder mit der Aufmerksamkeit in meinen Körper hinein und so verging die Zeit wieder mit gewohnter Geschwindigkeit.

Wir schwebten aufeinander zu und nahmen uns in den Arm, er küsste mich sanft und gefühlvoll. Ich fühlte mich zu Hause und wusste, dass das hier ebenso real war, wie mein Leben auf Erden. Beides waren Konstellationen des göttlichen Planes, um Inkarnationszyklen mit ihrem unermesslichen Erfahrungsschatz auf unterschiedlichen Planeten und anderen Dimensionen zeitgleich durchleben zu können. Das Feenreich wusste um die natürliche

Verbundenheit aller Dinge, auch wenn sie auf den ersten Blick fern voneinander sind oder von unterschiedlicher Art. Alles schien vor meinen geistigen Augen plötzlich sehr klar zu sein und ich wusste, dass Raum und Zeit eine veränderliche Perspektive sind, eine Illusion, die, wenn man sie wahrnimmt, jeden zu einem wahrhaftigen Schöpfer werden lässt. Wir alle sind zeitgleich in anderen Körpern und anderen Leben inkarniert und unsere enge Familie und Freunde begleiten uns auf all unseren Wegen.

Dann kamen meine eigenen Feen-Kinder zu mir, es waren fünf bezaubernde Mädchen und ein stattlicher Sohn, der der Älteste war. Die beiden Ältesten waren schon im Teenageralter, die anderen schwebten wie die Orgelpfeifen aneinandergereiht vor mir. Wir umarmten und küssten uns und sprachen über Dinge, die ich nicht in die irdische Sprache zu übersetzen vermag. Ich war in diesem Raum und in diese Zeit versunken und wir erzählten, philosophierten und erkannten uns.

Nach einiger Zeit spürte ich, es war an der Zeit, wieder zu Erzengel Raphael zu fliegen und eines meiner Kinder sagte zum Abschied:

♥ „Bis morgen geliebte Mutter; du musst jetzt wieder für einen Tag weg.“

Die Zeit schien hier anders zu verlaufen, denn auf der Erde lag in dieser Zeitspanne fast ein ganzes Leben!“

Als ich Erzengel Raphael erneut erblickte, flogen wir gemeinsam zu unserem Ausgangspunkt zurück und ich hatte wieder meine weiße Hose an und einen Pferdeschwanz. Schließlich kniete ich mich auf die üppige Wiese und Erzengel Raphael segnete mich, er hielt beide Hände auf meinem Kopf und ließ wunderbare Energie in mich einströmen.

Energetischer Schutz

Als ich beruflich mit Energiearbeit anfing, hatte ich noch nicht die Erkenntnis, wie wichtig es war, sich selbst effektiv energetisch zu schützen. Und so kam eines Tages diese Offenbarung zu mir, die sich in Form eines Wachtraumes ereignete.

Ich befand mich in einer anderen Welt, in einer fremden Umgebung, die mir bisher noch nicht bekannt war. Ich nahm alles klar und deutlich wahr. Ich sah ganz anders aus, doch ich wusste, dass ich diese Verkörperung war, dass ich es war, die diese Eindrücke und Erlebnisse empfand. Ich war ein Mann in mittleren Jahren, hatte einen schlanken, doch muskulösen Körperbau, trug bräunliche, abgetragene Kleidung und hatte die dunklen Haare im Nacken mit einer dünnen Schnur zusammengebunden. Ich schien in Gedanken versunken zu sein.

Ich befand mich in einer alten, verstaubten Spelunke, alles war ziemlich dunkel, angefangen vom Mobiliar, über die Kleidung der anwesenden Gäste und des Inhabers bis zur notdürftigen Beleuchtung, die aus Kerzen und Öllampen schien und die Räume nur spärlich beleuchtete. Ich hatte mich in eine Ausbuchtung niedergelassen, die U-förmig war, und saß am Kopfende an der Wand, sodass ich alles genau beobachten konnte.

Neben mir auf der Eckbank lehnte ein langer, großer Holzstock, der auf der einen Seite stahlgehärtet und spitz war und auf der anderen Seite dicker und wulstig. Diese Seite besaß magische Kräfte, obwohl sie unscheinbar zu sein schien. Aber das war ja gerade der Trick an dem Ganzen. Unter meinem Umhang, der in meiner Nähe hing, war ein großes Messer versteckt. Ich hielt ein dickes Glas in der Hand und spielte mit dem Griff, als eine fremde Frau zu mir herüber sah, die vorne am Tresen saß und mich für einen Augenblick fixierte, dann schaute sie wieder weg.

An ihr war nichts Außergewöhnliches, sie war mittelgroß, schlank, etwas jünger als ich und in einen Umhang gehüllt, der abgewetzt war. Sie trug die große Kapuze noch halb auf ihrem Kopf. Sie war durchschnittlich und fiel in der Menge nicht auf. Mit einem Mal stand sie auf und alles geschah fortan wie in Zeitlupe.

Ich hätte schon alleine aufgrund dieses Umstandes gewarnt sein müssen, aber sie war so normal, es gab nichts Auffälliges an ihr. Und doch tönten in mir die ersten Alarmglocken. Ich ignorierte mein Gefühl und beobachtete einfach nur weiter, wie sie langsamen, sehr langsamen Schrittes auf mich zu kam. Sie hatte einen neutralen, nichtssagenden Ausdruck im Gesicht und schaute mich eindringlich an. Alle anderen schienen von ihr keine Kenntnis zu nehmen. Ich sagte zu mir, dass nichts Schlimmes dabei sei, wenn ein fremdes Weibsbild auf mich zukäme, obwohl der Umstand, dass sich alles verzögert ereignete, schon befremdlich war.

Ich versuchte das Eigenartige an dieser Situation zu verstehen, doch wie ein unvorhergesehenes Störfeld kam eine verborgene Kraft aus dem Nichts und zog mich in seine Strömung der Teilnahmslosigkeit hinein. Ich hatte das Gefühl nicht klar denken zu können und leugnete dieses Gefühl gleichzeitig.

Sie kam immer näher, ihre verstörende Aura berührte meine und ich spürte ein leichtes, unangenehmes Kribbeln, das sich meiner bemächtigte. Doch ich schaute sie nur an und beobachtete ihre schleichende Annäherung, die sich raubtierartig in mein Inneres zu drängen versuchte. Sie lächelte nicht, war aber auch nicht übellaunig oder aggressiv, und so wartete ich einfach weiter ab. Ich kam mir irgendwie taub und unbeteiligt vor, hatte aber auch keinen Impuls, daran etwas zu ändern.

Ich wartete darauf, was wohl passieren würde. Sie war mittlerweile an der Bank angekommen und machte Anstalten, sich langsam hinzusetzten, dabei blickte sie mich beschwörend und unangenehm eindringlich an. Nach außen hin war keine Veränderung an ihr wahrzunehmen, jeder andere Besucher schien es als das Normalste der Welt anzusehen, dass sich jemand zu mir gesellte. Doch ich wurde mir in meinem Inneren eigentlich immer klarer darüber, dass hier etwas ganz und gar nicht stimmte.

Dennoch sagte mir mein Verstand: „Das bildest du dir doch nur ein, hier kommt eine Frau, die deine Gesellschaft sucht, alles andere ist doch nur ein Hirngespinst deiner blühenden Phantasie. Schau sie dir doch nur an. Sie ist schmal und klein und kann dir nicht gefährlich werden! Warum solle sie es auch" Mein Kopf sagte mir, alles sei in Ordnung, aber mein Bauchgefühl schlug mittlerweile Purzelbäume.

Mit entschlossenem Gesicht war sie in der Zwischenzeit so nah herangerückt, dass sie einen Teil der Bank bereits durchgerutscht war. Sie rückte gerade um die Ecke herum, als sich mein Innerstes aufbäumte und die rote Fahne vor meinem geistigen Auge schwang. Aber ich ignorierte die Aufforderung meiner inneren Stimme, die lauthals schrie, weil es mir so abwegig vorkam, aufgrund einer einfachen Frau, die meine Nähe suchte, einen solchen Aufstand zu machen. Ich schob alle Gebote der Vernunft an die Seite und dachte, alles werde sich noch aufklären. Wie naiv von mir.

Nun war sie in meiner unmittelbaren Nähe und hob ganz langsam ihren Arm, um ihn um meine Schulter zu legen. Ich ließ sie gewähren und trotzte jeder Versuchung, sie davon abzuhalten. Sie rutschte noch näher heran, war nach einer Weile unmittelbar neben mir angekommen und ihr Arm ruhte bereits auf meinen Schultern. Sie schaute mir unverwandt in die Augen, mit einer Kälte, die alles auf ihrem Weg gefrieren ließ.

Das war der letzte Augenblick, der mich noch hätte retten können, aber als ich mich schließlich weiter von ihr wegschieben wollte, fasste sie mich fest an der Schulter mit einem Griff, den ich ihr gar nicht zugetraut hatte. Ich wollte sie von mir stoßen, aber es gelang nicht, und in diesem Moment biss sie mir in den Hals.

Diese Szene blieb genauso, wie sie war, und veränderte sich nicht.

Ich konnte mich aus der Beobachtungsperspektive sehen und gleichzeitig auch die Vorgänge in meinem Körper wahrnehmen.

Ihre Eckzähne waren ruckartig länger geworden, durchbrachen meine Haut und stachen mir in den Hals. Aus ihnen heraus quoll ein Gift, das sich meiner bemächtigen wollte. Ihre ganze Erscheinung wirkte unwirklich und irgendwie transparent, dieser Angriff schien aus der astralen Ebene gekommen zu sein. Da ich der Magie mächtig war, aktivierte ich sofort das Licht der Heilung in meiner Blutbahn und in meinem ganzen Körper, welches das eingeströmte Gift neutralisierte.

Mir konnte kein weiterer Schaden zugefügt werden, aber ich konnte mich auch nicht so schnell von ihr befreien. Wir saßen nebeneinander auf der Bank, die eine konnte dem anderen nichts anhaben, der andere konnte sich aber auch momentan noch nicht aus der Gefangenschaft befreien. Es war eine regelrechte Pattsituation, in der keine Partei gewinnen konnte. Sie hatte mich eiskalt und unvorbereitet erwischt. Ich kam mir wie ein unerfahrener Jüngling vor, der keinen Schimmer von Verteidigung hatte und törichterweise ohne Schutz inmitten eines Gemetzels herumspazierte.

Dieses Bild brannte sich in meinen Kopf und ich verstand die Essenz der Lektion. Seitdem schütze ich mich immer, wenn ich Energiearbeit mache und auch im täglichen Leben oder im Umgang mit niedrig schwingenden, astralen oder anderen Erscheinungsformen. Nicht alles ist so, wie es auf den ersten Blick scheint, und deswegen folge ich der inneren Stimme, durch die mein ewiger Geist mit mir spricht und mir die Wirklichkeit offenbart. Ich habe diese Begegnung genutzt, um mein Licht zu stärken und an den Ufern des Neu-beginns zielsicher voranzuschreiten.

Außerkörperliche Erfahrung

Als ich mich näher mit diesem interessanten Thema beschäftigte, passierte es eines Abends, als ich gemütlich in meinem Zimmer auf dem Bett saß, dass sich ein Teil meines Bewusstseins plötzlich von meinem Körper löste.

Ich saß entspannt und war in höhere Gedanken versunken, als sich ein feinstofflicher Teil von mir löste, geradezu aus meinem physischen Körper herausgezogen wurde, ihn verließ und ich alles ganz genau in meinem Zimmer gleichzeitig wahrnehmen konnte. Mein Bewusstsein dehnte sich von einem Augenblick auf den nächsten immer weiter aus, ich besaß einen leichten, durchlässigen Körper und erhielt zunächst Kenntnis von allem innerhalb des Raumes. In irdischer Zeit gerechnet, geschah dieses gesamte Erlebnis innerhalb weniger Minuten, ich selbst befand mich aber jenseits von Zeit und Raum.

Ich sah meinen Körper dort sitzen, konnte ihn genau betrachten und von allen Seiten umrunden. Es hatte sich ein Perspektivenwechsel vollzogen. Ich erkannte jede Kleinigkeit und jede Schattierung in den Farben, jedes Objekt, das sich in diesem Raum befand, jedes Regal samt Inhalt, die Schränke von innen, das Waschbecken, es gab schlicht und einfach nichts, was ich nicht zeitgleich klar erblicken konnte. Gefühle eines besonderen Ausdrucks hatten sich meiner bemächtig, eine Freude, die unbeschreiblich schön, tragend und sättigend war. Ich fühlte mich frei und losgelöst, mein Bewusstsein schwebte in diesem Raum und war ganz leicht, aber mein Körper ruhte fest und sicher auf dem Untergrund des Bettes. Ich konnte es ja sehen und auch fühlen.

Diese übersinnliche Erfahrung außerhalb meines irdischen Leibes war ein außergewöhnlich geruhsames und friedvolles Gefühl und ich schweifte so durch das gesamte obere Stockwerk, durch jedes Zimmer mit seiner Andersartigkeit. Ich bewegte mich durch meine Absicht und war mir zu jeder Zeit meiner selbst gewahr. Ich befand mich in einem Zustand göttlicher Gelassenheit, hatte keine Emotionen oder Gedanken, ich war einfach nur präsent. Ich kundschaftete jede kleinste Ecke aus, wurde aller Formen und Farben bis ins kleinste Detail gewahr und spähte unter die Couch, dabei sah ich gleichzeitig alles andere auch.

Ich wusste, dass dies mit menschlichen Sinnen überhaupt nicht in solch einer Zeit und schon gar nicht gleichzeitig zu erfassen wäre. Ich genoss den Zustand der Wirklichkeit innerhalb und außerhalb der grobstofflichen Gestalt und schwebte den Flur hinunter in die anderen Räume. Ich nahm auch dort jedes Zimmer und alles darin Befindliche innerhalb eines Wimpernschlages wahr. Um zu erfahren, was ich alles konnte, legte ich einen Zahn zu und raste mit meiner Aufmerksamkeit gleichzeitig auch durch alle Kellerräume. Ich registrierte jedes Gebilde und jedes Teilstück, jede Unebenheit und alles ins Dunkel gehüllte. Ich erhielt Kenntnis von allem, worauf ich meine Aufmerksamkeit richtete.

Dann entschloss ich mich, einfach durch die massiven Wände bis aufs Dach zu fliegen. Ich fühlte mich auf atomarer Ebene, mein leichter, ätherischer Leib schob sich an den Atomen vorbei, ganz einfach war es. Ich war wie Luft, die durch die Baumwipfel weht, und doch war ich mir meiner reinen Existenz bewusst, war in der bewussten Wahrnehmung von allem. Ich schwebte durch die Wände und Holzstreben, durch die Folien und Dachdämmungen, durch die Ziegel und kam auf dem Dach an. Dort setzte ich mich in meiner durchsichtigen Form auf den First und schaute in die Weite der Ortschaft hinein. Ich schnappte alle natürlichen und künstlichen Geräusche auf und erhaschte einen Blick in die Endlosigkeit des Kosmos. Natürlich konnte mich niemand auf dem Dach sitzen sehen, denn mein Bewusstsein war ja körperlos. Ich saß vollkommen ruhig und frei von jeglicher Beeinträchtigung nur da und nahm wahr.

Als ich mich entschied, wieder in meinen Körper zurückzukehren, sackte ich mit meiner feinstofflichen Präsenz ganz einfach wieder in die Schwere der Materie hinein. Ich war erstaunt, wie wenig Zeit vergangen war und wie viel Dinge ich hatte erleben, erfahren, erkennen und klar wahrnehmen können.

Lichtreise zur Quelle

Als ich mich zu Bett legte, bat ich meine Lichtfamilie darum, mich zu Gott-Vater zu führen, um mehr über mein wahres Wesen erfahren zu können. Während der Nacht wurde ich wach und trat eine Lichtreise zur Quelle an, die ich im vollen Bewusstsein erlebte.

Als ich mich zu Bett gelegt hatte, schlief ich tief und fest ein, bis ich in der dritten Stunde nach Mitternacht wach wurde und vor meinen geistigen Augen ein großes, helles Lichtportal sah. Ich war sofort hellwach und legte mich etwas erhöht hin, dabei hielt ich meine Augen geschlossen. Meine drei Seelenbegleiter Davidel, Vikan und Vedelwies waren bei mir, ebenso meine fünf Krafttiere. Ich schaute alle genau an und war gerührt von der liebevollen Art, die sie mir entgegenbrachten. Sie wussten genau, worum es bei dieser Reise ging, denn sie hatten mein Gebet am Vorabend in der unendlichen Weite vernommen.

Ich sah mich vor dem Lichtportal stehen, welches sich groß und lichterfüllt inmitten meines Zimmers manifestiert hatte. Mit einem Mal wurde der Raum um mich herum unsichtbar, alle Möbel und unser Haus waren verschwunden und es gab nur noch den leuchtenden Lichtbogen und mich in meiner wahren Natur, in meinem ewigen Wesen und all meine Seelengefährten waren neben mir versammelt. Wir befanden uns in einer anderen Dimension und ich fühlte mich frei und völlig ungebunden, ich hatte mich gedanklich gelöst aus dem Vehikel meines verkörperten Geistes. Ich entschied mich in das Lichtportal hineinzugehen, weil ich wusste, dass ich in meiner wahren, geistigen Natur dazu in der Lage war.

Als ich mit der Kraft eines Gedankens das Eingangstor zu den höchsten Dimensionen durchschritt, fühlte ich, wie sich mein ganzes Sein öffnete, wie ich immer weiter wurde und Dinge wahrnahm, die ich mit bloßen körperlichen Sinnen nicht hätte erfassen können. Ich war in der feinstofflichen Welt und fühlte mich zu Hause.

Als ich mich umblickte, sah ich immer deutlicher, dass viele Lichtwesen zugegen waren, die eine oval, längliche Form hatten. Ich konnte keine genaue Kontur erkennen, da sie aus sich heraus im hellsten Licht schienen. In Gedanken wünschte ich mir, dass ich sie genauer unterscheiden könnte, und in diesem Augenblick fand eine Veränderung statt. Denn sie nahmen konkrete Formen an, so wie sie für mich erkennbar und verständlich sein würden. Ich erblickte viele Engel um mich herum und die Sphäre, in der ich mich befand, war erfüllt von leisen Tönen, die sich langsam änderten. Mit der Zeit erkannte ich Melodien, die daraus entstanden. Diese heiligen Klänge schienen uralt und vertraut und waren überall vorhanden, es wirkte als kämen sie aus allem heraus.

Je länger ich dort verweilte desto präziser wurde meine Wahrnehmung und ich erkannte Erzengel Michael, Erzengel Raphael, Jesus der Christus, Mutter Maria und Gnaden Elohim unter den umstehenden, göttlichen Lichtkräften. Sie traten näher heran und in diesem Augenblick erschienen meine fünf Krafttiere, die ebenfalls durch das Lichtportal gereist sind, ohne dass ich es gewusst hatte, und gesellten sich zu ihnen. Diejenigen von ihnen, denen zuvor eine Farbe außer weiß zugeteilt war, wie mein Adler und mein Elefant, wurden augenblicklich strahlend hell. Nun hatte ich fünf weiße Krafttiere, die lediglich einen zarten Farbton in ihrer Aura hatten.

Meister Jesus trat mit einem lächelnden Gesicht auf mich zu und neben ihm schritt erhobenen Hauptes meine Einhornstute, beide symbolisierten die Sinnbilder der göttlichen Ur-Kraft, das Christusbewusstsein und kamen unmittelbar vor mir zu stehen. Ich spürte ihre reinste Energie und tiefste Liebe tief in mir drin. Alles, dessen Zeit gekommen war, und was meinen Lichtkörper belastet und entkräftet hat, mich gefangen hielt, durfte sich in dem klärenden Christuslicht, das aus ihnen herausströmte, auflösen. Als mein Einhorn zu mir kam, lächelte Jesus mich liebevoll an, es mussten keine Worte gesagt werden, da wir uns einfach über die Sprache des Herzens verstanden, und dann schwebte er wieder etwas weiter weg.

Erzengel Michael, einer der ältesten und stärksten Engel im Himmel, kam als nächster mit einem ehrwürdigen und vertrauensvollen Ausdruck auf mich zu und ich nahm wahr, wie das Gefieder meines Adlers in diesem Moment das Glitzern seines machtvollen Lichtschwertes angenommen hatte, das an der Seite seines Umhangs erschien. Erzengel Michael und mein Adler verharrten eine Weile reglos nebeneinander, sie waren stark und mächtig und nichts schien sich ihrem Gerechtigkeitssinn in den Weg stellen zu können. Ich fühlte, wie sich durch ihre bloße Anwesenheit mein inneres Licht auffüllte und ich einen wunderbaren, magischen Schutz erhielt, der alles abzuwehren vermochte und mich von innen heraus tiefgründig reinigte. Erzengel Michael ging wieder etwas weiter zurück und mein Adler erhob sich in die Lüfte, um mich im irdischen Leben zu begleiten und zu schützen vor jeglicher Gefahr.

Nun begab sich Erzengel Raphael, der Engel der Heilung, zu mir und lächelte übers ganze Gesicht. Er hatte eine lustige Art und ich fühlte mich sofort entspannt und leicht, und mit ihm kam meine magische Eule; ihre Augen funkelten in dem gleichen Grün, wie es der Energiestrahl von Erzengel Raphael tat. Ich freute mich sehr darüber, ihm erneut zu begegnen, und er entsandte sogleich nährende Energien der Heilung, Verjüngung und Erneuerung, sodass ich von seinem heilsamen Balsam umhüllt und durchspült wurde. Mein Krafttier flog auf mich zu, setzte sich kurz auf meine Schulter und die Energien verstärkten sich noch, sodass sich mein Energiesystem ausgleichen konnte. Dann flog sie zart hinter mich und blieb dort. Erzengel Raphael klärte noch meine niederen Schwingungen, sodass ich einen freien und klaren Kopf bekam, der zugänglich wurde für höhere Gedankenwelten, und war von einem Augenblick zum nächsten plötzlich verschwunden. Ich fand ihn aber nach kurzem Suchen in der Masse der Engel wieder und musste selbst laut lachen über seine Komik.

Maria, Mutter Gottes, schwebte kaum merklich, mit einem wunderbaren Ausdruck der Liebe auf ihrem Gesicht, langsam auf mich zu und neben ihr war mein kleiner, jetzt weißer Elefant. Beide entließen aus ihrer Herzebene rosafarbene Heilstrahlen, die mich dabei unterstützen sollten, die Illusion der Trennung und alle Sorgen um das Morgen in der Liebe aufzulösen, damit ich glücklich und harmonisch meine Aufstiegs- und Transformationsprozesse durchschreiten könne. Beide segneten mich und tiefer Frieden breitete sich aus, denn ich fühlte mich geborgen und verbunden mit der Liebe und dem Licht Gottes. Ich war und bin ein Kind Gottes und ein Kind des Lichts und ich erinnerte mich daran.

Es war so schön, meinen Geist zu fühlen, der kosmische Ausmaße hatte. Mein Kleiner Ganesha kam auf mich zugeschwebt und verweilte hinter mir, ich konnte seine Energien spüren, die mich lächeln ließen. Mutter Maria, gesellte sich wieder zu den anderen und nickte mir aufmunternd zu.

Nun war Elohim der Gnade an der Reihe, eine erhabene und lichtdurchflutete Wesenheit, die mich bis ins Fundament meiner Seele durchleuchtete, und mit ihm kam mein Wolf mit seinen strahlenden Amethyst-Augen. In seinem weißen Fell spiegelten sich kleine silberne Sterne, die wie hauchzarte Schneeflocken im hellen Sonnenschein glitzerten und heilsame Energien aussandten, denn der silberne Strahl der erlösenden Gnade, der stärksten Kraft im Universum, speiste und nährte diese.

Ich wusste in diesem Augenblick ganz genau, ich werde himmlisch begleitet auf dem Weg zu mir selbst, denn Gnade findet ganz genau jetzt statt; in allen Bereichen meines Lebens und allen Aspekten meines Wesens. Ich fühlte mich frei von jeglichen Beschränkungen und hatte alles losgelassen, ganz einfach und leicht. Mein karmischer Rucksack war einfach transformiert. Ich musste nichts mehr durchdenken oder verdauen, sondern konnte einfach nur sein, ein ewiges Lichtwesen, bei dem alles in göttlicher Ordnung war. Ich badete im silbernen Strahl der Gnade und sah mich so weit, wie ich es noch nie zuvor erlebt hatte. Dann kam mein Wolf auf mich zu und gesellte sich zu meinen anderen Krafttieren. Elohim der Gnade hatte eine so machtvolle Ausstrahlung, dass ich nichts denken konnte, ich war einfach nur eine Gott-Präsenz, dann zog er sich langsam wieder zurück.

Überall nahm ich zarte Pastelltöne wahr, die zwischen und in den Lichtwesen zeitlupenhaft zirkulierten und sich genau vor mir am dichtesten sammelten. Als ich hindurchschauen wollte, um nachzusehen, was sich dahinter verbarg, wusste ich intuitiv, dass sich die Quelle, der geliebte ewige Gott-Vater/Mutter in der Ansammlung von hochfrequenten Mächten und Energien zentrierte. Ich hegte gedanklich den Wunsch, dass dieses unendliche All-Eins sich in einer für mich bekannten Form zeigte, sodass mir eine Kommunikation möglich wäre. Und meine Bitte wurde erhört.

Vor mir stand der Allmächtige Gott, Herrscher der Unendlichkeit und schaute mich liebevoll an. Seine Energien waren so fein, so wertvoll und vollkommen. Sie berührten mich auf eine Weise, die so komplex und ineinandergreifend war, dass ich eine geistige Klarheit erlangte, die über alles hinausging, was ich jemals zuvor erlebt hatte. Ich konnte seine unendliche Präsenz überall spüren, denn mein Geist hatte sich überall hin ausgebreitet. Die Gottes-Energien waren ringsherum vorhanden, in mir, in den Engeln, in den Sphären und Dimensionen, auch in meiner Inkarnation, die im Bett auf dem Planeten Erde lag, in jeder Art von irdischer oder galaktischer Materie, in allem Geistigen, Seelischen und Körperlichen, in jeder Art von vibrierender Masse auf Erden und auf jedem anderen Planeten, Mond oder Sonne. Der Urgrund allen

Seins, das, was sich zwischen den Atomen und Molekülen und gleichzeitig auch in ihnen befindet, besteht aus diesen Gottes-Energien und alles war gleichzeitig vorhanden. Ich war in diesen Momenten körperlos und zeitlos, an nichts gebunden und ich erlangte tiefe Ruhe und Frieden, die überirdisch zu sein schienen und sich jedem Versuch einer Beschreibung gänzlich entzogen. Ich war im Einklang mit Allem-was-ist. Ich war die Quelle und die Quelle war ich.

Gott berührte meine Stirn und damit meinen Geist, meine Seele und all meine feinstofflichen und physischen Körper – meine göttlichen Tempel, und ich nahm wahr, wie zwei Dinge gleichzeitig passierten.

♥ Erstens:

In jeder einzelnen Zelle meines Körpers entstanden göttliche Heilkristalle, die in das Licht eingeweiht waren und sofort ihre reinigende, erneuernde und ausgleichende Wirkung begannen. Sie wurden dort dauerhaft verankert und aktiviert. Ich nahm meinen Körper mit seinen Zellen wahr, weil ich meinen Blickwinkel jederzeit ändern konnte. Wenn mich etwas ganz besonders interessierte, zoomte ich heran oder einfach weiter weg und ich konnte es erfassen und verstehen. Jedes Atom und jeder kleinste Teil meiner Zellen begann heller zu leuchten. Denn die heilsamen Kräfte der Heilkristalle bewegten sich mal schneller und pulsierten hochfrequent in den einen Zellen, um zu rütteln, zu lösen und zu reinigen, und mal langsamer in den anderen Zellen, um zu beruhigen, zu bewahren und zu nähren. Die kosmische Gottes-Energie wusste genau, was sie zu tun hatte und auf welche Weise, Heilung geschehen konnte.

Meine Seele erkannte die Sprache des Heiligen Göttlichen und mir wurde von Gott mitgeteilt, je öfter ich bewusst an die Heilkristalle denke und sie aktiviere, desto stärker werden sie und Heilung kann für mich und alles, worauf ich meine Gedankenkraft richte, geschehen. Die Heilenergien Gottes würden einfach aus ihnen herausfließen und ich wäre in der Lage, sie bewusst zu lenken und zweckmäßig zu nutzen.

Ich betrachtete meinen Körper und sah die unzählbare Menge an Heilkristallen, die auf der feinstofflichen Gottes-Ebene mit allem verbunden waren, und wenn ich an etwas dachte, was geschehen sollte, wurden sie heller und entließen mehr heilsame Kräfte genau dorthin, wohin ich es bestimmte. Es war faszinierend meine jahrelange Heiltätigkeit aus dieser Perspektive betrachten zu können, denn ich war mitten im Geschehen. Ich konnte die Energie sein, die sich ausbreitete, war aber auch in der Lage, einen Blick von weiter weg auf dieses Ereignis zu werfen.

Mit einem Mal wurde mir bewusst, wie unfehlbar und exakt ein bloßer Gedanke Realität erschuf, und ich richtete meine Aufmerksamkeit auf die Erde und die kollektive Realität, die sich für die Menschheit eingestellt hatte. Ich konnte unterschiedliche Gedanken mit ihrem einzigartigen Naturell und Wesen wahrnehmen, die, wie Menschen es zu sagen gewohnt sind, „guten" und „schlechten" Gedanken. Und ich konnte erkennen, wie stark und mächtig jeder einzelne Mensch ist, besonders dann, wenn er in der Lage war, bewusst und präzise seine Gedankenkräfte einzusetzen und zu steuern.

Ich fühlte die Schwingungserhöhung von Gaia und sah, wie dadurch alles Dunkle und niedrig Schwingende aus der Tiefe versteckter Bereiche, die in ihr und in allen Da-Seins-Formen auf ihr tief vergraben waren, an die Oberfläche menschlichen Erlebens kroch. Es war eine notwendige Konsequenz des Aufstiegsprozesses von Gaia und ihrer Bewohner. Diese mächtigen, energetischen Gebilde und Wesen verbreiteten sich auf der Erde und verunreinigten die Gedanken und Gefühle vieler Menschen, die nicht bewusst lebten.

Jeder einzelne Mensch konnte spüren, dass sich etwas auf unserem Planeten verändert hatte, aber viele waren nicht in der Lage, es einzuordnen und zu verstehen, da sie in kreisenden, destruktiven und angsterfüllten Gedanken gefangen waren. Diese zerstörerische, negative Gedankenenergie führte aber nur zu noch mehr Leid und Seelenschmerz. Ich konnte die globalen Auswirkungen dieser Gedankenformen auf der ganzen Welt sehen, weil Menschen sich aufgrund ihres Glaubens, ihrer inneren Wahrheit und Überzeugung und ihres eigenen Weltbildes in eine niedrig frequente Schwingung versetzt hatten. Und entsprechend dem Gesetzt der Anziehung zogen sie das Gleiche an.

Ich sah aber auch viele Lichtarbeiter und spirituelle Menschen, viele Sternenvölker, Lichtwesen und Engel, die sich auf Erden genau jetzt zu dieser irdischen Zeit inkarnierten, um heilsame Energien in den Lichtkörper von Gaia und jedem Erdenbewohner zu schicken. Sie waren alle miteinander durch ein Lichtnetz verbunden, das in der Herzebene verankert war, und sie speisten hochschwingende Frequenzen aus dem göttlichen Urgrund in diese Welt ein.

Ich nahm all diese Erlebnisse tief in mich auf, während ich bei Gott verweilte und mir gleichzeitig meines Körpers auf der Erde bewusst war.

♥ Zweitens:

Der Schöpfer allen Seins schenkte mir eine Kristall-Kugel der Klarheit, die mich mit dem Gitternetz der göttlichen Wirklichkeit verband. Sie wurde in meine Stirn gelegt und sie sollte mich alles, was mir im Leben begegnet, auf der intuitiven Ebene erkennen lassen, die von meinem ewigen Geist gespeist wurde. Ich war mir dieser wunderbaren Seelen-Ebene voll bewusst und mir wurden ausdrucksvolle Resonanzen zur Verfügung gestellt, die Wachstum verliehen.

Ich brauchte nur an die Kristall-Kugel in meiner Stirn zu denken und sie auszudehnen auf die Bereiche, die ich mir anschauen wollte, und ich nahm alles wahr. So betrachtete ich meine Inkarnationen und fand viele auf der Erde vor, viele auf anderen Welten und Realitäten, einige waren in unserer Galaxie, andere weit weg. Ich wollte Einblicke in einige meiner Leben erhalten und sah mich auf der Erde, mit verschiedenen Gesichtern und Körpern. Ich nahm etwas Abstand und blickte auf die Erde, die ebenfalls verschiede Gesichter hatte, während der unterschiedlichen Zeitepochen.

Doch ich konnte auch alles auf einmal erblicken, je nachdem, auf was ich meinen Willen richtete. All meine Verkörperungen hingen zusammen, waren energetisch verbunden, liefen simultan ab und lieferten meinem Geist einen großen Erfahrungsschatz. Ich fühlte mich eins mit ihnen und auch eins mit allem anderen. Durch diese Erkenntnisse hatte ich eine innere Klärung erfahren. Durch die liebevolle Berührung Gottes an meiner Stirn wurde es mir möglich, mich auf unterschiedlichen Ebenen wahrzunehmen.

Ich richtete meinen Blick wieder auf das Geschehen jenseits des Lichtportals und bedankte mich aus der Tiefe meines Herzens bei der Einen Quelle für diese Chance des spirituellen Wachstums. Ich schickte meine reinste Liebe an alle Lichtwesen und Engel, die wie alles, von der Quelle gespeist wurden. Ich drehte mich um und sah meine fünf weiß strahlenden Krafttiere in meiner unmittelbaren Umgebung. Meine innere Liebe war kaum zu fassen und so schickte ich sie in die Welten auf der anderen Seite der Lichtpforte.

Als ich erneut durch das Portal schritt, verblasste die göttliche Sphäre ziemlich schnell und ich spürte, wie meine gerichtete Aufmerksamkeit sich wieder in meinen Körper zurückzog.

Worte der Liebe zum Abschluss

Mögen die Sonnen, Monde und Sterne der göttlichen Universen dir deinen Weg klar erleuchten, dir alles enthüllen, was nicht mehr der Wahrheit deines Herzens entspricht, und dir dabei helfen, dein eigenes Licht zu erkennen und zu erhöhen, sodass du die Wirklichkeit hinter dem Schein zu erkennen vermagst und ein herrliches Einheitsbewusstsein mit Gott erlangst. Damit unterstützt du den Bewusstseinswandel, die Schwingungserhöhung jedes einzelnen Menschen auf Erden und veränderst die globale Realität.

Mögest du dir gestatten, auch in der Dunkelheit innezuhalten, denn das Licht ist immer vorhanden in dir und in der Mitte deines spirituellen Herzens, dort, wo dein ICH BIN im Einklang mit allem lebt. Denn du bist das göttlich strahlende Licht und wirst nie verblassen. Schicht für Schicht verwandelst du die zerrende Disharmonie zur einzigartigen, reinen Schönheit. Licht und Finsternis sind die Basis der Welt und du hast die Möglichkeit, dich fortwährend zu entfalten und aus dem Drama des Lebens, das deine kostbare Seele gefangen hält, eine liebevolle Komödie zu gestalten.

Mögest du dir erlauben, dein Leben farbenreich und kunterbunt zu gestalten, denn du trägst in jedem Augenblick den Pinsel in deiner Hand. Male mit den Farben deiner Seele, sie wurden dir vom Leben anvertraut, und bringe dein Leben aus deinem Herzen hervor. Denn das Leben möchte bewegt und ergriffen, farbig und unvergleichbar sein, es möchte sich selbst in seiner einzigartigen Ausdrucksmöglichkeit erfahren. Und plötzlich wird es dir möglich sein, auch in der Dunkelheit das Licht und die kosmischen Farben des Lebens sichtbar werden zu lassen. Gib der äußeren Erscheinungsform einen neuen Anstrich und peppe sie auf, auch wenn sie nur vorübergehend bestehen.

Materie ist nichts anderes als verdichteter Geist, also forme bewusst mit deinem Geist deine eigene, einzigartige Realität und lass alle Bilder lebendig aus deinem Inneren herausströmen, wie das Wasser aus einer sprudelnden Quelle. Erlaube dem unvergleichbar Besonderen durch dich zu erscheinen und die Welt zu verzaubern, denn dein Geist hat kosmische Ausmaße. Lass dich leidenschaftlich deine Begeisterung in die Welt hinausposaunen und begrüße die neue Welt, die in höheren Dimensionen schwingt, und dann werden wir uns in der Unendlichkeit des Seins treffen.

*Hier ist ein mächtiges Heilgebet, welches dir helfen wird,
deine Körperschwingung harmonisch zu erhöhen
und dich einfach und leicht auf deinen Aufstieg vorzubereiten!*

- Ich bin reines Gewahrsein!
  Ohm …

  Ich bin reines Gotteslicht!
  Ohm …

  Ich bin reines Bewusstsein!
  Ohm …

  Ich bin unendlicher Geist!
  Ohm …

  Unendliche Liebe ist der wahre Zustand meines Geistes!
  Ohm …

Ich habe meine unverhüllte Natur wahrgenommen und ich bitte jetzt und hier dich, großer Gott, der du die EINE KRAFT bist, sowie alle göttlichen Lichtwesen und meinen Geist darum:

Baut ein permanentes Lichtnetz um all meine Körper herum auf, das mich vor allem Negativen schützt und alle göttlichen, hochfrequenten Lichtenergien nur so dosiert in all meine Körper fließen lässt, dass ich mich rundum wohl fühle und einen freien, klaren Kopf habe.
Erweckt meinen Aufstiegsweg und unterstützt mich in allem, sodass

dieser hell, leicht und harmonisch vor mir ausgebreitet ist.

Stärkt mein Vertrauen und meinen Glauben in meine göttliche
Natur, in meine wahren, inneren Werte und in alles, was von
meinem Herzen kommt und in der Liebe schwingt.

Unterstützt mich dabei, meine Aufmerksamkeit vom Äußeren
abzuziehen und auf mein Inneres, göttliches Sein zu lenken,
sodass ich mit meinen geistigen Sinnen alles wahrnehmen kann.

Bitte lasst alle ins Stocken geratene Energien, alle Widerstände
und Begrenzungen, die die göttliche Energie daran hindern,
frei in meinem Körper zu fließen, liebevoll und harmonisch transformiert werden, sodass ich mich in all meinen Körpern und meinem
gesamten Wesen ständig in Ruhe, Frieden und Harmonie befinde.

Lasst alle leer gewordenen Plätze aufgefüllt werden mit der Liebe
und dem Licht Gottes.

Harmonisiert und gleicht alle befreienden Energien auf allen
Ebenen meines Seins aus und lasst alle Energien durch meine
Wirbelsäule in Mutter Erde und in meine Umgebung fließen.

Bitte beschleunigt während meines Tiefschlafes alle
Transformations- und Aufstiegsprozesse für jeden Teil meines
Wesens und auf allen Ebenen meines Seins.

Bringt die göttlichen, hochfrequenten Energien dazu, dass sie
harmonisch und gleichmäßig fließen in allem, was ich bin, auf allen
Ebenen meines Seins, in allen Leben, hier und jetzt.

Öffnet mich behutsam für die Portale zu den höchsten Dimensionen
meines multidimensionalen Verstandes und führt mich harmonisch
in die Dimensionen, für welche ich jetzt und hier schon bereit bin.

Festigt mich in dieser Dimension, erhöht meine Schwingung
behutsam, sodass ich mich wohl fühle, und synchronisiert meine
Schwingung allmählich mit der dieser Dimension.

Bitte lass dies ausschließlich in meinem Tiefschlaf geschehen.

Mein geliebter Geist, verschmilz mit mir in der Nacht, während ich
tief schlafe, mit meinem physischen Körper und all meinen feinstofflichen Körpern.
Harmonisiere und gleiche all meine Energien in allen Teilen meines
Wesens und meines Seins aus.

Ich bitte auch um Heilung, Ausgleich, Erdung (tiefe Verwurzelung
mit Mutter Erde visualisieren und spüren) und eine harmonische
Schwingung bei Tag und in der Nacht.

Bitte sende die befreienden Energien zur Reinigung meines Verstandes zu allen Blockaden und Widerständen, die mich daran hindern, zu meinem höchsten Wohle so schnell wie möglich aufzustei-
gen.

Lass dies harmonisch und mit einem Wohlgefühl für mich geschehen, sodass ich mich ruhig und in meiner Mitte fühle, sobald ich aus
dem Schlaf erwache.

Mein geliebter Geist, bitte sende diese Informationen über den
neuen Zustand meines Unterbewusstseins und Verstandes an all
meine Zellen, Atome, Gene, Chromosomen, jeden Teil meiner DNA,
in jeden Teil meines Wesens auf allen Ebenen meines Seins.

Ich bin vollkommen.
Ich bin ewiges Sein.
Ich bin der, der sieht und weiß.
Ich handle als die EINE KRAFT.

Ich bin reines Gewahrsein!
Ohm …

Ich bin reines Gotteslicht!
Ohm …

Ich bin reines Bewusstsein!
Ohm …

Ich bin unendlicher Geist!
Ohm …

Unendliche Liebe ist der wahre Zustand meines Geistes!
Ohm …

So sei es!

Ich wünsche dir aus der Mitte meines Herzens heraus, dass Liebe und Licht
dein Leben beflügeln und bereichern und du den kosmischen Tanz aus Licht
und Schatten mit einem Lächeln vollbringst. Erinnere dich immer wieder aufs
Neue, wer du bist und wozu du fähig bist, und tue nur das, was dein Herz dir
sagt. Entscheide dich jetzt und hier ganz bewusst für ein glückliches und
wunderbares Leben und lass dich stets ein Lächeln in dir tragen.

Fühle meine lichtvolle Umarmung.

Patrizia
Gefährtin des Lichts